本书得到贵州省市场营销一流专业建设项目（项目号：802301214401）资助

农产品区域公用品牌建设理论与实务

刘遗志 ◎ 主　编
任卓异　唐磊蕾 ◎ 副主编

中国财经出版传媒集团
经济科学出版社
Economic Science Press

图书在版编目（CIP）数据

农产品区域公用品牌建设理论与实务/刘遗志主编；任卓昇，唐磊蕾副主编 . -- 北京：经济科学出版社，2022. 8

ISBN 978 - 7 - 5218 - 3914 - 2

Ⅰ . ①农…　Ⅱ . ①刘…②任…③唐…　Ⅲ . ①农产品 – 品牌战略 – 研究 – 中国　Ⅳ . ①F326. 5

中国版本图书馆 CIP 数据核字（2022）第 138399 号

责任编辑：李　宝
责任校对：杨　海
责任印制：张佳裕

农产品区域公用品牌建设理论与实务

主　编　刘遗志
副主编　任卓昇　唐磊蕾

经济科学出版社出版、发行　新华书店经销
社址：北京市海淀区阜成路甲 28 号　邮编：100142
总编部电话：010 - 88191217　发行部电话：010 - 88191522
网址：www. esp. com. cn
电子邮箱：esp@ esp. com. cn
天猫网店：经济科学出版社旗舰店
网址：http：//jjkxcbs. tmall. com
北京季蜂印刷有限公司印装
710 × 1000　16 开　14 印张　260000 字
2022 年 9 月第 1 版　2022 年 9 月第 1 次印刷
ISBN 978 - 7 - 5218 - 3914 - 2　定价：68. 00 元
（图书出现印装问题，本社负责调换。电话：010 - 88191545）
（版权所有　侵权必究　打击盗版　举报热线：010 - 88191661
QQ：2242791300　营销中心电话：010 - 88191537
电子邮箱：dbts@ esp. com. cn）

内 容 简 介

　　本教材内容共分为九章，包括农产品区域公用品牌概论、农产品区域公用品牌与消费者、农产品区域公用品牌生命周期、农产品区域公用品牌定位与个性、农产品区域公用品牌设计、农产品区域公用品牌价值与资产、农产品区域公用品牌传播、农产品区域公用品牌延伸和农产品区域公用品牌维护与创新。各章分为学习目标、导入案例、正文、本章小结、思考题和案例分析六个板块，通过完善的知识结构体系，对农产品区域公用品牌建设的本质规律进行阐释，运用丰富的导入案例和章节内容总结分析案例对农产品区域公用品牌建设过程中可能遇到的问题进行描述，并提供相应的解决方案。

　　本教材可作为普通高等学校市场营销、电子商务、工商管理、农林经济管理等专业本科生、硕士研究生了解农产品区域公用品牌建设的基础教材，也可为政府、行业协会和企业提供参考。

前　　言

　　推进农产品区域公用品牌建设，发挥地方特色农业资源，是巩固脱贫攻坚成果的有力支撑和培育长效脱贫机制的有效途径。2017年，"推进区域农产品公用品牌建设"首次写入《中共中央国务院关于深入推进农业供给侧结构性改革　加快培育农业农村发展新动能的若干意见》，意在开展农产品标准化生产示范的前提下，引导农产品区域公用品牌建设进入发展高潮期。2021年，农业农村部等六部门印发的《"十四五"全国农业绿色发展规划》也着重强调要继续推进农业品牌建设，打造一批地域特色突出、产品特性鲜明的区域公用品牌。显然，"十四五"作为农业品牌建设的重要战略机遇期，也是加快推进农产品区域公用品牌建设的"黄金期"，各省份应深入实施公用品牌建设工程，集中力量培育一批有影响力的区域公用品牌，引领农业绿色发展，提升我国农业品牌效益和竞争力。

　　2019年11月，第十七届中国国际农产品交易会发布了中国农业品牌目录300个具有代表性的特色农产品区域公用品牌、100个农产品区域公用品牌价值评估榜单和100个农产品区域公用品牌影响力指数评价榜单。从中抽取出100个品牌开展价值评估和影响力指数评价，这100个品牌涵盖七个大类农产品，品牌价值均在10亿元以上。其中，价值500亿元以上的农产品区域公用品牌有4个，分别是五常大米、洛川苹果、赣南脐橙和盘锦大米；价值200亿~300亿元的有6个；价值100亿~200亿元的有18个；价值100亿元以下的有72个。[①] 可见，农产品区域公用品牌以其

---

　　① 参见：《全名单！中国农业品牌目录　2019农产品区域公用品牌正式发布》，西藏自治区农业农村厅网站。

强大的品牌号召力，能够聚集区域内从事特定农业产业的多个企业，并吸引其他经济主体和区域外要素资源向区域内集中，形成规模经济和外部经济，充分发挥产业集聚效应，提升系统内供给效率，凝聚产业生命力，促使区域核心竞争力和影响力迅速提升。因此，各省份做大做强优势农业产业，集中力量培育一批区域公用品牌，有利于形成洼地效应、集合效应和规模优势，吸引政策、资金、技术、劳动、管理等生产要素向农产品优势区聚集，这对各省份加快推进农业现代化，奋力推动农业高质量发展，在乡村振兴上开新局具有巨大的牵引作用和特殊的重要意义。

由贵州大学农产品品牌研究团队编写的《农产品区域公用品牌建设理论与实务》教材，以市场营销、电子商务和农林经济管理专业本科生、硕士研究生为主要阅读对象，为他们提供理论与实操兼备、可读性强的农产品区域公用品牌建设教材。通过完善的知识结构体系对区域公用品牌建设本质规律进行阐释，运用丰富的导入案例和总结案例对区域公用品牌建设过程中可能遇到的问题进行描述并提供相应解决方案。本教材共有九章，其中刘遗志副教授负责统筹安排以及撰写第六章、第七章、第八章和第九章，任卓异博士撰写第一章和第二章，唐磊蕾讲师撰写第三章、第四章和第五章。另外，任卓异、汪宇洪、肖凯心和徐莎参与教材校稿和修正。

本教材的各章节内容既展示了对经典品牌管理理论的延续，又体现出对农产品区域公用品牌建设特殊性的分析与思考。本教材的每一章都针对具体知识点设置导入案例、思考题和案例分析，切实增强学生对农产品区域公用品牌建设知识的理解和实际运用能力。参与本教材编写的老师不但拥有丰富的教学经验，而且大多具备品牌运营能力，能将实操经验作为课堂讲授的案例。

尽管参阅了大量文献和研究资料，但由于水平和时间所限，教材中难免存在疏漏，恳请专家和读者批评指正。

刘遗志

2022 年 4 月 6 日

目　　录

第一章 农产品区域公用品牌概论

【学习目标】

1. 理解农产品区域公用品牌的含义、内涵和属性。
2. 掌握农产品区域公用品牌的特征、建设农产品区域公用品牌的作用。
3. 了解农产品区域公用品牌的特殊性。
4. 掌握农产品区域公用品牌与地理标志、企业品牌的关系。
5. 熟悉农产品区域公用品牌的经济效应。
6. 了解农产品区域公用品牌建设存在的问题与建议。
7. 掌握农产品区域公用品牌建设的意义。
8. 理解农产品区域公用品牌建设面临的问题及思考。
9. 理解农产品区域公用品牌建设的法律保护及对策。

【导入案例】

西岩茶叶的品牌建设

广东省大埔县西岩茶叶集团目前由西岩茶场、茶叶精制厂、九龙亭茶场、西岩茶乡度假村以及梅州、汕头分公司等组成,是有着先进机械设备、掌握独特的制茶工艺,集茶叶科研、种植、生产、加工、销售"一条龙"的大型绿色企业。

大埔县是广东省茶叶之乡,西岩山上的茶树得益于其高山环抱,常年高山浓雾笼罩,直射光少,漫射光多的地理环境,非常适宜茶树的平衡生长。西岩山上的茶树芽叶肥壮,叶质柔嫩,色泽鲜绿,含有丰富的氨基酸、咖啡碱等,芽叶的内含物质较多,各物质之间的比例适中,是难得的优质茶叶。过去,茶农在山上采下茶叶简单处理后直接拿到市场去卖,欠缺了包装，这些茶叶从外表上看和普通的茶叶并没什么两样，自然卖不到好价钱。

西岩茶叶集团的领导深知品牌是一个长期经营的资产，在管理上还需要不断突破。他为公司制定了未来发展的愿景：发扬中国茶文化，打造百年老字号企业，改变中国茶叶有品种没品牌的现状。

一、品牌元素的选择

产品的各个品牌元素上要体现出其健康与高品质的内涵，最直接的表现就在品牌名称和包装上。

最开始，"西岩山茶"这个品牌名称一直沿用了 4 年。1995 年，正式在国家商标局注册"西竺"商标。取名为"西竺"是源于西岩山上的西竺寺。"西竺"这个名称让人联想到西游记里的天竺国。此外，西竺跟天竺有一个共同点：二者都与佛家有关。俗话说禅茶一味，佛家又与茶道有着千丝万缕的联系，"西竺"的意义不言而喻。

西岩茶历史悠久，早在清朝就因其清、香、甘、滑、醇的特点，极负盛名。据记载，在清嘉庆年间（1796～1820 年），西岩山顶建造西竺寺后，周围种茶万株，年产茶千斤，产品收益足以供香火。上山焚香者及乡绅饮茶后，满口芳香，甘液久留，提神醒脑，明思锐志，而广传扬名。这一"西竺"传说使得品牌有了历史文化底蕴。

"西竺"商标图以一枚奖牌为背景，中间是高山、两边是茶叶，取其含义"高山云雾出名茶"。这一系列的品牌元素描绘出一幅恢弘大气、历史悠久、高山名茶的图景，丰富了品牌联想，让品牌具有了生命力。

好茶需要好的包装才能彰显它的档次。在包装设计上，均采用红色系、银色系、黄色系等高雅色调，红色代表喜庆，银色代表高贵，黄色代表财富。这是为了迎合客家人传统的色彩偏好心理。包装一代代升级，从最初的统一包装发展成 50 多种针对不同种类茶叶、不同用途茶叶的包装。根据顾客对家庭用茶、办公用茶、送礼等不同需求，在包装设计上也采取不同的式样。家庭用茶包装简单，雅致大方；礼品装茶叶包装则奢华高贵，有品位；办公用茶包装朴素清新。

二、品牌传播及品牌营销

品牌定位确立了，外在的品牌元素也完备了，接下来就是把品牌推广出去，建立品牌的知名度。中国的茶叶，有名茶但没品牌。知道名茶西湖龙井的多，但知道该去买哪一个品牌的西湖龙井的少。要做品牌首先要让自己的茶叶成为众所周知的名茶，通过"名茶"来引出"名牌"。如何让西岩茶叶扬名天下？西岩茶叶集团领导最初并没有以传统的广告和市场渠道来开拓市场，而是通过大量参加国内外的展销会和名茶评选来获取知名度。

从 1995 年开始，西岩茶叶集团领导带着茶叶参加各类农产品展销会和名优茶评选。西岩茶叶不负众望，在这些国内外的展销会和全国名优茶评比当中，西岩山茶所获的奖项不计其数。梅州大埔自然环境造就高品质茶叶，只选取一季春茶保证了茶叶的好口感与高营养，无公害的栽培方式确保了茶叶的绿色与健康。这些优势让"西竺"牌西岩山茶在各类茶叶中脱颖而出、大放异彩、声名鹊起。

通过这样的方式，西岩山茶在国内外茶业界迅速获得了知名度，成为茶业界公认的名茶。有了名茶的基础，为将来"西竺"品牌走进市场做好准备。

后来，政府单位成了西岩茶叶的固定客户，每年都会向西岩茶叶采购办公用茶。1995 年，西岩茶叶效仿运动会赞助商的营销方法，在茶叶的外包装上印上了"大埔县人民政府指定接待专用茶"的标识，大大提高了西岩茶叶在县城的影响力。

西岩茶叶在大埔县里人人知晓，除了上述原因外，还要归功于广告宣传。一开始只在广播站做宣传，后来综合利用了报刊、广播电台、电视台、路牌等媒体传播信息，广告做到了"四有"的境地，即报上有字、电视上有影、广播上有声、路上有牌。在大埔县城里，无论在哪都可以看到或者听到西岩茶叶的广告。

目前，西岩山茶一部分出口，一部分出售给政府单位等固定客户，还有一部分在市场上销售。公司在大城市以直营为主；在中小城市则是采用特许经营的方式。在国内共有三十五家店，其中有七家是直营店。为了维护茶叶高端定位的品牌形象，不轻易将茶叶卖给其他经销商，通常采用加盟费的方式进行市场扩张。限制流通是为了方便管理，让店铺的位置、装修、存货符合公司的管理要求。同时，保证茶叶的品质，防止一些经销商以次充好，破坏品牌形象。

西岩茶叶的专卖店全部统一采用红色为主调，寓意红红火火，同样是迎合了客家地区的文化特征——喜欢喜庆的设计。店内装潢设计典雅大方，光线柔和，四周陈列着茶叶样品，虽不多，但看起来整齐划一，投射出高雅和贵气。店内播放着"高山流水"曲调，前台放有公司宣传册，壁柜内有公司的部分获奖牌匾，墙上挂着茶道字画，配有专门的"品茶室"。品茶室内的茶桌恢宏大气，茶具精美别致。店内员工着装统一，均经过专业培训，服务到位，懂得茶艺文化。在店内招待客户时，还有专门的茶艺表演并讲解"梅州功夫茶"的茶道。整个专卖店就像是一个饮茶会友的文人雅地，弥漫着浓厚的历史文化韵味，高端、雅致的品牌形象也通过专卖店的装潢设计传播至消费者心中。

三、茶山旅游——深化品牌价值

2008 年，规划兴建了西岩茶乡度假村，并提出了"品牌带动旅游，旅游促进品牌，打造百年老字号企业"的口号。

西岩茶乡度假村位于西岩山上，总占地 2000 公顷，主要突出旅游观光、素质教育、康体健身、市场供应、示范推广五个功能。区内有万亩有机茶园，有奇石遍布、峰高林立的西岩山景色，还有茶山别墅群、茶山宾馆、会议中心、茶叶加工厂、茶山大观园、西竺寺、依岩寺、仙人桥、七星石、仙人打鼓和又一村等接待设施和景点，山上幽泉、山涧、飞瀑，风光秀丽、景色宜人。开业不久，园区就被评选为国家 3A 级旅游景区及省森林生态旅游示范基地、农业旅游示范基地。

游客在度假村里观赏茶场自然风光的同时，还能亲身体验茶叶的采摘、制作等过程，这些体验不仅丰富了顾客对品牌绿色健康的感受，还让客户切实体会到公司的关怀，增加了品牌附加值。旅途中，导游还会对游客宣扬中国茶文化，讲述品牌故事，让品牌内涵再一次得到提升。

参见：刘志超，梁月婷. 好茶如何塑品牌：西岩茶叶的品牌管理［DB/OL］. 中国管理案例共享中心网站，2013 – 11.

第一节 农产品区域公用品牌概述

一、农产品区域公用品牌的含义

（一）品牌的含义

品牌是一种识别标志，一种精神象征，一种价值理念，是品质优异的核心体现。它由品牌名称、品牌标志和商标组成。产品或服务在消费者心中的印象是其附加值的来源。品牌可以为其所有者带来溢价，并为所有者增加产品的价值。同时，品牌也是无形资产，能够将所有者的产品或服务与其他竞争对手区分开来。从消费者的角度来看，品牌是消费者对经营者提供产品或服务的认知。

随着经济的不断发展，经营者提供了丰富的产品供消费者选择，但产品同质化严重是目前存在的主要问题，为了将经营的产品或服务与同类的产品进行区别，品牌受到生产者和经营者等相关部门的重视。

常见的品牌经营分为企业品牌和区域性公用品牌。其中，企业品牌是指以企业名称为品牌名称的品牌，传达的是企业的经营理念、企业文化、企业价值观念及消费者态度等。表现形式为众多的商品商标和企业商标，如"美的""同仁堂""惠普"等。区域性公用品牌具有地域性，如地理标志产品"烟台苹果""涪陵榨菜""麻江蓝莓"等。

（二）区域品牌的含义

区域品牌是指在一个限定的地域内某行业或某产品形成的具有一定影响力的整体形象。它是经营者共同努力的结果，代表的是该地域内行业或产品的特色，同时，也代表了其在消费者心中的地位。

区域品牌可视为以一定地理范围进行命名的公共品牌，具有较高的市场份额、较好的声誉和影响力的集体品牌。一般以地域名称＋产品（产业）名称构成，如好莱坞电影、法国香水等。这些区域品牌不仅包括区域的特征、产业特色以及自然人文特色的集群属性，还有一定的价值感、符号化，且具有一定的差异性。

区域品牌的优势：（1）区域性。此类品牌反映了某一个区域的产业和地域特色，形象鲜明且优势突出。（2）公共性。在法律上表现为证明商标或集体商标，由政府、商会或协会所有和管理，是区域内生产相同商品的相关产业和企业共同打造、享有和维护的公共无形资产。（3）协同性。此类品牌强调内部竞争公平自律，需发挥集群效应对共创集体品牌统一管理，协同发展。（4）可持续性。区域性、公共性和协同性使区域品牌的产品（产业）吸引公众关注，发挥其集群效应，汇聚优势资源来不断提升其区域产业竞争力、抵抗风险的能力，区域内的经营主体能取长补短、形成良性循环，实现区域产业的升级和可持续发展。

(三) 农产品区域公用品牌的含义

农产品区域公用品牌又称"农业区域品牌""农产品区域品牌""地理标志集群品牌""区域产业集群品牌"等，国外常用"place branding""regional branding""region of origin（ROO）""geographical indication（GI）"等表示，是指在一个特定的区域内，拥有独特的文化和自然环境，区域内的相关组织建立并所有，供农业生产者和经营者共享和使用的农产品品牌，也是该特定的区域内农业或农产品形成的具有一定影响力的农产品形象，常常由地域名 + 农产品名称组成，地域名常常为农产品所在的地市或县，需要标注明确的农产品生产区域范围。农产品区域公用品牌是农产品品牌的一种细分，是在特定区域范围内，由企业、农民和相关机构等共同拥有，且有着共同的诉求与行动，在区域内外进行销售，通过消费者的了解、使用及评价，扩大其知名度，从而使得区域内的农产品形象与农产品品牌得到共同发展。农产品区域公用品牌不仅是一种标记、一种象征，更是一种强有力的竞争力，如"新郑大枣""原阳大米""烟台苹果"等。

农产品区域公用品牌的三个代表性观点：（1）地理标志。农产品区域公用品牌在打造品牌时使用区域内的地理标志。地理标志代表着区域的形象，是农产品的地理名片。（2）产业集群观。产业集群是农产品区域公用品牌的基础，是某一行业内的竞争性企业以及与这些企业互动关联的合作企业、专业化供应商、服务供应商，相关产业厂商和相关机构聚集在某特定地域的现象。（3）品牌理念。农产品区域公用品牌代表了农产品在一定区域内的较高知名度和美誉度，可以帮助消费者做出决策。

二、农产品区域公用品牌的内涵

农产品区域公用品牌作为一种特殊类型的农产品品牌，代表了地方产业的主流和形象，在保护地方的特色资源、促进产业转型升级、增加农民收入方面有着举足轻重的作用。农产品区域公用品牌的内涵主要体现在以下四个方面。

首先，它是品牌创建的载体。农产品区域公用品牌的建立可以概括为三类，分别为：地理位置或区域、农业产业集群、农产品。当以特定的地理位置或区域为载体进行创建时，是在特定区域内形成具有明显地域特征的品牌形态；以农产品为载体进行创建时，是在特定区域内农产品共同使用的一种区域公用品牌；以农业产业集群作为载体进行创建时，是在一定区域内区域性农产品生产加工的集合体。

其次，它是品牌发展的内在优势。常常依托得天独厚的自然资源、长期的种植养殖技术、独具特色的人文历史文化和高水平的产业集群，使得农产品区域公用品牌不断发展壮大。

再其次，它是品牌身份的体现。在品牌的名称方面，农产品区域公用品牌主要由地域名＋农产品名称组成，具体体现为证明商标、集体商标或经国家区域产品保护体系注册认定的品牌类型，如"烟台苹果""麻江蓝莓"等。

最后，它是品牌的影响力。区域品牌可以为特定的区域提供额外的吸引力，形成区域品牌标识，从而不断提升区域品牌影响力。

三、农产品区域公用品牌的属性

农产品区域公用品牌主要有以下三个方面的属性。

首先，农产品特定的区域是其拥有的特殊地理位置。由于在特定地理区域内，其自然气候条件独特，如阳光的照射、雨水量等，没有该地理区域的自然气候，便不能种植出该区域内的特色农产品。

其次，农产品区域公用品牌拥有独特的人文历史条件和环境在特定的区域范围内，其对农产品的特性有着重要的影响。

最后，在特定区域内培育的农产品是农产品区域公用品牌的核心竞争力。从农产品区域公用品牌的本质属性分析，农产品区域公用品牌的形成和发展离不开所在特定区域。

四、农产品区域公用品牌的形成过程

农产品区域公用品牌的建设是一项系统性的工程，是在特定的区域范围内，各种区域环境、优势产业、龙头企业、经营主体等众多因素发挥效用的结果。其形成过程分为四个阶段：选择区域的优势产业、以组织为核心的产业集群的形成、创建区域品牌、品牌经济带动相关产业的发展形成农产品区域公用品牌的经济链。产品是农产品区域公用品牌建设的载体，而产业是其支撑，经济发展是其目标，三者之间是渐进的、相互关联的。

（一）选择区域的优势产业

农产品区域公用品牌的发展和维护中，优势农产品发挥着重要的作用。农产品区域公用品牌的创建初期，需要做好农产品行业选择，这为形成差异化的农产品区域公用品牌奠定坚实的基础。产品选择上，各级政府要立足于本地资源现状和市场需求，以因地制宜、适应市场、特色突出且鲜明为原则，选择独特的共享的区域农产品，从单一或多个农产品品类中有选择地挑选地理标志产品，打造农产品区域公用品牌。例如，麻江的优质特产"麻江蓝莓"，在农产品加工业的选择上，需要不断对蓝莓的附加值、精细加工、产业链长的企业进行挖掘，以此来提高蓝莓的档次。

（二）以组织为核心的产业集群的形成

产业集群形成阶段，要以组织为核心，通过龙头企业来不断优化和整合农业的各个要素资源，形成集生产、加工、包装、仓储和物流等上下游为一体的业务体系，以此形成集群效应和规模效应。联系上游企业，规范农产品生产及加工的标准化；对接下游市场，打造独特的农产品区域公用品牌，实现其品牌价值。

（三）创建区域品牌

在区域品牌的创立阶段，龙头企业和产业集群规模在不断发展，营销推广的优势也不断凸显出来。农产品区域公用品牌在市场的影响力和关注度得到不断提升，其品牌的溢价力也在不断增强。在消费者市场上，农产品区域公用品牌得到消费者的认可，其知名度不断提高，得到较好的发展。

（四）品牌经济带动相关产业发展，形成农产品区域公用品牌的经济链

农产品区域公用品牌的建立，不但使地方特色农产品的销量逐渐增长，而且形成了以区域农业为主的"品牌铸口碑"模式，以此带动相关产业发展，拓宽农业产业链和价值链，增加农民和农业企业的收入，促进区域的经济发展。

五、农产品区域公用品牌的特征

(一) 外部性

农产品区域公用品牌的外部性可分为正外部性和负外部性。一方面，当一些经济主体实施有利的经济行为，如向市场供应名优产品，采取措施深化本土品牌的推广，使得本土品牌形象得到提升，以此带动区域内所有经营同类产品的经营者受益，并促进品牌的发展，则称为正外部性。另一方面，如果某个区域的某些经营者实施降低品牌形象的行为，致使人们对品牌印象变差，甚至不再选择购买该品牌的产品，同时也阻碍了该区域所有品牌的发展，则称为负外部性。

(二) 公共物品性

一方面是非排他性，也就是说，如果开发了一个农产品区域公用品牌，这个区域的大部分运营商都可以一起使用该品牌，任何使用者都不能阻止其他人使用这个品牌。

另一方面是非竞争性，即本地经营者不能通过使用这个农产品区域公用品牌来影响他人，新增的用户不能增加该区域公用品牌的相关成本。这一特点导致区域内所有使用者不愿意付出人力、物力、财力来打造农产品区域公用品牌，因此出现了"搭便车"现象，导致农产品区域公用品牌的发展速度较慢。

农产品区域公用品牌是由政府、农业协会、农业企业等相关部门共同建设运营，形成的具有独特区域特色的农产品区域公用品牌的集合，为特定区域的机构、企业和农民共享。它是一种特殊的公共物品，在特定的生产区域内，在品牌营销、传播和使用许可等方面有共同的诉求和行动。

(三) 产权模糊性

就现实情况来说，农产品区域公用品牌作为集体农产品商标，存在产权模糊不清的特点。它为区域内全部经营此农产品的人员一起使用，没有清晰的权利主体，区域品牌范围混乱，产权不清晰，品牌发展产生的利润归谁相对含糊。此特点导致品牌经营主体不确定，企业缺少提升品牌形象的积极性，会出现"公地悲剧"问题，更会造成"柠檬市场效应"。

（四）区域独特性

农产品区域公用品牌通常仅限于某个特定区域的地理范围，并有相应的当地地标。依托地方特色资源和环境条件，具有浓厚的地理区域特色，是地方资源特色及人文历史等方面的积淀，是各企业主在品牌积淀上的产物。不同地域的自然条件和特色是其存在差异的主要原因，对当地的品牌建设和经济进步产生有益的影响。农产品区域公用品牌是地方区域经济文化特色的标志。以特定的地域为单位进行申报和认证，具有鲜明的区域特色，可为农产品品牌提供原产地证明，根据地域特点将农产品区域公用品牌与其他农产品品牌区分开来。

六、建设农产品区域公用品牌的作用

（一）从消费者的角度

农产品区域公用品牌可以让消费者了解农产品的来源和产地，保障消费者的权益，更好地保障消费者绿色、健康和无污染的需求；帮助消费者更快地决策，降低其选择成本。将农产品的产地、品质和地域特点进行紧密结合，能不断激发消费者的购买欲望，从而使其形成品牌偏好。

（二）从农业企业的角度

农产品区域公用品牌能促进新产品研发，通过拓宽农业企业的生产链，对增值空间较大的农产品采取深加工的方式，提高其附加值；可以减少农产品生产和宣传成本，增加农业企业的收入，实现产业效益最大化，促进农业企业的可持续发展；通过选择细分市场，实现农产品的精准投放。

（三）从农户的角度

农产品区域公用品牌不但使农产品的知名度大幅提高，而且使农产品的销量得到增长。农民获得更多的利润，不断增强对农产品区域公用品牌的维护和品牌保护意识；同时，农产品在价格方面保持稳定，能提高农户持续经营的能力，减少农产品的市场危机。

（四）从政府的角度

通过农产品区域公用品牌的建设，充分发挥了政府对农产品品牌发展的引导作用，实施有效的农产品品牌战略，地方农业不断发展；农产品区域公用品牌的知名度得到提升，促进当地经济的发展。

（五）从竞争的角度

农产品区域公用品牌可以促进当地农业资源的合理配置，通过不断发展和打造农产品区域公用品牌，提升国际竞争力。通过不断提高农产品区域公用品牌的美誉度和知名度，使具有地域特色的农产品品牌在与国外品牌竞争时具有更强的竞争力，以此不断征服当地市场，最终获得收益。

七、农产品区域公用品牌的特殊性

农产品区域公用品牌的特殊性体现在以下三个方面。

第一，农产品区域公用品牌在特定的地域范围内，拥有区域独特的自然资源，发挥农产品的资源优势。

第二，农产品区域公用品牌由特定区域内的机构、农业企业和农户等经营主体共同拥有。

第三，农产品区域公用品牌是在特定地域范围内同类农产品的品牌总称，常被视为一个特定区域的名片，对地区的形象、知名度和旅游业起积极作用。

八、农产品区域公用品牌与地理标志、企业品牌的关系

（一）农产品区域公用品牌与地理标志的区别

第一，地理标志是一种知识产权，由地方政府所有；农产品区域公用品牌是市场所认可的品牌，行业协会是区域公用品牌运营主体。

第二，在产业规模方面，地理标志产品没有要求；农产品区域公用品牌的形成需要具有一定的产业规模和优质的农产品。

第三，在农产品深加工方面，地理标志的农产品大部分为初加工农产

品；农产品区域公用品牌拥有更高的附加值，其品牌溢价能力更强。

（二）农产品区域公用品牌与企业品牌的关系

农产品区域公用品牌与企业品牌既有联系，又有区别。

1. 农产品区域公用品牌与企业品牌的联系

农产品区域公用品牌和企业品牌都具有品牌的特征，都是为了满足消费者的需求，提升品牌知名度，增强品牌的竞争力。农产品区域公用品牌的发展对区域内企业品牌的成长起促进作用。当区域内的企业实力较弱时，常常需要借助农产品区域公用品牌的效应来发展；当企业品牌强大时，才能对农产品区域公用品牌起到带动作用。

2. 农产品区域公用品牌与企业品牌的区别

首先，载体不同。企业品牌的载体是一个特定的企业，而农产品区域公用品牌代表了一个特定的区域内农产品的整体形象。

其次，性质不同。企业品牌是一个特定企业私有的，而农产品区域公用品牌是在一个区域内由众多企业和相关机构共同拥有的。

再其次，注册管理不同。企业品牌是一个企业注册商标，同时也需要对其品牌进行管理与保护，而农产品区域公用品牌常常由一个行业协会进行商标注册，并负责品牌的管理与保护。

最后，政府作用不同。农产品区域公用品牌往往对区域利益影响更大，因此政府在农产品区域公用品牌的创建与扶持方面比对企业品牌的作用更大。

九、中国常见（部分）农产品区域公用品牌

大米：盘锦大米、蕲春珍米、仙桃香米、射阳大米

苹果：烟台苹果、灵宝苹果、洛川苹果、栖霞苹果、静宁苹果、沂源苹果、阿克苏苹果、秦安苹果

柑橘：秭归脐橙、赣南脐橙、宜昌蜜桔、奉节脐橙、恭城椪柑、黄岩蜜橘、蒲江杂柑、安岳柠檬、衢州椪柑、普宁蕉柑

葡萄：福安巨峰、吐鲁番葡萄、灞桥葡萄、璜土葡萄、阿图什木纳格葡萄、宣化牛奶葡萄

特色果品：烟台大樱桃、和田玉枣、眉县猕猴桃、吐鲁番葡萄干、东港草莓、王莽鲜桃、旅顺洋梨、若羌红枣、龙滩珍珠李、福洪杏、灞桥樱桃、

蒲江猕猴桃、精河枸杞、蒙阴蜜桃、稷山板枣、恭城月柿、秦安蜜桃

　　蔬菜：韩城大红袍花椒、胶州大白菜、宜兴百合、滕州马铃薯、随州泡泡青、平遥长山药、龙王贡韭、溧阳白芹、太白甘蓝、板桥白黄瓜、庄河山牛蒡

　　西甜瓜：吐鲁番哈密瓜、双堠西瓜、哈密瓜、炮里西瓜、昌乐西瓜、阎良甜瓜

　　茶叶：武当道茶、安顺瀑布茶、天山绿茶、信阳毛尖、恩施玉露、祁门红茶、秦岭泉茗、紫阳富硒茶、越乡龙井、太平猴魁、石阡苔茶、大佛龙井、松阳银猴、霍山黄芽、崂山茶、永春佛手、南江大叶茶、马边绿茶、蒲江雀舌、阳羡茶

　　食用菌：庄河滑子蘑、庆元香菇、金堂姬菇、临川虎奶菇、康县黑木耳

　　畜牧水产品：南川鸡、双阳梅花鹿、威海刺参、固始鸡、平凉红牛

　　其他：卫辉卫红花、东姚洪河小米、文登大花生、文登西洋参、连城红心地瓜干、甘洛黑苦荞、大竹苎麻

第二节　农产品区域公用品牌建设的经济效应

一、增值效应

　　农产品区域公用品牌不但提高了农产品的附加值，而且增强了农产品的竞争力，使农产品在市场上的知名度得到提升，获得消费者的信任和认可。同时，农业企业的生产技术水平实现质的飞跃，增加了农民的收入。农产品区域公用品牌是农产品质量的衡量标准之一，能够提高消费者对农产品品牌的忠诚度、对农产品的黏性以及对农业企业的信任。

二、识别效应

　　农产品区域公用品牌代表着同类农产品的质量，能不断提高消费者对农产品的认可。受到特定区域的自然环境和资源的影响，不同区域的农产品品质存在显著的差异，消费者在购买选择方面无法很快做出正确的购买决策。农产品区域公用品牌能更好地将农产品的详细信息传递给消费者，为产品的

质量提供可靠的保障。农产品区域公用品牌不仅能够提高农业企业的销售收入，还在农产品选择方面为消费者提供便利。农产品区域公用品牌的识别效应使消费者和农产品企业双方都能受益。

三、产业化效应

农产品区域公用品牌建设在农业产业化的发展中发挥了重大作用。用经营现代产业的方法经营现代农业是农业产业化经营的实质，同时增加农民收入，提升农产品的竞争力。农业产业化经营要根据农业市场的需求，打造主导农产品品牌，优化农产品的组合，通过主导农产品与其他农产品的营销组合，增加农产品销量；提高消费者对农业企业的信任、对农产品区域公用品牌的忠诚度以及对农产品质量的认可，促进农产品企业销售利润的提高，达到优化农业产业结构的目的。

四、聚集效应

农产品区域公用品牌建设使农业生产和供应集中化。由于地域自然环境的限制，农产品产销分散，供给方很难实现规模效应，市场力量相对薄弱。通过建立农产品区域公用品牌，促使在产销分散状态下实现集中供给，使该区域内的农业企业和农民获得农产品的规模经济，增加农产品的集中供给，从而不断增强农业产业的可持续发展。

五、品牌效应

农产品区域公用品牌可以为农业企业、农业生产经营者提供品牌效应。一般而言，农产品区域公用品牌具有特定的历史文化内涵。农产品区域公用品牌的效应是持久的，其品牌具有更高的价值和更丰富的内涵，其品牌效应能保护生产经营者的利益，树立企业形象，使企业进行有效的推销，同时能帮助消费者有效地识别和选择商品。

农产品区域公用品牌的建立，将不断推动农业管理部门学习新的管理理念，引进更先进的农业技术，以更高的起点和更高的要求建设农产品区域公用品牌的管理创新平台，逐步形成统一配套的农产品区域公用品牌的管理体系。

第三节　农产品区域公用品牌建设存在的问题及意义

一、农产品区域公用品牌建设现状

农产品区域公用品牌的建设迅速发展。地理标志是消费者识别农产品的依据之一。消费者熟知的农产品区域公用品牌逐渐增多，因此，农产品区域公用品牌面向更广阔的消费市场，具有一定的竞争优势。

随着农产品区域公用品牌的快速发展，目前，农产品区域公用品牌的注册数量不断增加，其发展类别相对集中，呈现多样化的发展趋势；品牌整体价值也呈上升趋势，提升空间较大。但我国地域辽阔、地形复杂，不同区域资源条件有着明显的差异，使农产品区域性公用品牌的分布范围较广，发展不平衡；具有一定发展优势的区域农产品集聚的现象更加凸显。

二、农产品区域公用品牌建设存在的问题

（一）重申报轻培育

农产品区域公用品牌建设得到了国家的重视，地方的经营主体在积极地注册农产品商标。但注册农产品区域公用品牌后，没有进行运营和维护，导致农产品区域公用品牌的数量较多，但运营较好的较少，未能突出其品牌的优势。经营主体不愿意投入大量资源在农产品区域公用品牌建设上。究其原因，农产品企业认为企业品牌在创建初期的资金投入大，且投资回收期长，面临了较大的风险。区域公用是农产品区域公用品牌的特质，在市场上，品牌不能直接进行交易，导致该地域内所有的农产品企业都想"搭便车"，不愿意先投资。

（二）农产品的综合质量水平较低

1. 农产品质量令人担忧，缺乏质量管理标准

第一，很多农民在农产品种植过程中，为了节约成本、减少投入，滥用

农药化肥，造成成熟的农作物中有大量农药残留，并且存在一些有害元素，对消费者的身体造成一定的伤害。同时，损害了农产品区域公用品牌的形象。农药化肥的过量使用在一定程度上影响了农产品的营养、口感、外观、风味和品质。一些传统农产品的天然风味未能得到保留，对本土农产品品牌的成长产生较大的负面影响。

第二，农产品缺乏安全监管，导致农产品质量达不到相应的标准。大部分农产品没有经过正规的检测和监管，缺乏严格的质量管理，直接进入市场销售，很大程度上存在质量安全问题。

2. 农产品物流体系、质量可追溯系统不健全

农产品物流体系不健全，部分农产品在运输方面有较高的要求，需冷藏保存、保鲜处理、配送及时快捷。大多数农产品通过农产品批发地进行销售，但其硬件设备和质量体系不高，物流运输是其最大的问题，对农产品区域公用品牌的发展有一定的阻碍。农产品质量追溯体系刚刚起步，缺乏健全完善的监测追溯系统。当农产品出现质量问题后，没有质量追溯系统，无法找到问题出现的源头，这将对农产品区域公用品牌产生负面影响。

3. 农产品质量标准体系不完善

首先，农产品质量监管体系还存在很大的漏洞。许多农产品未经质量检验便直接在消费者市场进行销售，质量达不到规定要求。

其次，农产品的生产、销售不符合相关标准。例如，对于不同类型作物的农药使用量没有确切的规定，不但人们的身体健康受到了影响，而且阻碍了农产品进入国外的销售市场。

最后，农产品的包装要求不达标。一个品牌的发展应该有一个优秀的形象。现在，我国大部分农产品的包装外观简陋。由于部分农产品价格偏低，农业企业缺乏对包装的重视，农产品包装缺乏标准化，无法更好地展现农产品。

4. 农产品深加工程度低，品牌附加值不高

农产品从初级生产到深度加工，需要运用复杂的工序以及先进的技术，相比初级产品，深加工的农产品更具有更强的品牌溢价能力。农业企业的加工技术水平低，农产品没有经过精细加工，其中很多是初级产品，尚未形成完整的农产品加工产业链。大多数农产品企业将从上游产业采购的农产品直接销往市场，未进行加工处理。部分农产品被企业简单地包装或简单地初加

工之后进行出售，农产品的附加值较低。初加工的农产品未能更好地实现其产品的价值，农产品依旧保持原有价格，农产品企业和农民的销售收入没有得到增长。

（三）农产品品牌多而杂，知名度不高

我国是农业大国，各地域的农产品种类丰富，但农产品的市场化程度不高。许多偏远地区的农产品仍然是自产自销，缺少广阔的销售渠道。目前，建设农产品区域公用品牌成为区域农业经济发展的重要路径。农产品品类很多，但其总体规模较小，农业的生产经营不集中。农产品区域公用品牌需要提高其知名度，将分散的生产经营集中化，促进农民增收，实现农业经济的可持续发展。

（四）农产品特色不鲜明

首先，很多农产品企业生产不规范，产品质量参差不齐。缺乏严格的检测程序，致使劣质农产品进入市场，影响消费者对农产品区域公用品牌的整体印象。

其次，农产品区域公用品牌建设过程中，很多地区并没有充分利用区域内的农产品资源，未对农产品按照农产品类别进行分类，使农产品同质化程度较高，同品类的农产品之间存在恶性竞争，不利于农产品品牌的发展。

最后，在农产品区域公用品牌的发展建设中，没有充分挖掘特定区域的文化资源，对区域历史文化的传承欠缺，使得农业区域公用品牌的缺乏差异化和特色化。

（五）农产品标准化体系不健全

我国的农产品品类较多，每年的产量大，在市场上的供应较为充足。但我国的农产品标准化仍然处在较低的水平，在开发农产品市场的过程中受到许多因素制约。由于农产品的质量方面缺乏监管标准，部分农产品地区的技术标准落后，跟不上现代农业的发展变化速度，也无法满足消费市场需求。部分农产品地区在农产品的生产及销售方面制定了标准，但在实施过程中，各项标准无法落实，对农业标准化工作的发展造成了阻碍。虽然很多农产品地区意识到农产品区域公用品牌建设具有重要的意义，但在实施过程中，出现重品牌创建，轻品牌维护的现象。许多农产品区域公用品牌已被注册，但

在具体的农产品上还未开始实施运用。为了更好地促进农产品区域公用品牌发展，农产品质量的标准化、农产品品牌衡量细则的制定迫在眉睫。

（六）农产品区域公用品牌缺乏宣传和保护

1. 农产品区域公用品牌营销渠道单一，缺乏宣传

农产品区域公用品牌的推广逐渐受到企业的重视，目前，农产品企业的信息传播机制不健全，农产品品牌推广没有整体规划，品牌宣传内容单一、渠道单一是存在的主要问题。农产品区域公用品牌的宣传缺乏区域特定的历史文化传播；其宣传水平未达到企业的预期效果。在消费者市场上，农产品认知度较低。部分农产品企业缺乏足够的推广资金，推广无法覆盖消费者市场，更不能满足消费者的个性化需求。导致农产品行业缺乏规模效应，缺乏农产品品牌竞争力。同时，农产品品牌推广的媒体选择结构不合理，大多数农产品企业倾向于选择广告费用低、广告效果不理想的类型，使得农产品区域公用品牌未能被消费者认可。

2. 农产品区域公用品牌缺少有效的品牌保护机制

目前，农产品区域公用品牌的推广和保护力度相对较弱。在农产品区域公用品牌建设过程中，大多数农产品企业重品牌建设，轻品牌管理，缺乏品牌保护，导致农产品区域公用品牌的竞争格局混乱。在农产品区域公用品牌保护方面，没有农产品品牌使用和品牌保护的途径，导致许多假冒产品在市场上出现，有损农产品品牌形象，阻碍了农产品的发展，导致一些农产品无法向市场销售。农产品的生产人员存在违法乱用农产品品牌的行为。缺乏惩治违法行为的法律法规导致农产品的品牌声誉受损却无法挽回。

（七）农业产业集群水平低，品牌竞争力弱

目前，农产品企业大多以农户为基础，采用家庭经营的方式，农产品的产地较为分散，农民独自对外销售，无法产生规模化的合作效应，出售方式及渠道较为单一。大多数农产品为初加工，因此其附加值低，农户无法获得更高的利润。农民在农产品的商标和品牌开发方面存在困难，导致农产品缺乏统一的品牌标识。农产品的知名度低、农户分散的商业模式阻碍了农产品的销售。从总体上看，农业产业的集群建设仍处于起步阶段。龙头企业的综合能力不高，农业行业标准化程度较低，涉及的范围较窄，集聚度低，农产品缺乏特色，影响农产品品牌的建设和发展。因此，在农产品区域内全面推

行农产品标准化生产、对农产品企业实施有效监管难度较大。由于缺乏规范的农产品开发渠道，致使其质量参差不齐，农业市场优势不足，难以形成农产品的品牌效应。农产品的知名度不高，消费者对农产品区域公用品牌的认知度和信任逐渐降低，不利于农产品区域公用品牌的发展。

（八）农业产业规模小，未能充分发挥优势

农产品区域公用品牌建设同该区域内的农业产业发展水平有密切的联系。我国农业产业规模较小，对农产品区域性公用品牌的建设产生阻碍。第一，我国大部分地区还保持着传统的农业生产模式。家庭和小规模经营是农业生产经营的主要模式，这种模式不利于农业经营组织化和市场化的提高。在农产品区域公用品牌建设方面，农产品的规模效应不足是制约地方农业开发市场的主要原因。第二，我国未能充分发挥地方农业的优势。农业企业没有充分合理使用当地的自然资源，未能突出地方农业的优势。

（九）政府的政策支持和引导不足

农业的发展对我国经济社会发展有着重要的作用。在发展和维护农产品区域公用品牌的过程中，政府的政策支持和引导尤为重要。目前，在农产品区域公用品牌的创建和维护方面，一些地方政府还缺乏相应的政策指引，导致农产品区域公用品牌的创建和维护没有显著的效果。

首先，政府在严格监管方面有待加强。在品牌监管方面，各级政府监管不到位、权责不明确。地方政府过多地关注农产品区域公用品牌的发展，对农产品品牌的发展和管理缺乏有效的指导，导致一些公司为了自己的利益生产和销售假冒产品，对农产品区域公用品牌造成了巨大的影响，影响了农产品品牌的信誉，对农产品品牌的发展也造成了不利的影响。

其次，缺乏政府引导和扶持政策。农产品区域公用品牌的发展得到了政府的重视，政府也出台了农产品区域公用品牌的相关政策和法规，但有效发展农产品区域公用品牌的方法和手段却寥寥无几。现有政策实用性不足，效果不明显，农产品区域公用品牌的打假执法力度不够，政府对农产品区域公用品牌的认证可信度下降。

最后，政府没有对农产品区域公用品牌进行长远的规划，未对农产品区域公用品牌的发展和运营进行系统管理，且管理机制不够完善。品牌的挑选标准缺乏合理性和公平性，忽视整个地区农产品区域公用品牌的整体发展，

忽视品牌培育和保护。政府需加大对农产品区域公用品牌管理的力度，采取更完善的措施，保持农产品区域公用品牌的优势。

（十）各级市场主体缺乏完善的经营管理职能

1. 家庭农场

目前，国家已在一些地方对家庭农场进行了试验和探索，但家庭农场发展的相关政策尚未明确，缺乏标准的建设规范。农民的融资渠道不足，往往将土地转包或雇佣工人，更多的是依靠政府的补贴来开展生产，财政资金和土地资源未能得到充分的利用，同时也阻碍了农场的发展；部分发展前景较好的家庭农场，由于规模小，未能达到政府的准入门槛，缺乏资金和技术支持，降低了农民对农场建设的积极性，农场的建设也进一步受阻。

2. 企业

农产品企业的生产规模较小，农产品区域公用品牌发展的优势不能较好体现出来。农产品的龙头企业数量少，大多数企业规模小、生产成本较高、生产数量少、深度、精细、系列加工不足，技术创新能力弱，经营利润低，农产品区域公用品牌缺乏竞争力。农产品无法发挥集群效益，相应的技术和质量也不能满足各类农产品市场的标准。

在经营过程中，农产品区域公用品牌没有开发出重点产品，企业对农产品区域公用品牌的重要性认识不够。大多数农业企业在品牌发展方面不愿意耗费人力、物力、财力，而是更希望免费直接享用农产品品牌。在农产品区域公用品牌的经营管理过程中，一些企业甚至借用农产品区域公用品牌声誉销售假冒劣质农产品，严重危害了农产品区域公用品牌的声誉，降低了消费者对农产品区域公用品牌的信任度。少数农业企业虽然有注重农产品品牌建设和推广的想法，但仅站在自身的角度，只关注自身利益，却忽视农产品区域公用品牌建设的全局，导致农产品区域公用品牌的持续建设和推广进程缓慢。

3. 农业协会

农业协会对农产品区域公用品牌的运作能力较弱。我国相关农产品品牌法律法规滞后、不完善，导致在农产品品牌管理和建设方面没有有效的政策法规作为保障。如果相关部门没有制定相应的法律法规来进行管理，便会出现大量的假冒农产品在市场上泛滥，降低消费者对农产品区域公用品牌的信任，同时，农产品区域公用品牌的美誉度也因此下降，从而产生品牌危机，阻碍农产品区域公用品牌的发展。在农产品区域公用品牌的成长过程中，农业协会未能较好地完成服务协调职能。农业协会指导员基本由企业法人和相关机构决定，农民没有很好地体现他们在其中的作用。大多数农户无法利用自身农产品的优势来打造和发展农产品区域公用品牌。同时，在组织管理过程中缺乏人力、物力、财力等资源，使农产品区域公用发展品牌的发展缺少相应的技术支撑。

（十一）科技人才匮乏，构建品牌的支撑体系薄弱

1. 缺少农业人才，激励机制不完善

农业专业人才的短缺阻碍了现有组织达到品牌发展的标准，也阻碍了其成长。相关机构激励机制不完善，导致农产品区域公用品牌建设所需的创新人才和动力不足，影响了农产品区域公用品牌的发展。现行的农产品区域公用品牌保护体系不完善，存在弊端，阻碍了一些潜在农产品品牌的蓬勃发展，也造成了老牌农产品品牌的权利遭受假冒伪劣产品的侵害，最终阻碍了农产品品牌建设。多数农民受教育程度有限，老龄化问题突出，对于新知识的学习和接受能力不足，身体状况和体力较差，仅凭多年的农业经验已不能满足当前农产品区域公用品牌的发展。

2. 农业资金紧缺，农产品缺乏科技含量

农产品区域公用品牌的发展需要足够的财力。政府对农业产业的补贴较少，相关部门的扶持力度不够，无法提供充足的财力来支持农业的发展。农业品牌建设需要更多的人力、物力和财力的支持，现有区域内的农产品质量和附加值不高，农产品的技术水平（特别是深加工技术水平）较低，科技的带动能力得不到有效发挥。由于农产品区域公用品牌的数量少，农业技术缺乏创新，初加工产品占农产品的大部分比重，农产品标准化水平低，达不到相关的要求标准，阻碍了农产品区域公用品牌的创建和发展。

（十二）区域文化建设不足，不能较好地发挥农产品区域公用品牌的优势

大多数农产品区域公用品牌从绿色、健康、安全的角度对品牌定位，缺乏农产品的文化内涵。一些农产品区域公用品牌在文化建设方面明显存在抄袭，导致大多数农产品区域公用品牌存在相似之处，没有真正反映其中包含的农产品特征和区域文化。消费者很难认识到农产品区域公用品牌的独特

性。农产品区域公用品牌的发展和定位不清晰，缺乏农产品的区域特色和历史文化内涵。这不仅使消费者对农产品的认可度不高，而且使得农产品市场缺乏活力。一些经营者在发展农产品区域公用品牌时，对区域的地理资源和文化条件缺乏思考，不注重农产品文化的开发和发展，不能吸引消费者的关注和喜爱，从而无法在农产品市场站稳脚跟，不利于农产品区域公用品牌的发展。

（十三）组织载体的职责不清晰不明确

在建设农产品区域公用品牌的过程中，需要相应的组织载体进行农产品区域公用品牌的建设。但是，在农产品区域公用品牌的建设过程中，往往仅在较小的区域实施品牌的运作和建设，品牌建设的组织载体较弱。由于农民欠缺资金，没有充足的运营力量和人力资源，在农产品区域公用品牌的建设和运营管理方面的能力有限，使农产品区域公用品牌无法运作。此外，由于农产品区域公用品牌的公共属性，导致一些农产品企业不遵守农产品的相关标准，通过向市场销售劣质农产品来谋取更大的利润，严重影响了农产品区域公用品牌发展。

三、农产品区域公用品牌建设的建议

（一）农产品供给

1. 农业产业化与现代物流并进

推动农业规模化发展，促进农产品区域公用品牌建设。在农产品区域公共品牌建设中，运用相关农业技术，实现农产品的标准化和产业化。注重每一个生产环节，形成农产品品牌效应，不断增强农产品区域公用品牌在市场中的竞争力。可将分散的农户组织起来，使其成为农业产业链中的一部分，并将其与现代物流系统相结合，发展线上引流，线下物流的农产品销售闭环。

2. 农产品生产标准化

农产品的质量在农产品区域公用品牌的发展中至关重要，需不断推进区域农产品的标准化，提高农产品质量。将农业企业的生产要素进行整合，不断优化农业产业链的每一个环节，从而加快推进农产品区域公用品牌的建设。对农产品区域公用品牌的质量严格要求，加大农产品品牌的质量监管频次和监管范围，使农产品区域公用品牌的产品成为消费者认可、放心、信任的产品。

3. 扩大农产品差异化，突显特色农产品

重视农产品区域公用品牌，要利用好独特的区域农业资源。首先，可以对农产品进行深加工，农产品的加工程度越深，农产品的差异化特征越突出，越有利于打造农产品区域公用品牌。其次，从全球成功的农产品品牌发现，一个成功的农产品品牌包含了一个特色突出的农产品。因此，农产品区域公用品牌的发展和壮大需要一个具有特色农产品来支撑。独具特色的农产品对农产品区域公用品牌的推广发挥着重要的作用。在特色农产品的选择方面，农业企业等相关部门需选择能快速占领消费者市场的农产品，且这类农产品在同类农产品中质量最优，能使农业企业较快获得经济效益。农业企业的特色农产品，不但使农业企业销售收入快速增长，而且农产品的利润也得到提升。通过企业的优质特色农产品，为消费者提供更优质的产品和服务，满足消费者多样化的需求，增强农业企业的品牌竞争力。

（二）农产品区域公用品牌的推广与保护

1. 深度挖掘农产品区域公用品牌的内涵

提升农产品品质是农产品区域公用品牌建设的重要环节，同时，农业企业需要结合区域特色的文化资源，不断深挖农产品区域公用品牌的历史、文化。农产品的历史传统文化形成了区域公用品牌创建的独特性，能更好地突出区域农产品品牌的特色，具有一定的差异性，展示农产品区域公用品牌的优势。我国文化历史悠久，将丰富的文化内涵与农产品区域公用品牌结合，对农产品的建设有着重要的意义。深度打造农产品文化，形成独特的消费者市场竞争优势。通过对农产品品牌文化的保护、传承和弘扬，探索适合农产品区域公用品牌的历史、地域、风俗、传统等特征，使农产品区域公用品牌与文化紧密结合。

2. 加大农产品区域公用品牌的宣传力度

制定农产品企业营销策划方案，细分消费者市场，了解消费者需求，建立消费者数据库，降低运营成本，精准沟通，促进农产品区域公用品牌传播。通过政府、农业协会及相关部门举办的农产品节等丰富的农产品活动，扩大农产品区域公用品牌的宣传，增进消费者对品牌的认知。不断拓宽农产品销售渠道，开设农产品线下体验店，注重提高消费者的互动和体验感，同时以互联网为基础，运用大数据、人工智能等现代先进技术，将线下与线上深度融合，线上为线下引流，线下为线上服务，充分发挥市场资源配置的重要作用。农产品区域公用品牌的宣传符号和文案也要与市场结合，贴近消费者的生活习惯。

3. 提升农产品区域公用品牌的战略执行力

农产品区域公用品牌的战略能否落地，是对团队执行能力的考验。农产品区域公用品牌需要从消费者市场角度出发，建立有效且高度一致的标准和流程：设置农产品区域公用品牌执行的考核制度，针对每个考核阶段制定更具针对性的行动计划和方案。所有参与的团队需要严格执行农产品区域公用品牌的战略、流程和计划。尽可能将流程简化，针对不同岗位提供操作手册，如消费者常见问题回答、农产品区域公用品牌的宣传推广手册等，并对实施员工进行专业技能培训，提高员工对农产品区域公用品牌的理解和执行力。

（三）重视农产品区域公用品牌建设，加强消费者对品牌的认知

加强农产品区域公用品牌的建设与维护，对农业的可持续发展起到了重要的作用，须充分认识到农产品区域公用品牌建设在我国的重要意义。政府要加大对农产品区域公用品牌的扶持力度，通过借鉴国外先进的农业科学技术，为农产品区域公用品牌建设提供全方位的支持与帮助，使我国区域农产品的资源得到较好的发挥。农产品区域公用品牌运营过程中，当地政府需要加大力度对农业企业进行引导，帮助农业企业提升农产品区域公用品牌在市场的知名度，拓宽农产品区域公用品牌的推广渠道。在农产品区域公用品牌的发展成熟期，政府需将农产品区域公用品牌的运营特权交给企业掌控。因此，随着时间的推移，政府在区域公用品牌建设中发挥的作用将不断变化。在农产品区域公用品牌建设中，农业企业是品牌的运营主体，也是获得最大利益的主体之一。农业企业需要同政府一起积极参与区域公用品牌的创建过程，与上游企业合作，推进农产品标准化生产；与下游企业一同服务消费市场，促进农产品的增值。在农产品区域公用品牌建设过程中，农民作为个体生产者，是农业企业初级农产品供应的源头，需对其提供的农产品负责。在原材料供应方面，农产品的质量对农业企业的产品有重要的影响。农民不仅需要种植质量优异的农产品，而且需要接受"互联网＋"基础知识和应用

的培训，不断利用科学技术来提高资源利用率和自身的劳动生产率，保障农产品的供给。

当前，农产品区域公用品牌建设是国家关注的重点。政府和相关部门必须充分重视农产品区域公用品牌建设，才能更好更快地实施农产品区域公用品牌的推广活动。农产品区域公用品牌建设需要政府、农业企业、农民等共同努力，在农产品区域公用品牌的建设、运营、维护、发展的每个阶段各尽其责，促进农产区域公用品牌更快发展。

（四）加强农产品区域公用品牌与企业品牌的深度合作

在农产品区域公用品牌的发展和维护过程中，要妥善处理好农产品区域公用母品牌与子品牌之间的关系。母品牌是农产品区域公用品牌，子品牌是特定区域内不同农产品的品牌。实现两者协同发展、互利共赢，是推动农产品区域公用品牌发展和运营的关键。在打造区域农产品公用品牌过程中，要充分发挥政府、农业协会、企业等相关部门的作用，完善农产品区域公用品牌运行机制，实现区域内农业资源的有效配置。各地区需挖掘农产品区域公用品牌的品牌价值，通过农产品的初级加工和深度加工的方式使产品增值，培育出更多独具特色、优质、高价值的农产品区域公用品牌。在农产品区域公用品牌与企业品牌合作过程中，以农产品区域公用品牌为基础，与企业品牌相融合，实现农产品区域公用品牌的最大价值。

（五）优化农产品销售渠道，丰富宣传手段

在农产品区域公用品牌的发展和运营过程中，需要不断拓宽农产品区域公用品牌的推广渠道。可通过线上及线下方式进行营销渠道的推广，提升农产品区域公用品牌的市场知名度和品牌价值，用鲜明的品牌形象吸引用户，提升其市场影响力。

在线下渠道中，消费者可通过大型超市、火车站、餐厅、当地特产店、小吃水果店、便利店等场所购买区域公用品牌的农产品，其中，在大型超市、便利店购买农产品的人数超过其他购物渠道。与购物人数较多的超市、便利店及网络平台相比，消费者更愿意在农产品专卖店购买礼品。因此，需要给农产品专卖店提供种类更加丰富的农产品，并采用多种灵活的促销方式。农产品区域公用品牌运营商可以在这些渠道进行重点开拓。农户、企业、农业协会可与农产品超市对接，通过农企对接、农校对接、农场合作等

营销方式，让高质量、高标准的农产品进入校园、超市、商场。同时，政府和农业协会需不定期地举办农产品品牌文化节，让更多消费者参与相关活动，加强农产品区域公用品牌的推广，增加农产品区域公用品牌在消费者市场的影响力，增进消费者对农产品区域公用品牌的了解，提高品牌的知名度。还可以组织消费者在农产品产地开展体验活动，增强与消费者的互动。

在线上渠道中，可以选择进入成熟的综合电商平台，如淘宝、京东等，开设农产品区域公用品牌旗舰店，对农产品进行网上销售。需要充分利用新媒体，如微博、快手、抖音等平台进行销售，通过视频、图片、文字等不同方式对农产品区域公用品牌进行宣传报道，增加产品的知名度和产品的曝光度，扩大品牌的影响力，拓宽农产品区域公用品牌的营销渠道，提升产品销量。规模较小的农户也可以利用社会关系进行微信社群营销。

（六）建立健全农产品区域公用品牌的标准化体系

不断健全农产品区域公用品牌标准化体系，提高农产品的质量，建设和发展农产品区域公用品牌。第一，根据区域农业、农产品的发展水平，对农业生产技术进行改进完善，建立健全的农业标准化体系，特别是农产品质量的监控。大力建设农产品标准化生产基地，加强培训，使农民能按照科学的方法种植农作物，实现区域农产品生产标准化，经营规模化。第二，加强农产品的不定期检测，建立各区域内农产品溯源信息。将农产品检测结果对外公布，对不合格的农产品进行处罚，保障农产品区域公用品牌的产品质量。

（七）加强政府对农产品区域公用品牌的政策支持和引导

政府政策的支持和引导在发展和维护农产品区域公用品牌的过程中发挥了重要的作用。政府相关部门要加大对农产品品牌的重视，明确发展和运营农产品区域公用品牌的重要性，并将其作为推动农业结构优化，促进农业经济发展，增加农民收入，提高农业企业利润的重要因素。区域政府要将当地的农业特色资源和农产品优势进行有效的结合利用，加强农产品区域公用品牌的建设，为农产品区域公用品牌建设提供政策支持。同时，区域政府要创建特色农产品生产示范区，加强政府、企业、行业协会和农民等之间的协作，为农产品区域公用品牌的发展和运营提供政策保障。

我国农业经济不断发展，农产品区域公用品牌的创建和发展得到了各级政府部门的重视，并取得了一定的进展。在不同区域内，农产品存在显著的差异，对农产品区域公用品牌的建设和运营也应提出不同的要求。因此，农产品区域公用品牌的建设和发展，需要根据区域的自然环境、文化资源等不同的特点，提出不同的建设路径，打造农产品区域公用品牌的核心竞争力。

（八）提高农业科技创新力，规范农产品区域公用品牌产品的生产标准

在购买农产品区域公用品牌的产品时，消费者注重农产品的绿色健康、质量安全等属性，提高农产品生产过程中技术创新力是农产品区域公用品牌高质量发展的强劲动力，需将科技创新要素融入农产品区域公用品牌生产的产业链中。农户在农产品种植育种初期，需注重科学技术创新在种苗选育、种植育种管理等方面的应用；在农产品的加工阶段，加强产学研合作，倡导农产品的绿色、健康深加工，整合上下游产业链，提高农产品的附加值。在收购、运输、仓储环节，利用现代化仓储物流系统，打造信息化仓储物流平台，注重农产品运输过程中的物流设施建设；在销售阶段，整合农产品的销售渠道和销售平台，实现线上线下销售的闭环，全渠道为消费者提供高质量的产品、优质的服务。同时，相关质检部门需完善农产品行业生产标准，加强市场监管，提高农产品区域公用品牌准入门槛，严厉打击滥用农产品品牌和不合规的行为。

（九）讲好品牌故事，凝练农产品区域公用品牌的鲜明特色

农产品相关企业和农业协会可通过品牌故事向消费者介绍农产品的来源，可以加深消费者对农产品区域公用品牌的认知，使消费者对农产品产生信任，与农业企业建立联系。相关机构可以从以下两个方面来构建农产品区域公用品牌故事。首先，可通过视频、图片等方式向消费者播放农产品区域公用品牌的创建过程。对于一个历史悠久、资金充裕的农产品区域公用品牌来说，重点是讲述品牌在演变过程中获得的荣誉和相关的文化内涵；对于品牌创建时间较短的农产品区域公用品牌，若其资金有限，可以通过农产品质量优良以及与品牌有关的励志故事将自己推向市场。其次，注重农产品区域公用品牌与消费者之间关联的场景，包括体验享受场景、价值共创场景等，如安徽省砀山县的体验享受场景，每年举办梨花节和采摘节，让消费者亲临现场体验在砀山县的自然生态环境中采摘梨花的快乐。构建农产品区域公用品牌的故事，需要挖掘品牌的特色，对消费者进行差异化营销，如展示不同

区域位置和自然环境的农产品在大小、色泽、口感等方面的区别，让消费者了解产品的差异性和农产品的特色。

（十）改良农产品包装，加强营销队伍建设

包装不仅能够通过巧妙的设计把商品的价值视觉化，还能提高品牌影响力。第一，包装起到传递产品信息的作用。农产品区域公用品牌的产品，可以在包装上介绍农产品的详细信息，如产品产地、生产企业等。消费者对农产品的产地非常在意，将产地视为决定产品品质的标准之一。因此，应在农产品区域公用品牌产品的包装上注明产品的原产地，突出农产品区域公用品牌的产地特色。在农产品包装的详细信息方面，还可以增加农产品的用途、食用方式等，增进消费者对产品的认知。在农产品的生产企业方面，可以强调企业获得的奖励等，增强消费者对产品质量的信任。第二，包装应促进消费者对品牌的认知。可以重新设计现有包装的视觉元素，同时体现区域文化特色，增强农产品对消费者的吸引力。第三，加强营销队伍的建设，政府、农业协会需对当地农民、企业等开展专业技能培训，拓宽农产品的销售渠道，吸引更多专业的营销团队加入农产品的营销策划中，开拓更广的消费者市场。

四、农产品区域公用品牌建设的重要意义

（一）有助于实施乡村振兴战略

农业、农村和农民问题是关系国计民生的根本性问题。我国部分地区农业生产方式相对落后，农民的收入偏低。农产品品牌化是实现农业可持续发展的路径之一，是农业发展方式转变的重要体现，是解决"三农"问题的重要组成部分。培育和提升农产品品牌是农业发展的当务之急。通过农产品区域公用品牌的开发和推广，形成区域公用品牌产品的产业链，才能更好地实施乡村振兴战略。

建设和维护农产品区域公用品牌，不断提升区域农产品在市场上的知名度，实现其品牌价值，从而提高农产品的核心竞争力，增加农民和农业企业的收入，促进区域农业经济的可持续发展。同时，不断对农民赋能，培养农民的乡村振兴能力，用自己的双手创造更加美好的新生活。

（二）有助于推进农业供给侧结构性改革

我国在供给侧结构性改革方面取得了较好的成果，各行各业在经济新常态下实现高质量发展。随着经济的不断发展，人们的收入和消费水平也得到了不断提高，消费者对绿色产品也更加重视，倾向于购买具有区域特色的绿色农产品。农产品区域公用品牌的创建和维护，方便农民根据消费偏好调整优化产业结构，同时提升区域农产品的质量，有效助推农业供给侧结构性改革，不断推动"三农"发展。

（三）有助于加快农业转型升级

近年来，我国经济社会飞速发展，加快推动农业产业的转型升级是农业发展建设的重要议题。强大的农产品品牌和鲜明的特色是发展现代农业的基础。各区域政府及相关部门需充分挖掘利用区域的自然资源优势，发展和维护农产品区域公用品牌，为区域农业发展提供新的路径，有助于农业可持续发展，推动农业转型升级的格局。

（四）有助于品牌富农

农产品区域公用品牌的建设与发展是农业企业和农民收入增长的主要途径。须充分利用自身独特的地理资源和生产优势，打造独特的农产品区域公用品牌。充分利用国家、地方政府和农业协会的农业发展扶持和资源，不断推进农产品区域公用品牌的建设，实现品牌富农。

（五）有助于增强农业企业及相关部门的品牌意识

在农产品区域公用品牌建设中，农业企业和农民要加强农产品区域公用品牌意识，以消费者为中心，生产符合消费者需求、具有区域特色、绿色健康无污染的优质农产品。同时，加强农产品区域公用品牌推广，丰富品牌内涵，更新品牌形象，让消费者更加了解产品，信任产品，从而提高农产品企业的知名度，提高农产品区域公用品牌的影响力。

（六）有助于提高生产水平

农业企业和农民需结合所处区域的特征，不断整合利用区域农业资源，运用先进的农业技术提高农产品的生产效率，规范农产品的生产标准，推动农产品区域公用品牌建设。在农产品品牌建设中，农业合作社是一个重要平台，能够将区域的农业资源进行整合，利用农产品经营者各自的优势，通过平台来不断充分地利用农业资源，使农业经营者互助合作，形成利益共同体。同时，农产品区域公用品牌在消费者市场上更具有竞争力，不断提高农业企业和农民的生产水平。

（七）有助于提升农产品区域公用品牌的知名度，提高农业企业和农民的积极性

农产品区域公用品牌的建设有利于提升农产品区域公用品牌的知名度。同时，可以保护农产品区域公用品牌免受侵权。在农产品区域公用品牌建设的过程中，政府、农业企业等相关部门要完善农产品相关政策，制定有效的保护措施，规范农产品市场秩序，维护农产品品牌的合法权益。农产品区域公用品牌得到了发展，企业和农民的利润不断提升，有效调动了企业和农民的积极性。

（八）有助于促进农产品区域公用品牌的延伸

农业企业和相关部门可以考虑农产品区域公用品牌的延伸策略。当某品类农产品的利润空间较小，且竞争比较激烈，产品无发展的空间时，可考虑农产品区域公用品牌的延伸策略。农产品品牌的延伸有利于新产品进入市场，且能满足消费者的不同需求，有利于农产品品牌的价值最大化，农业企业开展多元化业务分散经营风险。因此，企业在进行品牌延伸时需设计品牌的延伸营销方案。在农产品品牌的推广过程中，需要对推广的效果进行量化，分析延伸的农产品与母产品之间的关系，才能更好地推进农产品品牌延伸策略。

（九）有助于提高农产品的市场竞争力

中国是农业大国，农产品的种类繁多且产量较大。与其他农业发达国家相比，我国的农产品知名品牌较少，甚至部分农产品没有品牌，导致农产品在市场上缺乏竞争力，不能得到消费者的认可，在农产品的市场上的销量较低。

随着农产品市场竞争激烈程度的加剧，提高我国农产品的市场占有率迫在眉睫。政府、农业企业、农业协会及相关部门需加大扶持力度，提高农产

品在市场上的知名度，通过农产品的品牌效应来增进消费者对农产品的认知。建设并维护农产品区域公用品牌，将历史悠久的中国文化与农产品区域公用品牌的建设相结合，有利于增强农产品的竞争力。

（十）有助于提高农民的收入

农产品区域公用品牌的建设和维护是我国农业高质量发展的重要标志。随着人民收入的增加，消费结构的升级，农产品区域公用品牌的发展从不同程度上满足消费者的需求。农产品区域公用品牌的建设增进了消费者对农产品的信任，认为农产品的质量安全更有保障，增加消费者对农产品的忠诚度，使农产品保持稳定的销量，提高了农民的销售收入。

第四节　农产品区域公用品牌建设面临的问题及思考

一、农产品区域公用品牌建设面临的问题

农产品区域公用品牌在特定的区域使用时具有非竞争性和非排他性，其公共产品的属性导致经营主体的缺失，陷入"公地悲剧"；同时，农产品区域公用品牌的经营主体存在外部性，在农产品的品牌维护方面需要花费高额的成本。此外，消费者无法直接判断农产品质量，从而产生了农产品信息不对称，使农产品区域公用品牌陷入"柠檬市场"。

（一）农产品区域公用品牌的经营主体缺失

物品可以分为公共物品和私人物品两种类型。公共物品具有非排他性和非竞争性两个基本特征。其中，非排他性指物品的经营主体不能将拒绝付款的消费者排除在物品的受益范围之外。非竞争性指当提供一种公共物品时，增加一个消费者对其他人的消费不会产生影响。消费者对这个公共物品进行消费，不会像私人产品一样产生激烈的竞争。

农产品区域公用品牌具有公共产品的属性。首先，农产品区域公用品牌没有竞争力，在特定区域内，经济主体对该区域公用品牌的使用不会对他人产生影响，也就是说，新增的用户不会致使农产品区域公用品牌建设成本增

加。其次，非排他性体现在当一个区域内的农产品区域公用品牌形成后，众多经济主体均能使用，任何人都无法阻止他人使用该区域的公用品牌。因此，任何经营主体都不愿意支付运营农产品区域公用品牌的资金，抱着"搭便车"的心态等着其他经营主体来经营和维护。最后，没有经营主体经营农产品区域公用品牌，出现经营主体缺失的情况。

（二）农产品区域公用品牌的形象维护更加艰难

外部效应指某一经济主体对其他经济主体产生负面或正面影响，但未能对此承担相应责任或获得相应的回报。因此，根据农产品区域公用品牌的主体行为，区域公用品牌带来的外部效应可以是正向的，也可以是负向的。农产品区域公用品牌的外部效应表现为：农产品的经济主体通过向市场提供优质的农产品等经济行为，对区域的公用品牌进行推广，提升了农产品区域公用品牌的形象，从而使在该区域内经营相同农产品的所有经济主体都获得了好处，这就是农产品区域公用品牌的正向外部效应。反之，当农产品的经济主体对农产品区域公用品牌的使用方面存在不良的经济行为，如假冒产品、不合法销售等，将对该区域公用品牌产生不利的影响，导致该区域内的所有经济主体遭受品牌危机，这就是负向的外部效应。因此，农产品区域公用品牌的运营和维护比其他普通品牌更加艰难。

（三）"柠檬市场"效应与农产品区域公用品牌形象的提升

农产品质量的隐蔽性是造成生产者和消费者信息不对称的主要原因。在众多的农产品中，消费者很难辨别出优质农产品和劣质农产品，因此他们更多选择以较低的价格购买劣质农产品，增加了农产品区域公用品牌的优质农产品的销售难度，使得具有品牌标识的优质农产品流出市场，劣质农产品却不断涌入市场。在这样的恶性循环中，最终优质农产品不断外流，劣质农产品遍布整个消费市场。在极端的情况下，会导致市场关闭，出现"柠檬市场"效应。这种情况导致优质农产品难以拓展市场，农产品的总体品质难以提升，农产品区域公用品牌的形象受到损害。我国农产品区域公用品牌存在经营主体缺失、品牌维护难、运营困难等问题。在农产品区域公用品牌建设中，农产品生产者，如农民，对农产品品牌意识不强、农业生产方式落后、农产品的质量较低、质量认证意识淡薄等问题，农产品的深加工水平和农产品品质需要不断提高。

二、农产品区域公用品牌建设需思考的问题

农产品区域公用品牌是中国农产品品牌化的关键。打造农产品区域公用品牌和企业农产品品牌的母子品牌，正在引领中国农业品牌化的发展方向。如何更好地建设农产品区域公用品牌，需要考虑以下五个方面。

第一，注重农产品区域公用品牌建设的科学原理。农业企业及相关部门注册集体商标是农产品区域公用品牌建设的其中一个环节。目前，公用品牌注册已成为商品品牌化发展的一种趋势，市场上品牌商标复杂且众多，但达到品牌化标准的却非常稀少。农产品区域公用品牌建设必须厘清商标数量与商标质量的科学关系。

第二，农产品区域公用品牌与公司、产品品牌有着不同的品牌使命。农产品区域公用品牌的目的是促进农产品销售，获得品牌溢价。不仅达到农产品的营销目的，而且要促进乡村振兴。

第三，农产品区域公用品牌的建设必须站在消费者立场分析消费者需求。认知产品、了解产品、产生兴趣、试购少量农产品、经常购买、口碑推荐等是消费者与农产品区域公用品牌产品的关系变化，农产品区域公用品牌的建设应以消费者消费水平的转变和提升为目标，建立相应的农产品生产管理系统。目前，大部分农产品区域公用品牌的建设只注重产业的生产规模，却忽视消费者的需求。农业企业应站在消费者的立场，分析消费者的需求，提供高品质的品牌农产品，促进消费水平的提升。

第四，农产品区域公用品牌必须与消费者建立有效的"农产品品牌接触"，才能使消费者的消费层次发生转变，实现消费者对农产品的试购。近年来，我国大部分农产品区域公用品牌建设还处于建设的初级阶段。"农产品品牌接触"的模式才刚刚起步，农产品企业及相关部门需加大力度，建立合适的场景，让消费者与农产品品牌得到有效的接触，促进消费者对农产品区域公用品牌的了解。

第五，在发展消费者市场过程中，农产品企业需要不断促使消费者行为转换，将试买少量农产品转化为常买农产品。以旅游景区为例，在景区销售地方特色农产品或区域公用品牌的农产品，是开拓消费者市场的重要渠道。消费者可通过景区销售的农产品增加对农产品区域公用品牌的了解。但是，"旅游商业化"的农产品并不能解决产品品牌忠诚度。将消费者的试购转化

为常购，是农产品区域公用品牌发展的关键环节，也是农产品区域公用品牌可持续发展的重要路径。

第五节 农产品区域公用品牌建设的法律保护及对策

一、农产品区域公用品牌建设的法律保护

（一）注重农产品区域公用品牌的商标注册

我国的农产品市场竞争十分激烈，农产品企业、农业协会和相关部门加大对农产品区域公用品牌的重视，农产品品牌注册数量逐年增加。但部分农业企业存在商标意识薄弱、申请注册延迟等问题，导致可能规划的农产品品牌商标早已被其他企业注册，地方政府未能有效推广农产品区域公用品牌。地方政府、农业协会需要与农业企业进行有效的协商沟通，要从打造全区域内的农产品区域公用品牌、带动区域内的农民和企业共同发展的角度，有效推进农产品区域公用品牌的建设。政府相关的职能部门，应配合农业企业完成农产品区域公用品牌商标的相关注册工作。

（二）规范严格的农产品区域公用品牌准入和退出机制，规范品牌使用

为规范农产品区域公用品牌的使用和管理，各地政府出台了农产品区域公用品牌的管理办法，严格规范农产品区域公用品牌的准入机制、使用条件和退出机制，规范了经营主体对农产品区域公用品牌的使用，有效避免了农产品区域公用品牌的"公地悲剧"。农产品区域公用品牌使用的许多标准和条件最终是要确保农产品的质量。相关部门需要严格把控农产品质量，授权企业使用该农产品区域公用品牌后，必须对农产品的质量进行有效跟踪和监督。在经营和销售农产品区域公用品牌产品的过程中，遇到产品质量相关的生产事故，须严惩相关企业，并取消经营主体对农产品区域公用品牌的使用资格，列入失信企业名单；对涉嫌违法的相关企业，严格依法追究其法律责任。

（三）完善农产品质量追溯体系，对授权企业的农产品质量进行严格监督

为了有效保证农产品的质量，要加强农产品产地的环境保护，严格制定农产品的生产规范，并推行生产记录核算制度，执行农业投入品的生产销售有关规定。加强农药兽药残留超标的管理，特别是水产养殖业抗生素滥用行为，对超标使用、违规添加以及食品添加剂超标等行为进行严厉的打击。完善农产品质量和食品安全管理体系，强化风险管理和属地责任，加大农产品的抽样监测力度，建立全程追溯的农产品追溯监管综合服务平台。

为不断提高政府对农产品的智慧监管能力，规范经营主体的生产经营行为，不断增强公众的消费信心，相关部门需开发国家农产品质量安全追溯管理信息平台。各省、市、区、县根据国家的相关政策也应建立农产品质量安全追溯的公共服务平台，健全绿色农产品企业的生产、加工、包装、运输、仓储、销售等环节，消费者可通过国家溯源平台的官网，输入农产品的溯源码进行查询；也可以通过手机对溯源标签上的二维码进行扫描查询，消费者可以查询到农产品的生产厂家信息、产品信息、质检状态、产品溯源码等信息，实现"来源可查、去向可追、责任可究"的全程防伪追溯体系。

（四）扩大商标知识产权宣传，加强农产品区域公用品牌商标权的保护

品牌是消费者对一个企业及其产品、售后服务、文化价值的评价和认知，是一种信任。品牌被假冒预示着其品牌形象被破坏。商标保护是品牌保护的重要内容之一，指对品牌所包含的知识产权即商标、专利、商业秘密等进行保护。品牌保护最重要的武器是法律，品牌保护的核心是商标权保护，即对商标专用权（已注册）的法律保护。因此，不但需要加强农产品区域公用品牌商标知识产权的法律宣传，还需加强商标权的法律保护。通过对相关农业企业的商业秘密保护工作进行指导，不断提高品牌意识；对品牌标识产品开展定期的检查，坚决打击品牌商标的侵权、假冒、混淆及伪造行为。

随着互联网的不断发展，需要加强对品牌产品线上线下的销售监管，对于网络虚假宣传、刷单等违法行为进行严惩，维护市场秩序，营造良好的市场环境。

二、农产品区域公用品牌建设对策

(一) 强化农产品区域公用品牌意识

农产品区域公用品牌具有非排他性和非竞争性，众多经济主体均能使用。因此，应强化农民、企业、地方政府和农业协会的农产品区域公用品牌意识。

首先，农民负责农产品的生产，必须保证农产品质量。同时，还需要积极学习更新农业的新知识、新理念，不断扩大农产品的生产规模，为农产品区域公用品牌的建设与发展奠定良好基础。

其次，农业企业是直接与消费市场沟通和联系的经济主体，负责对农产品进行初加工和深加工，要增强专利意识和品牌意识；同时，遵守市场准则，规范商标的注册和使用，在消费者市场树立良好的信誉；并结合企业自身的发展，制定农产品区域公用品牌的品牌发展战略。

再其次，地方政府要充分认识农产品区域公用品牌是地区农产品的特色名片，需同相关部门积极参与农产品区域公用品牌的推广；同时，对农产品区域公用品牌做好战略规划；提供一定的资金支持，扶持企业对农产品区域公用品牌的建设；建立激励机制，动员农业生产者及农业企业经营者重视农产品区域公用品牌，提高对品牌的认识。

最后，农产品协会要不断与企业沟通，并积极组织开展各类农产品品牌的培训活动，加强企业及经营主体对品牌建设的学习；同时，开展农产品节等活动，增加消费者对农产品区域公用品牌的认知。

(二) 对农产品区域公用品牌进行多渠道的推广和宣传

移动互联网时代，营销渠道和推广方式多种多样。农产品相关企业需通过线上线下的不断整合，进行全方位营销。

线上渠道中，首先，可通过入驻第三方平台，如天猫、京东等综合电商平台，建立农产品区域公用品牌店铺，提高品牌的知名度，不断扩大农产品销量。其次，可通过抖音、快手等短视频平台，对农产品的详细情况进行介绍，让消费者通过图片和视频了解农产品区域公用品牌的产地等详细信息，向消费者传递绿色、健康、无污染的农产品信息。再其次，可建立农产品企业微信公众号，定期向消费者推送农产品区域公用品牌的信息，包括讲好品牌故事、传播品牌文化、介绍农产品品类等。最后，可开展植入营销，将农产品区域公用品牌植入电视、文学作品和网络游戏等，并通过主流视频网站和电子竞技平台进入消费者的视野，传播农产品区域公用品牌的特色产品。

线下渠道中，积极开展人员销售，利用线下门店向消费者介绍农产品区域公用品牌的特点；在机场、火车站、公交车站、高铁站等人流量较大的地方投放农产品品牌的广告，加深消费者对农产品区域公用品牌的印象，增进了解；还可与当地旅行社开展合作，通过旅行社的资源将农产品区域公用品牌"走出去"，被更多消费者所认知。此外，可与当地农业协会合作，通过农业节等活动，加强消费者认知，营造良好口碑。

（三）加强农产品区域公用品牌的监管和保护

农产品区域公用品牌的监管和保护可分为外部措施和内部措施两个方面。

在外部措施方面，主要是从政府层面营造适合农产品区域公用品牌建设的宏观环境，完善农产品区域公用品牌监管保护机制和制度。各地（特别是经济欠发达地区）要加大对农产品区域公用品牌的扶持力度，完善相关基础设施，形成农产品品牌的产业集群。相关部门需对农产品区域公用品牌进行统一管理，规范企业对农产品品牌的使用，完善农产品保护的相关法规，加大农产品品牌的保护力度，要求农产品质量不达标的商家进行停业整改，质检合格后再返回市场，严惩违法假冒商家，禁止相关农产品进入市场。

在内部措施方面，首先，企业及农户需加强农产品区域公用品牌意识，加大力度对农产品区域公用品牌进行建设。其次，大力度宣传农产品区域公用品牌，并拓宽营销渠道。最后，农业企业需明确农产品区域公用品牌的定位，通过线上和线下加强农产品区域公用品牌的宣传和推广。在品牌定位过程中，结合区域农产品的产品特征、区域因素、文化内涵以及消费者的文化背景和消费喜好，扩大农产品组合；准确把握市场定位，知名的品牌、优质的产品能有效推动农产品区域公用品牌建设。

（四）增强农产品区域公用品牌的文化内涵

增强农产品区域公用品牌的文化塑造，要以高质量农产品为基础，以区域独特的文化作为农产品独特的竞争力。农业企业需全面了解区域的历史文化背景，考虑消费者目标市场定位，选择与农产品相关的文化进行深入挖掘，从而形成独特的农产品区域公用品牌文化与价值理念，并充分将区域文化融入农产品区域公用品牌的包装与宣传中。政府和农业协会可利用当地的农产品文化节对农产品区域公用品牌文化进行宣传和推广，树立鲜明的品牌形象；还可通过建设农产品品牌的文化展览馆，让更多消费者了解农产品区域公用品牌的文化内涵。

【本章小结】

农产品区域公用品牌是指在一个具有特定历史人文因素、自然生态环境的区域内，由相关组织所有，由众多农业生产经营者共同使用的农产品品牌。该类品牌常常由"产地名＋产品名"组成，原则上产地应为县或地市一级，且有明确的生产区域范围。

农产品区域公用品牌的内涵主要从以下四个方面来体现。第一，它是品牌的创建载体。第二，它是品牌发展的内在优势。第三，它是品牌标识的表现形式。第四，它代表品牌的影响力。

农产品区域公用品牌的形成过程分为区域优势产业选择、以组织化为核心的产业集群形成、区域品牌创立、品牌经济带动关联产业发展四个阶段。

农产品区域公用品牌的特征为：外部性、公共物品性、产权模糊性、区域独特性。

建设农产品区域公用品牌对消费者、农业企业以及农户都有积极的促进作用。

农产品区域公用品牌的特殊性体现在农产品区域公用品牌一般需建立在区域内独特自然资源或产业资源的基础上，并借助区域内的农产品资源优势；农产品区域公用品牌权益不属于某个个人、企业或集团，而是区域内相关机构、企业、个人等共同所有；农产品区域公用品牌是一个特定区域的名片，对地区形象、知名度和旅游业有一定的促进作用。

农产品区域公用品牌与地理标志有一定的区别。农产品区域公用品牌与企业品牌既有联系，又有区别。

农产品区域公用品牌建设的经济效应体现为：增值效应、识别效应、产业化效应、聚集效应、品牌效应和激励效应。

农产品区域公用品牌建设现状主要体现为：农产品区域公用品牌注册数

量越来越多，得到了快速的发展；农产品区域公用品牌发展的类别较为集中，且多样化；其品牌的总体价值呈现上升趋势，有较大提升空间；但由于我国地域较广，地形复杂，资源条件也存在着差异，导致农产品区域公用品牌分布范围广，但发展不平衡，优势发展地区产业集聚现象较为明显。

农产品区域公用品牌建设存在的问题：重申报，轻培育；农产品的综合质量水平不高；农产品品牌多而杂，知名度不高；农产品特色不鲜明；农产品深加工程度低，品牌附加值不高；农产品标准化体系不健全；农产品品牌宣传保护不足，营销水平亟待提高；农业产业集群水平低，品牌竞争力弱；农业产业规模小；政府的政策支持和引导不足；各级市场主体的经营管理职能有待完善；科技人才匮乏，构建品牌的支撑体系薄弱；文化内涵建设不足，难以发挥品牌优势；组织职责不清晰。

农产品区域公用品牌建设的建议主要体现在十一个方面：农产品供给；品牌推广与保护；加强认识，处理好关系；强化区域公用品牌与企业品牌的合作；构建完善的品牌营销推广体系；建立健全农产品标准化体系；强化政府政策支持和引导；强化科技创新，推进标准化生产；讲好品牌故事，凝练品牌特色；改良产品包装，培育营销人才；优化渠道布局，丰富宣传手段。

建设农产品区域公用品牌有助于加快乡村振兴；有助于推进农业供给侧结构性改革；有助于加快农业转型升级；有助于增强意识，提高生产水平，实现品牌富农；便于调动积极性，促进品牌延伸，提升产品竞争力；对促进农民增收具有重要意义。

农产品区域公用品牌建设具有区域品牌的公共物品属性，存在经营主体缺失问题；外部效应造成的品牌联动性使其维护形象更困难；此外，还存在"柠檬市场"效应与区域品牌形象提升的问题。

农产品区域公用品牌建设需符合区域公用品牌形成的科学原理；区域品牌具有与企业产品品牌不同的品牌化使命；区域公用品牌建设必须立足消费者市场变化；区域公用品牌必须通过有效的"品牌接触"产生消费层级转型，实现试购的基本条件；区域公用品牌要界定"试购市场"与"常用市场"的本质区别；"旅游商业化"的农产品不能提升产品品牌的消费者忠诚度。以"包装"为形式的品牌符号生产能够提升区域公用品牌的体验价值；要规避农业区域公用品牌建设中的重大误区。

农产品区域公用品牌的法律保护方面需注重商标申请注册；构建严格准入和退出机制，规范品牌使用；建立农产品质量追溯体系，对授权企业的产品质量进行有效监管；扩大商标知识产权宣传，加强商标专用权保护。

农产品区域公用品牌建设对策体现在强化公共品牌意识、实行多渠道宣传推广、加强品牌监管及保护、增强品牌文化内涵四个方面。

【思考题】

1. 品牌、区域品牌、农产品区域公用品牌的含义是什么？

2. 农产品区域公用品牌的特征体现在哪些方面？

3. 农产品区域公用品牌建设存在哪些问题？

4. 农产品区域公用品牌建设有什么重要意义？

5. 请为农产品区域公用品牌建设提出相关对策。

【案例分析】

讨论题

1. "长兴鲜"农产品区域公用品牌是如何来的？有什么内涵？

2. 结合案例，谈谈建设"长兴鲜"农产品区域公用品牌的作用。

3. "长兴鲜"农产品区域公用品牌会带来哪些经济效应？

区域公用品牌建设如何破冰——"长兴鲜"品牌的初创

长兴位于浙江最北面，太湖西南岸，素有鱼米之乡等美誉。长兴县在现代农业发展方面，始终以打造长三角绿色高效农产品主产区为目标，大力推进农业大县向农业强县的转变，形成了区域特色鲜明的现代农业发展格局，2019年现代农业发展综合评价水平在浙江省82个县区中跻身第五位。

长兴县当地具有丰富的农产品资源，最具代表性的有城山沟水蜜桃、长兴湖羊、蜂状元蜂王浆、漾荡河蟹、长兴紫笋茶等，但是当地农业结构小散乱，缺乏聚合，缺少品牌营销能力，且农业品牌薄弱，发展缓慢，这些问题一直困扰着众多农业主体，也制约了当地的农业发展。

2019年7月，长兴县政府就当地农业发展和农产品区域公用品牌建设问题召开专题会议，会议参加者包括县农业农村局、供销社、农合联、市场监管局、传媒集团等部门领导，以及漾荡河蟹、银丰农场、丰收园茶业、四合园葡萄等当地知名农业企业负责人，会议还专门邀请了浙江省省级专业研究团队参与研究讨论。与会人员针对农产品分布散乱、品牌力量薄弱、品牌知名度低、辐射范围狭小、缺乏品牌竞争力等问题和成因，进行了深入细致的剖析。会议指出，随着国家层面的乡村振兴等政策倡导与消费者市场需求的变化，我国农业正从产业化向品牌化发展，各地政府纷纷探索区域农业的品牌化路径。长兴县政府应洞察农业品牌化发展机遇，充分发挥长兴农业的传统优势，整合区域农业产业特色，通过农业区域品牌化建设寻求长兴农业发展新的突破。

此次会议结束后，长兴县在全县范围内公开有奖征集农产品区域公用品牌名称。历时半个月，为长兴农产品征集到了品牌名称和口号作品近千份。经主办方商讨，最终评选出口号优胜奖 1 名、入围奖 10 名、参与奖 27 名。其中，与地名谐音，同时突出长兴本地农品鲜之特色，寓意长久新鲜的品牌名称"长兴鲜"和品牌口号"长兴鲜，尝新鲜"成功入选，被确定为长兴县农产品区域公用品牌名称、口号。

随着"长兴鲜"品牌名称的确定，长兴县政府委托省级研究团队对"长兴鲜"品牌的建设和发展进行战略规划。与此同时，为快速推进"长兴鲜"品牌的建设步伐，县农业主管部门在全县范围内寻找品牌运营团队，在征求包括县供销社在内的数十家机构和企业意见之后，将"长兴鲜"品牌授权长兴县元素农业有限公司运营。鉴于"长兴鲜"品牌属于初创，农业主管部门将"长兴鲜"品牌无偿授权元素公司经营，并承诺提供三年期的政策扶持，包括在"长兴鲜"品牌推广活动中给予政策资源和资金支持，而元素公司需在第一年内完成"长兴鲜"品牌 2000 万元的销售额，并在接下来的两年内实现 50% 的年销售额增长。

2019 年 9 月 20 日，中国（长兴）己亥年中国农民丰收节暨对口地区农特产品展销会开幕。长兴县隆重发布长兴县农产品区域公用品牌"长兴鲜"。同时，长兴鲜微信公众号和电商交易平台也正式上线运营。为了惠及消费者，长兴鲜平台在开幕式当日，每逢整点推出一款特色农产品，制定相应的秒杀价格，供消费者自主抢购，不到一天的时间内长兴鲜品牌农产品实现销售超过 390 万元。在开幕式现场，来自长兴对口地区的四川木里、吉林临江、新疆柯坪、浙江庆元等地的农副产品，进行了统一展销。企业和单位进行现场认购，同时，县电商协会与对口资源进行了对接签约。农民丰收节活动历时 5 天，现场签订重点农业项目 11 个，签约金额 2538 亿元。

参见：李颖灏，张建珍，王超. 区域公用品牌建设如何破冰："长兴鲜"品牌的初创之困［DB/OL］. 中国管理案例共享中心网站，2021 – 08 – 23.

第二章 农产品区域公用品牌与消费者

【学习目标】

1. 了解消费者的购买行为及影响消费者购买决策的因素。
2. 理解消费者心理与购买行为的关系。
3. 熟悉常见的消费者心理。
4. 掌握农产品区域公用品牌与消费者心理的关系。
5. 理解农产品区域公用品牌功能与消费者的关系。
6. 掌握消费者对农产品区域公用品牌满意度与忠诚度的关系。
7. 掌握在消费者心中打造农产品区域公用品牌的方式。
8. 理解农产品区域公用品牌的"四感"与消费者的关系。

【导入案例】

竹叶青"高端绿茶领导者"的品牌之路

蜀水巴山隐茶源，峨眉毓秀孕灵芽。自古名山出名茶，四川省峨眉山竹叶青茶叶有限公司就坐落在风光秀美的峨眉山脚下。竹叶青品牌可以追溯到1964年，四川省峨眉山竹叶青茶业有限公司则成立于1998年，是国家农业产业化重点龙头企业、全国著名的名优茶生产企业。从1998年的坚实起步，到2001年完善企业渠道策略，再到2002年提出"平常心"的品牌传播策略，历经20年企业发展之路，竹叶青茶业旗下已拥有"论道""竹叶青""碧潭飘雪""宝顶雪芽"等多个知名品牌。

2002年，竹叶青提出"平常心"品牌传播策略。一句"平常心、竹叶青"的广告词瞬时家喻户晓，竹叶青的高端品牌形象也随之深入人心。

2006 年和 2008 年，竹叶青先后被商务部、外交部作为国礼赠送给外国领导人。

但从 2012 年开始，受国家宏观政策等因素影响，整个茶叶市场不景气，茶叶产品本身就品类繁多，龙井、碧螺春、铁观音，还有近几年的新品类黄茶、白茶等，加之越来越多的茶叶新品牌不断涌现，各种大师茶、文化概念茶充斥市场，竞争愈发激烈，消费者对茶叶具有地域品类偏好。竹叶青近年来为了应对环境变化，不断扩充品类与品牌。竹叶青品牌在四川省享有较高的声誉，然而在四川省以外的地区却面临尴尬的局面，消费者不知道竹叶青是酒还是茶，品牌知晓度和认知度较低，无法吸引主流人群。

竹叶青品牌领导陷入迷茫。竹叶青产自气候地理环境极佳的峨眉山高海拔处，得天独厚的地理环境成就了竹叶青本身独特的清香，喝过竹叶青茶的人都赞不绝口。而且自公司成立以来，竹叶青坚持以"高山、明前、茶芽"三大标准作为茶叶品质保障的基础，先后投入近亿元，以科技创新加持品质提升，打造了数条全自动生产线，并利用国际先进的微电子控制技术，从半成品茶叶生产到茶叶精加工，实现生产的全程全封闭，使得茶叶品质稳定如一。这样的好茶为什么会沦落到"天下不识君"的局面？究竟出了什么问题？

竹叶青公司结合所处的地理位置，也结合"高山出好茶"这个中国传统的茶叶消费理念来凝练竹叶青品牌的特点。竹叶青茶叶产自世界自然与文化遗产的峨眉山，凭借着得天独厚的地理气候，竹叶青茶叶具有特有的高品质。经过细致的分析和讨论，企业最终决定筛选出"峨眉高山绿茶"作为新的茶叶品类，而"竹叶青"仅作为这个新品类的品牌，这样既能符合消费者根据地理位置判断茶叶好坏的习惯，也满足消费者根据茶叶产地海拔来判断茶叶品质优劣的思维定式。无形中将竹叶青与那些平原绿茶、低质量绿茶进行了切割，减少了竞争对手的数量。

经过几个月对市场密集调研，分析了行业、竞争、顾客和企业现状，在君智咨询的建议下制定了全新的品牌战略。

根据理论界的研究结论，面对不断出现的产品和品牌，消费者的心中只会记住行业前两位的企业。据中国茶叶流通协会公布的数据显示，2007～2019 年，竹叶青在全国高端绿茶市场占有率始终排名第一，这样的市场业绩本身就是品牌的有力背书，也更进一步证明了竹叶青公司向精、专高端绿茶方向前进的正确性。接下来，竹叶青公司考虑如何让高端绿茶的市场变得更大，只有市场容量变大了，企业才会有更大的发展空间和更丰厚的利润。

竹叶青定位高端绿茶市场，首先，邀请了李宇春等新生代偶像作为品牌代言人，这既是竹叶青品牌占领大众认知和年轻消费群体的一次积极尝试，也契合其"川茶—中国茶—世界茶"战略三级跳的大方向。其次，竹叶青借助各种媒体进行大规模宣传，增强曝光度。竹叶青与分众传媒签署了合作协议，在办公楼进行广泛且密集的电梯广告投放，最近距离地接触到目标消费者。最后，竹叶青积极举办文化活动，邀请国际IP—Discovery 探索世界绿茶之源，揭示峨眉山 4000 年茶文化精髓，对竹叶青绿茶品类、品牌、高端绿茶三大标准进行推广。对于如此大的举动，该品牌领导的解读是：竹叶青在品牌发展的道路上，下了决心就一定要坚持走下去。因此，竹叶青品牌也先后被冠以"四川名片""中国茗礼"的称号，确立竹叶青高端绿茶的市场地位。

全新品牌战略启动一年后，竹叶青举办了"源自峨眉高山，问鼎中国十年"峨眉高山绿茶战略成果发布会。会议当天，中国工程院院士兼著名茶学家陈宗懋、著名财经作家吴晓波、中国茶叶流通协会会长王庆、著名作家蔡澜等专家和学者都肯定了竹叶青领军高端绿茶的发展之路。2019 年 12 月，发布明星定制款论道和竹叶青云山空间体验店，为区域茶企冲破地缘桎梏，成为全国性品牌做出良好示范。

2020 年 4 月，又是明前绿茶上市的时段，但是新冠肺炎疫情的暴发让众多企业面临前所未有的危机，然而数据显示，今年竹叶青春茶预售人数同比增长了 154%，预售金额同比增长 89%，竹叶青明星产品论道预售金额逆势增长 14%，电商预售金额逆势增长 47%。

参见：张心悦，李长浩. 精一执中：竹叶青"高端绿茶领导者"的品牌之路［DB/OL］. 中国管理案例共享中心网站，2021 - 04 - 25.

第一节　消费者心理

消费者消费心理和购买心理统称为消费者心理。消费者购物的一般流程是：先接触商品，引起注意；然后经过对商品的了解和比较，对商品产生一定的兴趣，有了购买欲望；当条件成熟时，将作出购买决策；最后购买商品，使用商品，得到购后使用感受，以及是否会对商品产生黏性，重复购买商品。

一、消费者购买行为

消费者购买行为指消费者在内在和外在因素的影响下，挑选产品、购买产品、使用产品、处置产品和服务来满足自身需要。消费者购买行为对营销企业的产品研发、销售、利润乃至兴衰有着一定的影响。

本书从消费者涉入程度和商品的差异组合出发，将消费者的购买行为分为复杂型购买、和谐型购买、多变型购买以及习惯型购买四类。此处涉入程度指消费者在购买产品或服务时，其购买商品的谨慎程度，以及消费者在购买商品过程中花费在收集产品信息、选择产品、决策上的时间和精力。

（一）复杂型购买

复杂型购买常常发生在消费者初次购买的商品价格较高且差别较大时，消费者购买后不会随意更换，此类商品消费者涉入程度高。大多数消费者对此类商品的了解少，但是因为此类商品属于耐用消费品且价格昂贵，因此消费者在选择购买此类商品时需要谨慎选择，花费大量时间和精力进行比较、挑选。消费者的这种决策最为复杂。

（二）和谐型购买

和谐型购买指消费者购买同一档次且品牌差别不大的商品时，他们的涉入程度较高。通常此类商品的价格较高，或者为消费者不经常购买的产品。消费者的决策重点在于是否购买以及其购买什么档次的产品，是否能获得优惠价格，购买时间和购买地点，而购买的产品品牌不是其决策的重点。

（三）多变型购买

多变型购买发生在同类商品的品牌区别较大时，但由于消费者经常购买此商品，他们对商品的涉入程度较低。消费者常常想尝试不同的商品，避免单调乏味，因此经常变换商品的品牌。对于这类商品的购买，消费者收集商品信息的主动性不强，他们常常是通过电视广告、广播、传统杂志等传播渠道对商品宣传时被动地了解商品信息。在使用商品后，不论对购买的商品评价如何，在下次购买时仍然可能更换品牌。

（四）习惯型购买

习惯型购买发生在商品的品牌区别较小时，消费者的涉入程度很低，消费者重复购买某产品后，由于习惯而购买该品牌产品。消费者会因为自身的习惯而对某一品牌的商品产生重复购买行为，与其忠诚度无关。当消费者选择购买时，线上或线下没有该品牌的商品时，他们会购买其他同类的商品。

因此，针对不同消费者的购买行为，企业面临着不同的机会，其营销方向也因此而异，需要以不同消费者的购买行为为基础来设计不同的营销手段，吸引不同的消费者。

二、影响消费者购买决策的因素

消费者购买决策是指当消费者产生需求，推动其购买动机，经过查找产品、比较产品的差异、选择产品，最终做出决策产生购买行为。消费者购买决策受到内部和外部因素的影响，企业只有了解消费者需求，才能更好地把握消费者的购买决策，针对不同需求的消费者制定出个性化的营销推广活动。影响消费者购买决策的因素可以分为以下四类。

（一）社会因素

消费者购买行为受到社会因素的影响。社会因素主要指消费者所处的参照群体的影响，如家庭成员、社会角色与地位、非正式组织的影响。参照群体在其生活方式和行为模式方面影响着消费者，消费者常常会对其行为进行模仿。同时，消费者也受到参考群体对事物评价与态度的影响，他们力求与参考群体的行为一致，从而影响对商品的购买决策。

人们在生活中常常会参加不同的群体组织。在不同群体组织中，其角色和地位对购买行为有不同的影响。每个角色伴随着一种特殊的地位，这种地位反映了社会的总评价。随着阶层和地理区域的不同，人们的地位有所区别，同时，影响对产品的需求、消费习惯和消费能力。在竞争激烈的市场环境中，企业需要对各种不同的社会群体及其角色和地位进行研究，迎合不同目标群体的偏好，从而进行准确的定位。

（二）心理因素

心理因素指消费者的心理活动变化、所处的心理状态对其购买行为决策的影响，如消费者的认知、需要、动机等因素。

1. 消费者的认知

认知是由表及里、由事物本身的现象到事物的本质，反映客观事物的具体特征与联系的过程，可以分为感觉、知觉、记忆等。

感觉是人们大脑对当前直接作用于感觉器官的客观事物个别属性的反映。

知觉是人们大脑对直接作用于感觉器官的客观事物各个部分和属性联系的整体反映。

记忆是人们将得到的信息储存在自身的大脑中，以备未来使用。人们的记忆过程可分为识别记忆、保持记忆、回忆三个阶段。

2. 消费者的需要

消费者的需要是在内在环境和外部条件的影响下，消费者个体比较稳定的需求。个人与环境之间建立了一种平衡状态，当这种平衡状态遇到破坏，就会产生紧张，有了需要和动机。如果需要得不到满足或受到阻遏，个体的紧张状态就会保持，推动着人们从事消除紧张、恢复平衡、满足需要的活动。需要满足后，人们的紧张才会消除。因此，需要是购买行为的动力。

3. 消费者的动机

消费者的动机是引发消费者产生购买决策行为的原因。消费者动机的产生受到内在条件和外在条件的影响。产生动机的内在条件是消费者需要达到一定的强度。当消费者的需要越强烈时，其动机越强烈。产生动机的外在条件是存在诱因。诱因包括正诱因和负诱因。正诱因能够满足消费者的需要，引起消费者个体接受的刺激因素。负诱因指有害于需要满足，引起消费者个体有意躲避的刺激因素。例如，当人们处于饥饿状态时，食物是消费者的正诱因，体罚是消费者的负诱因。

（三）文化因素

文化因素在消费者行为中发挥着重要的作用。文化对消费者愿望及行为有直接的影响。消费者的行为是通过不断学习而形成的，消费者所处的文化环境对消费者的行为起着制约和影响作用，同时，文化带动着人们的消费需求。不同的品牌具有不同的文化内涵，且具有一种社会文化亲和力。企业也需要以文化为先导，将文化内涵融入企业经营理念中，学会利用文化的传播来挖掘产品的文化亲和力，影响消费者的心态和观念，拉动消费者的潜在需求，创造出更大的市场和吸引更多的顾客。

（四）个人因素

影响消费者购买行为的因素中，个人因素起着决定性作用。消费者的购买决策受到其职业、经济收入、个性特征等个人特性因素的影响。

生理因素指个人的年龄、性别、喜好和身体情况等生理特征，决定消费者对产品的款式、构造和细微的功能有不同的需求，最终影响其购买决策。例如，儿童和老年人偏向于宽松的服装，穿脱更加方便；四川人、重庆人偏向于麻辣的食物等。

经济因素指消费者可支配的收入、储蓄存款、借贷能力和资产。经济因素对消费者购买行为有着直接的影响，决定着消费者购买商品的档次高低。收入较低的消费者以维持温饱为目标，常常购买一些生活必需品，收入较高的消费者会提高自己的生活水平，考虑购买一些高端产品。

生活方式指在日常生活中，个体对某事物的看法、兴趣。个体的生活方式存在一定的差异性，因此，个体对商品和品牌有不同的需求，他们对商品表现出不同的兴趣，其购买行为决策也有所区别。作为营销人员，需要挖掘消费者生活方式对消费购买决策的影响，获取消费者与其购买决策之间的关系，进行个性化营销。营销人员在对产品进行推广时，需要对消费群体进行细分，针对不同的消费群体采用不同的营销推广方式。

由于区域的文化环境、人们所处的社会地位、当地的风俗习惯以及个体的生活方式不同，对消费者的购买决策行为的影响也有一定的区别。企业的营销人员需对消费者个体因素进行分析，将消费群体进行细分，针对不同的细分群体，开展不同的营销策略，最终提高商品的品牌知名度，扩大消费者市场，提高销售收入。

三、消费者心理与购买行为的关系

服务消费者是企业运营的目标，消费者的心理对其购买行为有着重要的影响。因此，消费者心理上形成对产品的消费情感，会促使消费者产生购买行为；当消费者产生了购买行为，便有了购后体验和购后评价，满意度较高的消费者，形成了对产品的忠诚度。消费者心理与消费者的购买行为之间有着紧密的联系，二者的关系主要表现在以下两个方面。

（一）消费者心理是促进消费者购买行为的前提

生活中，消费者的心理受到很多因素的影响，如消费者对产品的体验、消费者对产品质量的了解、消费者对商品品牌的信任等，它们对消费者心理有着直接的作用。消费者心理与消费者行为之间是相互联系和相互促进的。第一，随着消费者的心理和情感的不断变化，其消费行为也在不断变化。当消费者对某产品产生兴趣，促使消费者去了解产品，对产品的质量、产品的品牌等进行对比，消费者心理最终影响其购买决策。第二，市场上产品的多样性不断增加，消费者拥有更广泛的选择权，企业营销人员可对消费心理进行引导，帮助消费者做出购买决策，因此，消费者的消费心理与其购买行为是相互促进的。

（二）消费者购买行为是购买心理的重要结果

当消费者产生了对商品的购买行为，表明消费者对产品的认可，通过消费者对产品的使用和体验，消费者心理会产生对品牌的信任和对产品的忠诚。也就是说，购买行为能够进一步作用于购买心理，为心理的形成提供行为保障；同时，消费者心理的形成又促进了新的消费行为。因此，可从消费者心理与消费行为两个方面，对消费者开展营销活动。

第二节　农产品区域公用品牌与消费者心理

一、常见的消费者心理

消费心理指消费者在购买产品、使用产品以及消费产品或服务的过程中表现出来的一系列心理活动。消费者需求引发了消费者行为，消费者在生理上或心理上缺乏某种意识或物质便产生了消费需求。

（一）价值心理

当消费者对某种产品产生兴趣并表达喜爱时，是因为他们认为喜爱的产品与同类产品相比，能够给他带来更高的价值，即产品具有比同类产品更高的潜在价值。产品的潜在质量决定了产品的潜在价值。潜在质量是消费者从主观方面对产品质量的衡量，常常指消费者心中所感受到的产品质量。产品的品牌能够在消费者市场取得一定的竞争优势是由于产品的潜在价值。潜在价值具有一定的可信度，能够获得消费者的信任，使消费者对产品产生忠诚度。

（二）习惯心理

习惯是人们长期养成的难以改变的行为。不同地区的人、不同的民族有着不同的习惯，例如，我国北方人习惯以面食为主食，南方人习惯以大米为主食。通过长期的消费行为，消费者形成了自身特定的消费习惯。很多消费者在选择购买商品时，往往会凭借自己的习惯直接购买某种商品，这一购买心理主要体现在一些生活用品的购买决策中。消费者长期使用该商品已经形成了习惯，只要是购买该类商品就会不加选择地根据自己的习惯产生直接购买行为。

消费者常常由于好感而对某品牌产品进行初次试用，当使用产品后，产品效用大于自身对产品的期望时，消费者的满意度增加，并逐渐对该产品的质量和使用后的效果有了更深刻的了解，建立了对产品企业的信任和对品牌产品的好感，消费者忠诚度得到了提升。长期对产品的使用使消费者养成了特定的消费习惯，从而形成了固定的消费生活方式。

（三）规范心理

规范是人们按照原定的标准和要求，使自己的行为达到原定的标准。它是人们一起遵守的原定行为准则的总和。在日常生活中，规范不断要求着人们的行为举止，制约着人们的思想和行为决策。因此，规范对消费者的购买行为决策也发挥着重要的作用。消费者常常由于规范心理的制约，对品牌产品产生购买行为。

（四）情感心理

情感属于态度中的一个部分，是受到外界刺激时，个体所表现出来的行为，如对某人或某事物的喜欢、某事件发生后个体的悲伤感、对某事物的恐惧及愤怒等。消费者对某种产品表露出来的喜欢等情感，都是其真实情感的流露。越来越多的营销者逐渐转变自身的营销手段，通过触动消费者情感，挖掘品牌成长的潜力来不断提升品牌。

（五）从众心理

从众是指当个体受到群体决策或行为的压力时，个人的决策和行为会更倾向与群体中大部分人的行为一致。消费者常常在行为决策上表现出从众心理，如人们在选择餐馆时，会倾向于选择就餐人数多的餐厅；对旅游目的景点进行选择时，更倾向于选择一些热门的景点去观光游览。消费者对产品的品牌进行选择时，也会选择知名度较高，受众人群较广的品牌。

（六）推崇权威

消费者推崇权威的心理在消费过程中表现为购买决策中情感部分大于其理智。由于具有推崇权威的心理，他们常常选择权威人士推荐或消费的产品，使产品的销量增加。

（七）攀比心理

攀比心理属于消费心理的一种，表现为不切合自己的收入水平，盲目地选择高于自己消费水平的产品。在正常情况下，消费者满足自己消费需要的程度取决于他们的经济收入水平。但有时由于受一定时期社会消费水平日渐增高、其他人高消费的示范效应及消费者本人"面子消费"心理的影响，消费者的消费行为相互激活，导致互相攀比。攀比心理容易造成消费者盲目购买某种产品，没有切合自身实际情况去衡量产品的具体效应。

（八）求新心理

随着现代社会科技和经济的飞速发展，新产品不断展现在人们的生活中。顾客心理受到外界环境的影响，其心理稳定性降低。现代产品更新迭代速度极快，品种花式也层出不穷。市场上新产品的出现给消费者带来新鲜感，对于一件产品的终结，不会等到其使用价值消失后，更多的时候是由于新鲜感的丧失而选择购买新的产品。

（九）求名心理

很多消费者在选择购买商品时，会考虑商品的品牌是否出名，对名牌的信任度十分高。而对于其他品牌的同类商品，往往不会给予太多的关注。大部分消费者认为商品的品牌代表的就是商品的质量、性能与价格。大量的实践研究表明，消费者往往会比较信任在消费者市场上已经建立信誉的品牌，并且也会将其作为购买决策的参考依据。很多人认为在市场上占有较高市场份额的品牌产品就是好产品，对这些品牌十分信任与依赖。这一类消费者通常是一些高收入、追求前卫的人，他们对于商品的品牌、商标十分关注，如果该品牌的形象受到破坏，他们很有可能就会选择放弃购买该品牌的商品，将目光转向其他品牌的商品。也有一些消费者将品牌作为自己购买产品的首要因素的最终原因是为了满足自己的虚荣心。

（十）好奇心理

这一类消费者主要存在于年轻人中，他们活泼好动、思维比较活跃，对新奇事物的追求十分强烈，有自己的审美意识与价值取向，对消费品的更换速度较快，喜欢潮流，更希望能够引导潮流。对于新奇的事物，他们的抵抗力较弱，追求个性、独特，更喜欢标新立异，对购买商品的实用性能和价值并不太关注，只是为了满足他们的好奇心而购买商品。

（十一）求美心理

消费者在选购商品时，首先看到的是商品的外观与包装。人们追求美的这一心理是永恒不变的，独特新颖的造型、精美的商品包装可以促进消费者的购买欲望，尤其是在同类产品同时摆放在一起的情况下，包装的精美与否对客户购买商品决策的影响是非常大的。

（十二）求廉心理

求廉心理是指消费者在选购商品时，注重商品价格，希望以较少的货币支出获得更多的物质利益。消费者在购买一种商品时，对其价格特别重视，希望购买到既实用又价廉的商品，购买商品过程中喜欢对各类商品或同类商品的价格进行反复比较，然后决定自己的购买行为。由于收入有限，消费者要将有限的收入用以购买更多的产品，使自己的生活水平有所提高，因此必须重视商品价格的高低。求廉心理存在于不同收入水平的消费者当中，只是程度不同，并且其程度上的差别不仅受收入差距的影响，还受其他方面因素的影响，如消费者的个人偏好、生活方式、所处环境和从事的职业等。

（十三）炫耀心理

炫耀心理是消费者通过购买某商品来彰显自己的身份的心理状态。消费者欲通过向他人展示自己的商品来得到他人的赞美。例如，市场上的奢侈品，其品牌价值高于实用价值，部分消费者对其产生购买行为是由于自身的炫耀心理。

（十四）心理价位

在消费者的购物过程中，他们对欲购买商品的价格反应对其购买决策有着重要的影响。在消费者的心里，每一类商品有一个心理价格，若商品的价格高于消费者的心理价格时，即商品价格高于消费者对产品的预算，他们会选择不购买；若商品的价格低于消费者的心理价格时，消费者可能产生猜疑，是商家促销活动、产品的品质差或是由于其他原因使得产品价格较低。因此，企业需要对消费者的心理价位进行深入了解，有利于企业产品价格的制定，同时，帮助营销人员更好地打开消费市场，进行产品营销。

（十五）害怕后悔

消费者在购物决策过程中，心里犹豫不决，担心自己由于考虑不够周全而作出错误的购物决策，这就是消费者的害怕后悔心理。消费者常常在购物后会出现后悔、疑惑等心理情绪，甚至会导致其购物后产生不满的情绪。

二、农产品区域公用品牌与消费者心理

随着消费者收入水平的提高、消费观念的转变，消费者对农产品的质量要求也在不断提高。更多的消费者注重农产品的绿色、健康、无污染。我国农产品种类繁多，农产品信息具有一定的隐蔽性，消费者和企业的信息不对

称，使消费者在购买农产品的决策中面临着一定的风险。农产品区域公用品牌是消费者购买农产品时，对农产品质量衡量的标准之一。农产品特殊的区域优势对农产品区域公用品牌的建设有着重要的推动作用。

消费者在购买农产品的过程中，当他们对这类商品不了解时，会选择知名的区域公用品牌的农产品，此外，产品包装、宣传及促销活动等对农产品的购买也有重要的影响。

(一) 农产品品牌社会形象

消费者在农产品的选择过程中，往往会选择知名度较高的农产品原产地，如消费者选择购买西湖龙井的购买意愿大于越乡农井，这是由于消费者对西湖作为原产地更加熟悉。

(二) 农产品的包装

由于农产品的种类繁多，且农产品信息具有一定的隐蔽性，因此，大多数消费者只了解小部分知名的农产品区域公用品牌，他们希望从农产品的包装上获取更多的信息。同样的农产品，当产品包装的信息越完整和详细，消费者对该农产品的了解越多，他们会认为这个农产品越安全可靠，其选择该产品的可能性就越大。农产品包装较好地体现地域特色，对农产品产地进行介绍，能增强消费者对产品的了解。

(三) 农产品的购买环境和营销员的服务态度

当消费者缺乏对农产品区域公用品牌的了解时，农产品的购买环境对其购买决策有着重要影响，他们希望在较好的购买环境下购物，并获得营销员的贴心服务，针对其个性化需求对农产品进行介绍，并为其提供合理的农产品购买建议，来帮助他们进行购买决策。

(四) 农产品的宣传和促销活动

加大对农产品区域公用品牌的宣传和推广力度，能够提高农产品区域公用品牌的知名度，同时，农业协会及相关部门应不定期开展农业节，可以加强消费者与区域农产品的互动了解。政府部门和农产品品质认证机构需加大对区域公用品牌农产品的介入度，提高消费者对农产品的信任度，增加农产品的销量。

（五）农产品的健康与绿色

随着人们经济收入水平的不断提高，消费者提高了对农产品的质量要求，他们更看重农产品的绿色、健康和无污染。此外，消费者更倾向于购买助农产品，帮助该地区的农民增加收入，响应国家号召，助力乡村振兴。

第三节　农产品区域公用品牌与消费者

农产品区域公用品牌是指不同农产品之间的标识区别，是在特定的人文历史环境、自然环境下，由农业生产者所共享的农产品品牌。随着经济的发展、消费者生活水平的提高，消费者在选购农产品时更加注重心理上和情感上的满足，农产品区域公用品牌越来越重要。

在服务为主的消费逻辑下，消费者拥有越来越大的权利。消费者作为价值链的终端购买使用者，成为农产品区域公用品牌创造成员之一。在农产品区域公用品牌的价值实现方面，消费者的感知价值、体验价值对其发挥着重要的作用。消费者在使用产品的过程中，向企业提出自己的品牌价值主张，形成与企业的有效互动连接。通过消费者购买、使用产品再次获得相应产品价值输出，从而形成与企业品牌的价值共创。同时，消费者需求的个性化、多样化也不断推动农产品区域公用品牌的发展。品牌成为消费者选择购买农产品时识别和区分的标识，打造具有区域优势的农产品区域公用品牌，对提升消费者的黏性和消费者忠诚度至关重要。

一、农产品区域公用品牌功能

农产品区域公用品牌的功能可分为以下四个方面。

首先是识别。农产品区域公用品牌需要向用户展示清晰的含义、明确的目标，专指性较强。只要提到某农产品区域公用品牌，在消费者心中就能明确是什么农产品，以及该农产品的产地。

其次是信息浓缩。农产品区域公用品牌的名称应当具体，消费者可通过掌握的信息准确地判断该农产品。

再其次是安全性。一个消费者熟悉的农产品区域公用品牌，应享有较高的声誉，倡导绿色和健康，其质量能给消费者带来信心和保证。

最后是附加值。附加值是消费者在产品的有形价值基础上，挖掘出来的无形的价值。因此，农产品区域公用品牌能带给消费者除了产品本身以外的不同的享受。

二、农产品区域公用品牌与消费者满意度

农产品区域公用品牌与消费者之间的关系是不断发展和变化的。刚开始，消费者对一种农产品区域公用品牌没有印象，经过企业的营销活动使消费者对其察觉，逐渐产生兴趣；通过了解产生消费欲望，最后使消费者产生购买行为；当消费者购买了某农产品区域公用品牌的商品后，如果满意便会有二次回购的行为；当消费者重复购买的行为一旦经常化，消费者也就变成了某农产品区域公用品牌的忠实顾客。企业需要不断提升产品和服务的质量，提高消费者的忠诚度。

三、农产品区域公用品牌与消费者情感

农产品区域公用品牌不仅体现了农产品的价值，还汇聚了消费者的情感。消费者感受到的事物、接触的产品以及产生的各种行为，在很大程度上都是由人的情感来决定的，即印象。例如，人们看到不同的颜色会有不同的感觉，冷色系、暖色系给用户的感受是不一样的。暖色系会让消费者感觉到温暖愉悦，冷色系会让消费者感觉冰冷，这种感觉是长期形成在我们的记忆里的，并且左右我们的心理和情感反应。消费者在选择不同的农产品品牌时，本质上是被某种特定的情感因素所打动。品牌所传达的理念、形象都会在消费者内心留下深刻的印象，而且这种印象在很大程度上会支配消费者对产品的选择，使其成为产品价值中的一个重要部分。

四、农产品区域公用品牌与消费者的忠诚度

消费者对品牌的忠诚度是农业企业营销过程中关注的重点，忠诚度反映了消费者转向其他竞争农产品的可能性，反映了消费者对农产品品牌的信任

度。在竞争异常激烈的消费者市场环境中，农业企业如何建立起消费者对农产品区域公用品牌的忠诚度是企业营销的关键。

培养消费者对农产品区域公用品牌的忠诚度是企业营销的重点。消费者第一次购买农产品品牌的产品，往往是通过外部信息的获取，在与同类农产品进行比较后做出购买决策。如果使用的效用高于购买前的心理预期，会产生较高的满意度，成为一次正面的购物体验，并影响下次对该农产品品牌的购买决策。多次循环后，将会使消费者形成持续反复的购买行为模式，进而升级为对农产品品牌的忠诚。

对品牌的忠诚可以降低消费者的购买决策成本和购买风险，消费者持续不断的购买行为提高了对品牌的熟悉程度，减少了其搜索信息耗费的时间和精力，同时也降低了购买其他新产品所带来的不确定性风险。当消费者评估购买其他新产品会带来较高的风险时，就会降低变更品牌的可能性，也会增强对该农产品品牌的忠诚度。

品牌忠诚可分为四个阶段，即认知忠诚、情感忠诚、意向忠诚和行为忠诚。其中，认知忠诚是指消费者存在一种观念，认为该品牌是受到消费者欢迎的。情感忠诚是指消费者在使用该产品时获得了满意，代表了消费者对产品的喜爱。意向忠诚是指消费者通过更加深层次的承诺所展现出的行为意图。行为忠诚是指消费者从欲购买产品转化为购买行为，是消费者对产品品牌忠诚度的外在表现。消费者的情感忠诚和行为忠诚是农产品区域公用品牌消费者忠诚中的重要因素。

农业企业在消费者市场上的品牌竞争力，可通过消费者对农产品区域公用品牌的忠诚度来反映，消费者的忠诚度可以作为评估农业企业资产的重要指标。对于消费者而言，农产品区域公用品牌的竞争力越强，消费者选择该农产品的机会越大；但农业企业的竞争变得更激烈。农业企业需要将消费者对农产品区域公用品牌的忠诚度作为营销重点，从而保持持续稳定的市场规模。

五、如何在消费者心中打造农产品区域公用品牌

一是通过营销不断打造农产品区域公用品牌形象，建立严密规范的经营主体行为规范体系，以农产品质量为重点，通过各种形式的多媒体渠道，如微信、微博、抖音等第三方平台，将农产品区域公用品牌的相关故事和形象

真实地传递给消费者，不断与消费者进行沟通和互动，了解消费者的需求与困惑，将农产品的真实信息传递给消费者。

二是通过区域内声誉较高的农业企业对品牌和农产品进行宣传，提高消费者对农产品区域公用品牌的了解，将农业企业的良好形象展现给消费者，结合上下游企业，提高农产品质量，整合农业产业的供应链，将绿色、健康、无污染的理念传递给消费者，不断提升农产品区域公用品牌的形象，提升消费者对农产品区域公用品牌的忠诚度和信任度。

三是基于消费者对农产品涉入程度的高低，构建不同的农产品区域公用品牌营销策略。当消费者涉入度较低时，企业应不断扩大农产品的区域公用品牌知名度，通过不同的营销传播渠道提高农产品信息的披露程度，增加消费者对农产品区域公用品牌的了解。随着消费者消费体验的丰富和消费者涉入程度的提高，农业企业需将注意力转移到农产品的质量和服务上，不断提升农产品的质量和农产品区域公用品牌的形象，提高消费者对品牌的黏性。

四是充分利用情感营销提升消费者的复购率，提升消费者对农产品区域公用品牌的忠诚度。建立良好的品牌口碑，利用口碑传播增强消费者对农产品区域公用品牌的认可度。农业企业和相关部门可借助农产节等机会开展农产品促销活动，并与当地媒体合作，运用情感营销策略，增加农业企业与当地消费者的互动和沟通，增进情感的交流，提升消费者对品牌的忠诚度。

六、农产品区域公用品牌的"四感"与消费者的关系

在移动互联网时代，消费者变得极为喜新厌旧。使消费者对品牌和产品感兴趣，进而引发情感共鸣，才能建设高价值品牌。农产品区域公用品牌建设和传播过程中可进行"四感"营销。

（一）存在感——从消费者角度出发，让其"对号入座"

当我们向外界发出信号时，能收到别人的回应，便证明了自己的存在感。从心理学的角度来说，人们更关注与自己有关的事情，与自己无关的则"事不关己，高高挂起"。农产品区域公用品牌要在消费者心中有存在感，其品牌运营者就要清楚，消费者在什么样的地方出现，即农产品区域公用品

牌需要通过什么样的渠道与消费者产生互动，要让消费者把自己代入农产品区域公用品牌中，让消费者"对号入座"，对农产品区域公用品牌产生认同和共鸣。

（二）参与感——让消费者参与，"自己的孩子自己疼"

让消费者参与农产品和品牌研发、生产和消费的整个过程。消费者常常对于自己付出劳动或感情的事物有更深厚的感情；同样地，对于商品，消费者会对自己付出心血和精力的商品更有感情，且有更高的价格估值，这种行为模式被称为"宜家效应"，即通过让消费者付费后把家具带回家自己进行组装提升其参与感。

在传统经济时代，消费者作为读者或听众被动接受企业传递的信息，参与感较弱。随着移动互联网时代的到来，人们能够自由地表达自己的感情，消费者的参与感得到提升，不仅能让消费者感受到被尊重和得到满足，而且能不断调动消费者的积极性，通过参与农业企业的活动，增加他们对农产品区域公用品牌和农产品的好感，增强消费者对企业的信赖，培养消费者对农业企业和农产品区域公用品牌的忠诚度。

对于农产品区域公用品牌而言，相关经营主体需要将当地农业与旅游业进行有效结合，让消费者参与到农产品区域公用品牌的建设经营过程中。例如，每年一度的查干湖捕鱼节吸引数以万计的游客来进行捕鱼、品鱼，通过消费者的参与，能充分调动消费者的积极性，同时扩大品牌的知名度。

（三）幸福感——愉悦消费者的身体和内心，使其产生欣喜与愉悦的情绪

随着时代的变迁，消费者精神层面的需求越来越强烈。他们不满足于农产品本身的价值和有趣的体验，而是希望获得更多的幸福感受和对未来生活的憧憬，因此，幸福感的满足成为消费者关注的焦点。

幸福感是什么？幸福感是人类基于自身的满足感与安全感而主观产生的一系列欣喜与愉悦的情绪，消费者能否通过农产品品牌获得幸福感是可以观察和体会的。

（四）优越感——激发消费者的自豪感，并诱导分享和传播

优越感来自消费者对农产品区域公用品牌的体验和使用后的情感感受，

能彰显消费者个人的身份和地位，也可能来自农产品理念与消费者个人理念相吻合所产生的满足感。

消费者对本土文化、品牌生产地、民族自豪感等有深刻的理解，品牌与消费者在多个理念层面对接，有利于增强消费者的优越感。

农产品区域公用品牌运营者如果能够让自己的农产品品牌故事吸引消费者，且很好地迎合消费者的心理，提升消费者的自我优越感，就能很好地促进农产品销量，提升品牌价值。

【本章小结】

消费者的购买行为类型有：复杂型购买行为、和谐型购买行为、多变型购买行为、习惯型购买行为。

影响消费者购买决策的因素有：社会因素、心理因素、文化因素、个人因素。

消费者购买行为的产生是内外在因素相互促进、影响而产生的。购买行为是消费心理的外在表现，也是巩固购买心理的重要依托。

常见的消费者心理有价值心理、习惯心理、规范心理、情感心理、从众心理、推崇权威、攀比心理、求新心理、求名心理、好奇心理、求美心理、求廉心理、炫耀心理、心理价位、害怕后悔。

农产品品牌社会形象、农产品品牌规格和包装、农产品的购买环境和营销员的服务态度、农产品的宣传和促销活动以及农产品的健康与绿色对消费者的心理有着重要的影响，同时也影响着消费者的购买行为。

农产品区域公用品牌的功能体现在识别、信息浓缩、安全性、附加值四个方面。

可通过营销来不断在消费者心中打造农产品区域公用品牌形象；通过域内知名龙头企业的影响力来扩充消费者的农产品知识；针对消费者涉入度的阶段性差异实施不同的策略；用农产品区域公用品牌来源地消费者的"故乡情结"开展情感营销。

农产品区域公用品牌的"四感"为：存在感、参与感、幸福感和优越感。

【思考题】

1. 农产品区域公用品牌如何影响消费者心理？

2. 如何在消费者心中打造农产品区域公用品牌？

3. 如何通过农产品区域公用品牌的"四感"影响消费者？

【案例分析】

讨论题

1. 消费者对农产品的要求在哪些方面发生了变化？

2. 涪陵榨菜是如何开拓市场的？

3. 涪陵榨菜为了塑造"乌江"品牌采取了哪些营销策略？

涪陵榨菜：行业龙头的秘密

涪陵地处北纬30度，是典型的亚热带季风气候，夏季高温多雨，冬季干燥少雨，四季分明。这正是涪陵榨菜的主要原材料莴菜（又称青菜头）最适宜种植的气候。青菜头秋种春收，与一般植物春种秋收相反，正好利用空闲的土地资源实现季节性调配。而涪陵又处于山城重庆，常年多雾，在这种环境下培育的青菜头有致密的组织结构，口感脆嫩。除了口感以外，涪陵生产的青菜头营养丰富，含有人体所必需的蛋白质、胡萝卜素、膳食纤维、矿物质以及谷氨酸、天门冬氨酸、丙氨酸等17种游离氨基酸，因而使得涪陵榨菜蜚声中外。

凭借天然的地理环境和气候优势，涪陵莴菜种植面积占全国种植面积的近一半，无疑是全国规模最大的榨菜产区，因此涪陵也被称为"榨菜之乡"。由于莴菜价值小、不易储存，无法实现长期运输，且其产生的价值也无法承担运输和库存费用，故就地加工生产是其最适宜的方式。因此，处于外地的生产商很难与本地的企业竞争。

往昔的包包菜泡菜逐渐演变成今日家喻户晓的榨菜。作为中国极具特色的传统菜肴，榨菜由莴菜的茎腌制而成，属于半干态非发酵性咸菜，有开胃作用，口感脆嫩，可以腌制成多种口味，在川渝地区最为常见。由于榨菜价格便宜，随处可买，食用方法众多，在餐桌上，榨菜通常作为配菜与粥、馒头、面条等主食搭配，在川菜中更是少不了它的点缀，盐煎肉、红烧鱼等菜都可用榨菜提味，甚至可以代替盐和味精的作用。随着消费功能的延伸，榨菜进入了休闲零食市场，使其不再是主食的"配角"，从而摆脱了在食用时间和空间上的限制，不再仅作为开胃小菜而存在。由于榨菜消费场景更加多元化，受众面更加广泛，消费群体逐渐增加，市场需求有望进一步增加。

随着我国经济的发展，居民生活早已不为温饱所困。人们更加看重生活的质量，对食品的消费需求更看重于其独特的口感和自身的喜好。榨菜商针对不同消费能力和喜好的消费者，顺势推出不同等级的榨菜迎合消费需求。

在榨菜行业消费升级的背景下，人们对品牌认知度不断提升，包装产品对散装产品也出现了明显的替代效应。随着居民可支配收入的不断提高以及消费结构和消费方式的转变，人们更加注重食品的质量、安全、营养等，品牌消费成为大势所趋。特别是居民"低盐"饮食的健康意识逐渐提高的情况下，行业内规模以上企业率先改造生产工艺，研发出低盐榨菜产品，逐步取得较高的市场认知度，消费者对品牌的忠诚度也不断提升。

受益于城镇化，居民从家庭腌制榨菜逐渐转向市场购买。消费者购买时大多按需购买，加上食品安全敏感性，越来越青睐于选择包装产品，而非散装产品。在消费升级的大背景下，品牌企业技术实力雄厚，不断引领升级趋势。

涪陵榨菜在工艺技术上实现突破，但仍然不够，还需通过营销触及终端，让顾客知道涪陵榨菜的好！

涪陵榨菜除了在央视投放广告宣传"三洗三榨"工艺及产品安全健康之外，还深耕渠道，建立完善的经销商管理体系，加强对渠道的管控。一方面，公司渠道采用扁平化结构，倾向于选择可以直接控制终端、有直接服务能力的经销商，逐渐淘汰依靠二批商、三批商的经销商。另一方面，对经销商采取市场化淘汰机制，在一个市场上，能够持续完成任务的经销商，每3～5年签一次合同，连续完不成任务的经销商就要被淘汰，每年淘汰率在10%～20%，淘汰制度的实行有效保障产品销量任务的完成，同时保证优质经销商向公司靠拢，以形成强大的销售网络，更快抢占市场份额。例如，大力培育联盟商和发展二、三线城市骨干经销商，收编竞争对手主力经销商，加密渠道网络。采取"高成本＋高价格＋高毛利＋精品"的运行模式，通过"大水漫灌"等活动，有效挤占竞品市场份额。优化多目标平衡发展模式，持续开展标准化陈列、红动中国、体验式营销等活动，推动产品销售业绩增长。

在市场开拓的战略上，涪陵榨菜明确划分成熟市场与非成熟市场，针对成熟市场加大县乡下沉与渠道细化，非成熟市场加快渠道覆盖率。目前公司基本完成全国化布局，东北、西北、华中、中原等地区尚有空白市场，各区域也存在不同层级市场的下沉空间。未来公司可根据不同区域的状况进行渠道网络布局，针对成熟市场，涪陵榨菜主要采取的措施有：加大县乡镇下沉，加强产品品项陈列，进行渠道细化，如传统渠道建设、建立与重点终端相匹配的多元渠道组合；针对非成熟市场，主要是加大空白市场渠道覆盖率和拓展品项陈列于基础较好的市场。通过此种战略，涪陵榨菜加快布局空白市场，加大渠道下沉，逐步完成全国化布局：2011 年最成熟的市场广东省率先下沉至乡镇级，其他区域仅覆盖一、二线城市；2014～2015 年开始往三、四线城市下沉；目前，华南、华东渠道延伸至县级市，华北和华中大部分区域覆盖地级市，西北、东北等地区的空白市场较多，尚有较大下沉空间。渠道下沉取得明显效果，2017 年东北、华中、中原、西北地区的收入增速分别为 19%、35%、42%、44%，2018 年增速则均在 40% 左右（东北地区超过 50%），维持高速增长态势。此外，公司也积极开发电商、餐饮等新渠道，有望为公司继续贡献收入增量。

通过对经销渠道体系的构建及完善，涪陵榨菜渠道覆盖兼具广度和深度。目前公司拥有 1200 多家忠实的一级经销商、800 多个县级经销商，销售网络覆盖全国 34 个省区市、264 个地级市场；同时兼具深度，广东省乡镇覆盖率不断提高，华东区下沉至县级市。全面覆盖各类商超、各级农贸市场、便利店等，还包括餐饮、电商渠道，渠道结构逐步完善。目前，零售终端覆盖率达到 80% 以上，其中商超占 30% 左右，其他流通渠道占 70% 左右。

上市后的涪陵榨菜现金流充裕，在工艺技术上实现突飞猛进。此外，涪陵榨菜加强营销力度，通过建立健全的经销商制度深耕渠道，发力终端，进一步巩固了"乌江"品牌。涪陵榨菜一系列举措夯实了其发展基础，凸显龙头效应。

涪陵榨菜在榨菜领域取得了巨大成功，为了巩固市场地位，获取持续的竞争优势，近几年来，涪陵榨菜以榨菜为基点，凭借强劲的"乌江"品牌优势，围绕佐餐类产品进行外延扩张，推出海带丝系列、萝卜干系列、泡菜等产品，降低了单一品类的可替代性，逐步实现对于佐餐类调味菜的全品类覆盖。

2015 年，涪陵榨菜推出了海带丝和萝卜干产品，通过大量的地面推广活动迅速打开国内市场，并广受好评；2016 年，公司推进充氮保鲜技术的应用。推出了脆口萝卜为主打的脆口系列产品，成功进入了低盐休闲零食类产品市场，拓宽了产品消费场景；2017 年，涪陵榨菜针对休闲零食类市场，对产品设计进行优化，推出了 22 克小包装的脆口榨菜、脆口蔬和脆口萝卜三种新品，丰富了产品品类，为公司业务扩张及品牌延伸奠定了坚实的基础。

在中国榨菜行业，涪陵"乌江"榨菜已经成为家喻户晓的明星产品，并逐渐走向世界的舞台。尽管在品牌知名度上，"乌江品牌"一骑绝尘，但仍不忘初心。在产品生产工艺研发上持续深耕，保持强劲实力；在营销策略上与时俱进，形式逐渐多元化。面对同行企业的模仿与追赶，涪陵榨菜能否持续遥遥领先，其打造的"乌江"品牌能否持续发力，有待市场检验。

参见：蒋水全，杨代容，陈位，彭莉琳，杨世豪，魏文斌，郎鉴. 涪陵榨菜：行业龙头的秘密 [DB/OL]. 中国管理案例共享中心网站，2020 – 09 – 24.

第三章 农产品区域公用品牌生命周期

【学习目标】

1. 了解农产品区域公用品牌生命周期的含义。
2. 理解农产品区域公用品牌生命周期的特征。
3. 掌握农产品区域公用品牌生命周期的策略选择。

【导入案例】

赣南脐橙：从一棵树到家喻户晓的农产品区域公用品牌

赣南脐橙，是江西省赣州市特产，是中国国家地理标志产品，被列为全国十一大优势农产品之一，荣获"中华名果""中国驰名商标""中国农产品百强标志性品牌"等荣誉称号。赣南脐橙的显著特征是果大形正，光洁美观，颜色偏红，比其他产地的橙子颜色略深，可食率达85%；果皮光滑细腻，果形以椭圆形为主；肉质脆嫩、化渣，具有浓郁的橙香味，口感甜酸适度，含果汁55%以上，含糖10.5%~12%，含酸0.8%~0.9%，固酸比15:1~17:1。与美国加利福尼亚州华盛顿脐橙相比，赣南脐橙可溶性固形物含量高1~2个百分点；与日本脐橙相比可溶性固形物含量高1~3个百分点。2017年，赣南脐橙被列入中欧"100+100"互认保护名单；2019年，入选中国农业品牌目录，经专业机构评估品牌价值500亿元以上。

赣州市，简称"虔"，因位于江西省南部，又称"赣南"，是江西省辖地级市，也是江西省的南大门。现辖4区、1市、14县和3个国家级经济技术开发区，常住人口897万人，总面积3.94万平方公里，占江西省总面积的23.6%，是江西省行政区域范围最大、人口最多的城市。赣州市群山环绕，以山地、丘陵、盆地为主，拥有山地面积 4560 万亩，其中十分之一适宜种植果树，大约 450 万亩。赣州属于典型亚热带丘陵山区湿润季风气候，气候温和，雨量充沛，光照充足，昼夜温差大，无霜期长，土壤肥沃，具有种植脐橙的优越气候和土壤条件，是我国橙类适宜区和黄金地带。

赣南脐橙经历了从无到有，从小到大，从一个单纯种植业发展成为家喻户晓的农产品区域公用品牌，并将脐橙种植资源优势转化为品牌优势。

2017 年，赣南脐橙成功入选"百强农产品区域公用品牌"。那么，赣南脐橙这一农产品区域公用品牌是如何建设的？赣州市果业部门负责人认为主要取决三个因素，一是赣南具有得天独厚的气候优势，种植的脐橙品质优良，风味浓郁，富有独特的香气，深受市场欢迎和消费者青睐，消费者习惯把产自赣南的脐橙称为"赣南脐橙"；二是经销企业在销售推广时习惯使用"赣南脐橙"名称，主要是为了区分不同产地的脐橙；三是果农自觉地将产自赣州本地的脐橙命名为"赣南脐橙"，参与国际国内市场竞争，进入更大的市场。那么，赣南脐橙这一农产品区域公用品牌发展到底经历了一个怎样的建设过程？

一、一棵脐橙树，相当三头猪

赣南脐橙最初发展可以追溯到 20 世纪 70 年代。1971 年，赣州市信丰县安西园艺场从湖南邵阳引种 156 棵华盛顿脐橙，三年后开花结果，并表现出优良性状。1975 年 3 月，赣南脐橙参加广州举办的中国进出口商品交易会，得到外贸界、香港商界的一致高度评价。当年，赣南脐橙在中国香港试销价格为 36 港元/公斤，远远高于美国产的脐橙，这对于安西园艺场来说，是一份意想不到的惊喜。因此，"一棵脐橙树，相当三头猪"的说法流传于赣南百姓间。之后，赣州 8 个县的 10 个单位先后引进、试种华盛顿脐橙。经过十多年的试验和比较，筛选出纽贺尔、朋娜以及奈维林娜等优良品种，并建立信丰安西、大余青龙以及宁都田头三个外贸脐橙出口基地。

20 世纪 80 年代，赣州市政府开启了果树品种以柑橘为主的大调整，拉开了赣南脐橙发展序幕。赣州果业部门负责人介绍，1979 年"柑橘之父"章文才教授从美国、西班牙引进 12 个脐橙新品系，1981 年他从中选送 8 个品种到赣南种植。1990 年 11 月，赣州科技部门组织专家对项目进行验收，现场测产高达亩产 2964.18 公斤，是当时国内同类水果的最佳成绩，形势喜人。章文才教授认为，这是全国第一个脐橙新品种试种成功的典型。于是，他向江西省和赣州地区领导提交咨询报告，建议在赣州地区大力发展脐橙产业。1990年，赣州政府做出优先发展30万亩脐橙的决定，赣南脐橙由此开启漫长的品牌之路。

1993年，赣州市政府把发展脐橙作为调整农业结构、促进农民脱贫致富的重要抓手和突破口，实施"兴果富民"战略。经过多年开发与推广种植，赣南脐橙面积初具规模。据统计数据显示，2002年后新种植的脐橙面积以年均20万亩的速度增长，到2017年，赣州市脐橙种植面积达155万亩，约占全国的45%，种植面积稳居全国第一。

二、优化品种，完善市场体系

在赣南脐橙这一农产品区域公用品牌的建设发展过程中，政府部门发挥了关键性作用。从建设伊始，赣州市政府非常重视赣南脐橙品牌发展，不断优化改良脐橙品种，发展推广种植技术，完善市场营销体系，并加强赣南脐橙区域公用品牌保护。赣州市政府始终将赣南脐橙产业发展（包括区域公用品牌建设）列入赣州市政府总体工作部署，并作为农业第一大产业进行专项考核。赣州市政府安排专项年度果业发展资金，制定产业扶持政策和配套措施，推进赣南脐橙区域公用品牌打造。此外，还制定赣南脐橙产业发展规划。赣州地区重点发展早熟、晚熟品种，适度发展中熟品种，形成以脐橙等橙类鲜果为主、其他特色水果为辅的品种格局。同时，重点改造提升脐橙果园与种植示范基地，完善配套基础设施建设，推动脐橙种植向最优核心产区集聚，优化赣南脐橙品种结构，提升单位面积脐橙产量，为赣南脐橙产业可持续发展奠定基础。

赣州市坚持科技为先，积极整合优势资源，建设国内一流、国际互认的产业科技支撑平台——国家脐橙工程技术研究中心。依托华中农业大学、中国柑橘研究所等科研院校技术优势，聘请国内一流专家组成产业专家顾问团，实时把脉赣南脐橙产业发展和品牌建设情况。同时，赣州市政府积极建设技术推广服务队伍，每年举办脐橙种植技术、品牌建设培训班2000多期，培训果农15万人次，发放种植技术资料60多万份，保证果农每年至少接受1次以上的种植技术更新教育培训。积极推进标准化果园建设，示范推广高品质栽培，建立市、县、乡、村（基地）四级果树植保网络，健全危险性病虫害（比如黄龙病）监测与防控机制。

在营销和品牌建设方面，赣州市政府完善赣南脐橙市场营销体系。通过划分区域的方式实现市场对接，采取具体划分目标市场的办法，将全国318个30万以上人口的城市市场开拓任务分解落实到18个县（市、区），各地集中力量主攻目标城市，确保做到批发市场有赣南脐橙专销区，超市有销售专柜。截至目前，全国已有 150 多个城市建立赣南脐橙供销对接网络。此外，赣州市政府还努力进行"超市＋基地＋农户"搞活超市对接行动，积极探索新的果品流通方式，沃尔玛、家乐福、乐购、联华等国内大型超市均在赣州设立赣南脐橙直采基地。

三、壮大品牌，致富百姓

随着赣南脐橙产业的发展壮大，赣州市政府开始调整工作重心，从注重赣南脐橙区域公用品牌开发向注重赣南脐橙区域公用品牌管理、营销转变；从注重赣南脐橙种植数量向注重赣南脐橙质量、效益转变；从抓单一脐橙种植业向抓关联配套产业、抓产业集群转变；努力把赣南脐橙产业培植打造成产值超 100 亿元的优势产业集群；赣南脐橙产业相继带动养殖、农资、采后处理、包装、贮藏、物流运输、机械制造以及旅游休闲等关联配套产业发展。

为促进赣南脐橙产业的可持续发展，赣州市政府努力打造"赣南脐橙"区域公用品牌，从丰富品牌文化内涵和外延入手，搭建线上线下宣传平台、搞活推介推广形式，提升赣南脐橙区域公用品牌影响力和美誉度。自 2001 年起，赣州已举办多届脐橙节；2004 年，赣南脐橙被国家质检总局批准列入原产地域保护产品（即地理标志保护产品）；2007 年，赣南脐橙被评为中国农产品"十佳区域公用品牌"；2011 年，赣南脐橙地理标志证明商标被国家工商总局商标局认定为中国驰名商标。

赣南脐橙被列为地理标志保护产品，这恰好为赣南脐橙打击假冒伪劣行为提供了坚实依据。赣州市政府统一赣南脐橙品牌，实行"五统一、四区分、三不准"办法，即统一开采时间、统一包装设计、统一宣传口径、统一产品形象、统一"赣南脐橙"商品名称，区分不同品种、区分各自商标、区分果品等级、区分不同产地，不准染色、不准假冒、不准以次充好。

"互联网＋"概念提出以来，生鲜电商成为推介推广以及销售农产品的重要平台，赣南市抓住机遇，充分利用生鲜电商平台，向全国甚至全球销售赣南脐橙。2013 年，赣州市政府率先构建赣南脐橙数字化品牌宣传与网络交易平台体系，帮助 169 家赣南脐橙本地加工营销企业（合作社）与淘宝网（含天猫和聚划算）、京东商城第三方电商平台对接，开展赣南脐橙电子商务销售，采取"线上＋线下"一体化营销策略，按照各主销城市经销商就近配送原则，实现线上销售、线下物流配送的销售联盟。2016 年 4 月 12

日，在阿里巴巴集团举办的首届中国农产品电子商务峰会上，赣南脐橙入选中国农产品区域公用品牌网络声誉 50 强。

经过几十年的精心培育和发展，赣南脐橙这一区域公用品牌有了明显的发展成效，而且显著增加赣南地区百姓收入。2017 年，赣州脐橙种植面积达到 155 万亩，产量 108 万吨，销售覆盖全国大中城市市场，而且远销北美、东南亚、中东以及俄罗斯、蒙古国、印度等 25 个国家和地区，脐橙产业集群总产值 226.8 亿元，其中鲜果收入 90.72 亿元，带动赣州地区 25 万种植户、70 万果农增收致富。

参见：中国农村杂志社编. 百强品牌故事［M］. 中国农业出版社，2019；李自茂，钟八莲，孙剑斌. 赣南脐橙产业发展报告［M］. 经济管理出版社，2014.

农产品区域公用品牌像动植物一样，会经历出生、成长、成熟和衰退的生命过程。农产品区域公用品牌管理者应根据区域公用品牌特点判断其所处阶段，结合品牌生命周期理论，针对不同阶段采用不同的品牌策略，助力农产品区域公用品牌健康可持续发展。

第一节　农产品区域公用品牌生命周期的概念

一、农产品区域公用品牌

农产品区域公用品牌是指特定自然气候环境、历史人文因素的区域范围内，当地政府、农业生产经营者等多个主体共同使用的农产品品牌。一般而言，农产品区域公用品牌由"产地名 + 产品名"组成，原则上产地为县或市，并划定明确的生产区域范围。换句话说，作为品牌的重要类型，农产品区域公用品牌是由特定区域范围内地方政府、企业、农户等主体共同所有，具有生产地域范围、品种品质管理、品牌使用许可、品牌营销推广等诸多共同诉求，结合农产品品牌消费者评价与反馈意见，以地方政府为主导，企业、农户等多主体共同建设农产品区域产品形象。农产品区域公用品牌经常被称为区域"金名片"，是区域的代表性符号，对区域形象、美誉度以及旅游等方面具有积极作用，如西湖龙井、阿克苏苹果以及赣南脐橙等。

二、农产品区域公用品牌生命周期

"生命周期"概念应用比较广泛，涉及企业管理、公共政策等诸多领域。在心理学领域，生命周期主要指人或家庭的生命周期，包括出生、成长、衰老、生病以及衰亡的全过程。应用到品牌领域中，是指品牌也存在出生、成长、成熟和衰退的生命过程。也就是说，品牌具有有限的生命，不能期望永远是市场主导者。曼弗雷·布鲁恩（Manfred Bruhn）20 世纪 60 年代初提出品牌生命周期理论，并将品牌生命周期划分为品牌创立、稳固、产异化、模仿、分化以及两极分化六个阶段。在此基础上，菲利普·科特勒（Philip Kotler，1997）对品牌生命周期概念进行界定，并认为品牌生命周期可以分为出生、成长、成熟到最后衰退并消失的过程。约翰·菲利普·琼斯（John Philip Jones）在 1999 年对品牌生命周期作出相似的划分，认为品牌发展全过程包括孕育形成、初始成长、成熟期和再循环期四个阶段。

国内学者大致将品牌生命周期分为市场周期和法定周期两大类：第一类是指新品牌进入市场到退出市场的全过程；第二类是按法定程序注册后受法律保护的有效使用期。对于品牌生命周期的阶段划分，主要集中于三类：S 型（即介绍期、成长期、成熟期和衰老期四个阶段）、循环双峰或多峰型以及扇形（指由成熟期转入另外一个成长期）。也有学者基于消费者视角，将品牌生命周期划分为认知期、美誉期、忠诚期以及转移期四个阶段。由此可见，品牌生命周期可以概括为：一个品牌从诞生到成长，再到成熟，直至衰落和消亡的全过程。值得注意的是，有的品牌可能完整走完生命周期全过程，也有的品牌可能只走完生命周期的部分过程，其中也可能出现循环或反复情况。因此，不同品牌会呈现不同的生命周期曲线。

农产品主要来源于农业初级产品，即农业活动获取的动物、植物、微生物及其初级加工产品，如高粱、稻子、花生、玉米、小麦以及各个地区土特产等。这些初级农产品受限于知晓度，难以获得较高的市场交易价值。为了增加农产品价值，地方政府、企业以及农户会联合打造农产品区域公用品牌，提升农产品价值和市场销售规模。一般来说，农产品区域公用品牌是无形资产，能够给拥有者带来溢价和产生增值，增值的源泉来自消费者心中形成的关于农产品的美好印象，其载体是用于和其他竞争产品相区分的名称、象征、符号及其多元组合。因此，农产品区域公用品牌生命周期也同样遵循品牌生命周期规律，是指一个农产品区域公用品牌从萌芽到成长，再到成熟，直至衰落和消亡的过程，可以划分为萌芽期、成长期、成熟期和衰退期四个阶段。

第二节　农产品区域公用品牌生命周期的特征

创立品牌是保护农产品的关键环节，也是促进农产品产业发展的重要举措。2015 年，《关于加大改革创新力度加快农业现代化建设的若干意见》明确提出，要生产特色优质的农产品，大力培育农产品区域公用品牌，将农产品区域公用品牌建设作为推进现代农业发展的关键环节。与普通产品品牌相比，农产品区域公用品牌具有区域性、产业性和公共属性等特征，但农产品区域公用品牌建设培育过程也在品牌生命周期理论解释范围内。换言之，农产品区域公用品牌也会经历产生、成长、成熟、衰退的发展过程，且每个阶段均有其独有的特征，而这些特征往往影响农产品区域公用品牌的培育进程。不同于标准化工业品，农产品通常具有市场需求周期长的特点，有些甚至可以延续数百年，如小麦。一般情况下，工业品会伴着新技术更新换代而逐渐退出历史舞台，成熟后甚至走向衰退。农产品大多数是食品，只会随着时光更替、技术创新，产品不断推陈出新。经验表明，农产品区域公用品牌周期的最后一个阶段，即衰退期，一般有两种结局或发展方向：一是稳定发展；二是品牌消亡。

一、萌芽期

一般而言，农产品区域公用品牌萌芽期存在农产品种养殖、加工技术不成熟，市场前景不明朗等情况，只有少数农户、企业愿意加入农产品生产中。萌芽期的农产品区域公用品牌最大特征是，大多数成员（如农户）没有意识到潜在品牌产品的市场价值，生产具有随意性、盲目性，规模小且产品品质较差，几乎不存在任何市场影响力和美誉度。在萌芽期，消费者对农产品不够熟知，农产品的市场占有率较低，知名度也不高，农产品区域公用品牌在这一时期通常难以真正形成。在这个重要的时期，农产品区域公用品牌利益相关者如果没有齐心协力、群策群力，在消费者的心中留下差异化的品牌印象，则会严重影响农产品区域公用品牌培育，从而影响农产品大规模进入潜在市场。另外，还存在农产品区域公用品牌专业推广人员缺乏、推广手段单一等常见问题。

可喜的是，潜在区域公用品牌的农产品某方面特质，如当地特有的自然条件造就的农产品口味、营养、外观等差异，或独特的文化内涵，被区域公用品牌培育先驱者发现，并率先用于推广农产品区域公用品牌实际行动。当然，这一阶段，农产品刚进入市场，还没有被市场广泛认知和普遍接受，销售收入较少，与同类农产品品牌相比，存在市场份额小，顾客忠诚度差，农户利润微薄甚至处于亏损状态等情况。

二、成长期

成长期是指农产品区域公用品牌逐渐扩大知名度的时期。在这一时期，农产品区域公用品牌利益相关者（包括地方政府、企业、合作社以及农户）以开拓市场、推广区域公用品牌为重点任务，甚至有些农户自发进行线上线下销售，如淘宝开店、微信售卖。农产品渠道中的农产品收购商也会依靠手中的市场资源，将农产品推向更远的市场。一些有能力和远见的农户开始从家庭作坊转向企业模式，小规模的农民企业初露端倪。随着农产品销售范围不断扩大，产品质量和特性受到消费者的肯定，农产品逐渐开始形成消费者良好口碑。地方政府观察到农产品给当地百姓带来良好的经济效益，能够改善农民生活水平，也会从财政、政策上加大扶持力度，开始设置专门政府机构进行农产品区域公用品牌培育与打造，积极通过多种渠道宣传和推广农产品区域公用品牌。受集聚效应影响，农产品引起越来越多的关注，相关的农产品行业协会则随之应运而生。同时，一些高校、科研机构等也对农产品区域公用品牌的成长、推广等切实问题进行密切关注。

经过一段时间的市场开拓行动，消费者对农产品逐渐有了新认知，部分消费者开始转化为农产品区域公用品牌的实际支持者和拥护者。这表明，农产品区域公用品牌已慢慢被市场接受，品牌销售收入开始迅速增长，特别是占同类品牌的市场份额迅猛增加，顾客忠诚度有所提高，初步彰显出农产品区域公用品牌的市场竞争力。当然，农产品表现出良好的市场前景，且进入壁垒低，短期内吸引大量农户进入，农产品产业内部集中程度相对较低，但内部竞争激烈程度大幅度提高。这些内部竞争反过来恰好促进农产品向高产优质方向发展。

由此发现，成长期的主要特征可以归纳为：农产品生产规模急剧扩张，但生产者个体规模较小，农产品品质参差不齐，品牌知名度不高和市场仍局限于较为狭小的范围内。特别是，农产品区域公用品牌的公共产品属性有限，农产品个体生产规模较小，品牌使用者不愿意或无力承担品牌培育与市场开拓的重担。因此，这个时期，政府、农产品行业协会的主体作用不可或缺。地方政府部门、行业协会坚持"政府搭台，企业唱戏"准则，开展农产品区域公用品牌培育与建设，对农产品进行商标注册，还通过多元化渠道（媒体、展会以及博览会）进行品牌宣传推介。此外，还积极与科研机构合作，加强农产品研究开发、技术推广和农户培训力度，使农产品在品质提升的前提下，扩大市场占有率。当前，处于这一阶段的农产品区域公用品牌举不胜举，如山东"金乡大蒜"、重庆"奉节脐橙"，均已获得比较好的经济效益，市场价格高出无品牌产品至少20%，这也凸显农产品区域公用品牌培育的优越性。

三、成熟期

一般而言，农产品区域公用品牌成熟期是指农产品销售额和利润额的增长率进入相对稳定状态，虽然还在增长，但是增长的速度或幅度大大放缓。也就是说，农产品区域公用品牌生存问题已得到解决，主要任务是探索发展或复兴之路。处于成熟期这一阶段的农产品区域公用品牌，美誉度和市场号召力获得大幅提升，并得到消费者充分的肯定与认可，销售额较高，市场占有率也较高，并具有较高顾客忠诚度。可以说，在农产品区域公用品牌相关利益者共同努力下，品牌核心竞争力基本形成，骨干企业、专业合作社等组织逐渐有了相应规模，许多企业也注册并拥有自己的产品商标。进入成熟期后，一方面，农产品区域公用品牌的品牌效应和集群优势开始充分凸显，产业链趋向成熟，专业化分工越来越精细，农产品获得持久的竞争优势。需要注意的是，龙头企业、专业合作社在整个农产品产业链中占据竞争优势地位，基本能够主宰农产品区域公用品牌的培育发展。另一方面，农产品区域公用品牌的公共产品属性使得品牌难以具有有效排他性，品牌效应带来的超额利润可能导致严重的"搭便车"行为，形成以次充好、劣质品驱逐优质品的"柠檬市场"，极大影响农产品区域公用品牌的市场美誉度。

不容忽视的是，成熟期阶段消费者对农产品区域公用品牌忠诚度快速提升，销售额也进入高水平的稳定状态，但潜在的竞争对手和现存竞争对手也不断涌现，不断侵蚀现有的市场份额。因此，农产品区域公用品牌管理和保护自然而然成为这一时期的首要任务。未来可能出现两种情况，一是受管理失误或一些不可抗拒因素影响，农产品区域公用品牌走向消亡；二是农产品区域公用品牌利益相关者采用科学的品牌运营管理与策略，使农产品区域公用品牌竞争力进一步提升，并表现出旺盛的生命力和稳定的发展态势。

四、衰退期

衰退期是指农产品区域公用品牌已逐渐老化、退出市场的时期。这一时期的主要特征是，市场上出现其他农产品区域公用品牌更能满足消费者诉求，新的农产品区域公用品牌正在逐步代替原有农产品区域公用品牌，原有农产品区域公用品牌销售收入不断下降，市场占有率也随之迅速下降，顾客认可度和忠诚度显著降低。究其原因，一方面，可能是受到外部市场因素的冲击和影响，竞争对手的品牌传播力度更大，品牌资产价值更高，导致原有的农产品区域公用品牌被品质更优的其他农产品取代。另一方面，可能是农产品自身管理出现问题，例如，农药使用超标导致品牌维持力不强。此外，衰退期的农产品区域公用品牌主要表现为该农产品区域公用品牌没有农产品在市场上销售，也就是说，市场消失后，消费者停止与其有关的所有交易行为或购买活动。

第三节　农产品区域公用品牌生命周期的危机表现

一、农产品区域公用品牌萌芽期的危机表现

萌芽阶段，农产品区域公用品牌培育矛盾比较复杂，危机开始逐渐明晰，主要表现在以下三个方面：第一，农产品区域公用品牌培育投入大，而资金获取异常困难，由此形成两难困境。一般情况下，在这个时期，农产品区域公用品牌推广需要大量资金投入。一方面，农产品种养殖技术推广，特

别是号召更多农户参与农产品生产并掌握相应的生产技术，需要大量人力、财力投入。另一方面，农产品区域公用品牌的宣传推广，如举办农产品推介会、广告宣传等，也需要大量前期资金投入。然而，受财政约束制约，地方政府通常难以拨付足额资金进行支持。第二，农产品种植（养殖）规模小、技术水平低。特别是区域范围内种植（养殖）规模较小，农户没有意识到农产品的经济价值，通常不愿意参与农产品生产行动，短时间内难以形成生产规模，种植（养殖）技术推广更是难上加难。因此，如何扩大种植（养殖）规模以及提高并推广种植（养殖）技术，成为解决这一时期危机的重中之重。第三，农产品市场影响力和占有率较小，销售利润也有限，难以调动农户种植（养殖）的积极性，大部分农户处于观望状态。

二、农产品区域公用品牌成长期的危机表现

农产品区域公用品牌成长期的核心问题是如何做好品牌推广和销售。这一时期，农产品区域公用品牌培育主体不仅仅是地方政府，更有企业、行业协会、合作社参与其中。一般情况下，农产品区域公用品牌培育主体会采用多元化、多渠道、多形式开展品牌培育活动。因此，危机主要集中表现在农产品区域公用品牌推广投入与预期收益比间的矛盾。有意义的农产品区域公用品牌推广手段能够极大提高品牌的市场影响力。相反，不科学、不合理的品牌推广方式、推广渠道，会严重影响农产品区域公用品牌推广效果。根据理性人假设，农产品区域公用品牌培育主体逐利性与区域公用品牌社会效益间容易出现相违背的情况，加上农产品区域公用品牌产权的模糊性，"搭便车"现象遍地开花，这都会影响农产品区域公用品牌培育主体的品牌培育积极性。此外，部分农产品区域公用品牌利益相关者，如中小企业、农产品行会以及农户，在享受品牌收益的同时拒绝承担品牌维护和保护责任，造成农产品区域公用品牌的打造权责失衡，容易出现品牌培育发展后劲不足等危机。

三、农产品区域公用品牌成熟期的危机表现

在农产品区域公用品牌成熟期阶段，市场的主要带动主体是规模较大的龙头企业。然而，伴随农产品区域公用品品牌效应凸显，出现农产品质量参

差不齐、以次充好等损害品牌形象的情况。部分中小企业、农户只顾着共享品牌带来的效益、成果，不计后果损害品牌形象。因此，农产品区域公用品牌形象受到严重损害，甚至出现销售额下降的显性危机。同时，地方政府和行业协会等外部监管机制不完善，农产品区域公用品牌缺乏制度性保护，难以适应市场深化发展的现实需求。由此，农产品区域公用品牌合法利益难以得到制度的持久保障。总体来说，该阶段主要矛盾全面激化，问题错综复杂，农产品区域公用品牌危机四伏。

四、农产品区域公用品牌衰退期的危机表现

中国加入世界贸易组织以后，农产品市场面临来自全球农产品区域公用品牌的竞争。市场竞争实质不再是产品之间的竞争，而是演变为农产品区域公用品牌之间的竞争。农产品区域公用品牌衰退期，出现市场份额和销售额逐渐下滑危机，农产品区域公用品牌的品牌理念和农产品技术与市场需求之间发生不相适应的激烈冲突。因此，农产品区域公用品牌会慢慢退出市场，直至消亡。

第四节　农产品区域公用品牌培育策略选择

根据生命周期理论，农产品区域公用品牌形成与成长，是一个由小到大、由局部发展到整体发展的过程。在农产品区域公用品牌培育的每个阶段，品牌利益相关者应充分考虑各个阶段的特征，采取针对性强、时效性优的培育策略，助力农产品区域公用品牌健康、持续发展。随着国内消费升级、农产品品牌消费意识增强，农产品品牌化竞争日趋激烈，全国各地不断涌现出一批有竞争优势的农产品区域公用品牌，如云南普洱茶、甘肃静宁苹果、浙江金华火腿，这些区域公用品牌在带动地域性农业发展、促进农民持续增收以及提升农民获得感、幸福感等方面发挥重要作用。

一、农产品区域公用品牌萌芽期的策略选择

农产品普遍具有生产周期较长、不易保存的特点，对农产品销售、深加

工造成实质性障碍。农产品区域公用品牌萌芽期的核心任务是快速获得消费者对品牌的认可和提升知名度。在萌芽阶段，地方政府、农户等相关主体应齐心协力，形成品牌培育合力，采取科学有效的策略提高品牌知名度。同时，萌芽期还应关注品牌与产品的统一性，农产品区域公用品牌需依靠农产品质量、特点、产地、技术等独特性传播，农产品附加值亦需要品牌号召力助力。

萌芽期阶段，市场开始对农产品有一定的认可度。然而，农产品生产主要由分散的农户、小型企业进行。因此，这个时期需要地方政府出台优惠性组合政策进行统一管理与指导。第一，地方政府注重农产品区域公用品牌名称管理，包括名称、色彩、LOGO、字体和标语等。一方面，农产品区域公用品牌名称设计要最大限度呈现农产品特性，彰显农产品质量、利益以及差异性。另一方面，农产品区域公用品牌名称设计，还要遵循简约、个性原则，让消费者快速留下品牌印象，并感受到农产品的优质、独特，促成购买行为。第二，地方政府还应该组织高校、科研院所知名专家深入田间地头、基地进行技术辅导，纠正一些不科学、不合理的种植（养殖）方式，提升整体种植（养殖）技术水平。同时，相关农业资料供应商应对农户进行辅导和培训，保证其正确、安全使用产品，避免农药使用超标。此外，银行等金融机构基于科学调查的基础上，对经营合法、市场广阔、偿还能力强、信誉良好的生产者及时发放贷款，减轻生产者在引进大型机械设备、购买专利、聘请专家等方面的资金制约。第三，地方政府还应提高农产品种植（养殖）户的组织化程度，设立专业农产品合作社，扩大生产规模，甚至还可以引入农产品生产企业，进行标准化、规模化生产，满足市场规模需求。

二、农产品区域公用品牌成长期的策略选择

农产品区域公用品牌成长期的重心是获得消费者对品牌信任，形成良好的口碑，提升品牌形象和附加值，降低品牌转换率，形成顾客消费偏好与忠诚度。成长期阶段，在农产品知名度得到提升的基础上，还要不断扩大市场占有率，关注消费者偏好，制定针对性强、富有独特性的品牌营销策略。

第一，广告是农产品区域公用品牌进入成长期后重要的传播媒介。优质的广告可以为品牌带来良好的连锁撬动效应。以电视广告传播为例，央视广告传播成本是最高的，但效果最明显。加上情感式的呈现方式，可以取得消

费者的信任和认可。资料显示，天水花牛苹果、宁夏枸杞、贵州猕猴桃等农产品区域公用品牌以情感式呈现模式进军央视，取得了巨大的品牌营销效果。同时，为了扩大品牌营销深度，农产品区域公用品牌也可以在地方卫视、报刊以及户外媒体等传统媒体刊登农产品广告和宣传片。当然，适合成长期农产品品牌的传播方式除了传统文化节和农业展览会外，地方政府也可以通过举办农产品主题晚会、竞赛等多元化活动，邀请地方名人、明星出席农产品品牌活动，将地方文化与农产品特色融为一体进行农产品区域公用品牌传播。此外，农产品行业协会还可以联合当地公益组织、中小学等举办公益活动，吸引官方媒体进行新闻、专栏报道，实现对农产品区域公用品牌正面形象的宣传，推动农产品区域公用品牌广泛传播。

第二，线上网络传播也是农产品区域公用品牌有效的传播途径。随着"互联网＋农业"概念提出，网络在农产品区域公用品牌传播中扮演越来越重要的角色。一方面，农产品协会、合作社以及企业可以与京东、阿里巴巴等电子商务平台开展深度合作，包括宣传推广农产品品牌、扩展农产品销售渠道。另一方面，地方政府可以打造独有的农产品 APP 商务平台，宣传品牌并销售农产品。同时，农户也可以通过微店、微博等建立个体营销体系，加大品牌在发展期的传播力度。此外，线下农产品销售终端品牌传播亦必不可少。农产品销售终端品牌传播直接与消费者接触，如专业市场人员进行推销。品牌营销行动者应在终端传播点（如超市、专营店、采摘园等）布置横幅、展板或海报等营销道具，给消费者带来农产品特有的视觉冲击。同时，还要培养一批专业化市场销售人员，充分展示农产品卖点，也可以尝试采用试吃、打折等推广手段，提高农产品知名度。农产品区域公用品牌营销行动者还要及时获取消费者售后信息反馈并提供售后服务，以此提升品牌美誉度和培养消费者忠诚度。一方面，增加线上推广宣传力度。例如，通过线上服务咨询、新闻信息推送、论坛与贴吧互动等方式，提高品牌讨论热度。另一方面，设置线下服务网点，增加与消费者面对面互动与交流频次，有效收集消费者需求，为农产品区域公用品牌培育提供科学决策依据。

第三，走特色农产品道路，提升品牌价值。地方政府、农产品其他相关利益主体应聚焦于打造农产品特色，挖掘独有文化内涵和品质差异性，满足消费群体多元化诉求。例如，绿色无公害农产品、脱水蔬菜等，通过营造绿色、营养概念，满足顾客对农产品期望需求。同时，品牌培育者还可以通过战略联盟策略增加品牌资产价值。品牌营销方充分利用各方社会资本，建立互惠互利的品牌营销网络，大力推广农产品区域公用品牌特色。例如，我国台湾地区农产品协会与江苏省农产品合作社建立互助联盟，江苏省积极引进台湾地区农产品种植、培育、加工等技术。这种联盟策略，可以增加农产品企业、行业协会的社会资本，共享农产品领域的信息和资源，为扩大销路、加速技术扩散以及提升品牌影响力奠定良好基础。

三、农产品区域公用品牌成熟期的策略选择

成熟期阶段，农产品区域公用品牌已获得一系列品牌荣誉，品牌形象、品牌内涵以及品牌美誉度等得到有效诠释。因此，此阶段重点在于打造消费者对农产品品牌忠诚度。品牌同质化日益严重情况下，这个时期农产品区域公用品牌的市场份额增长速度开始逐步变缓，品牌培育者要树立整体营销观念，利用现代信息技术手段，建立立体化、多层次的品牌营销模式，如通过互动式体验满足消费者多元化需求，提高消费者喜爱度。

第一，选择系统性组合营销策略。农产品区域公用品牌的成功在于长期坚守一致的系统性组合营销策略。随着农产品竞争越来越激烈，品牌同质化现象层出不穷，农产品区域公用品牌需要建立系统化组合营销策略，有计划、有步骤实施品牌塑造。特别是在品牌价值选择、价值创造以及价值传播关键节点，坚持以市场为导向，制定强有力营销组合策略，增强农产品区域公用品牌市场号召力和影响力。需要注意的是，"橘生淮南则为橘，生于淮北则为枳"，农产品对原产地有极强的依赖性。因此，为了保持农产品的优良品质，地方政府应对农产品原产地进行保护性开发，力争做到农产品原汁原味。现实世界往往存在竞争者在类似区域种植（养殖）农产品，并以原产地名义销售到市场，以次充好，赚取非法利润。一般情况下，普通消费者很难通过直接感官进行辨别，这给不法分子可乘之机。这种行为严重损坏原产地农产品品牌形象。因此，地方政府应该成立品牌维护专案组，严厉打击假冒侵权行为，维护市场良好秩序。

第二，坚守品牌培育持续策略。一个农产品品牌的成功，关键在于品牌培育者持续资金、技术以及营销等投入，不断积累品牌声誉。因此，在农产品区域公用品牌建设过程中，除了在公共媒介传播上的广告投入，还要重视塑造品牌价值链，如品牌组织模式更新、品牌信息系统完善、品牌管理制度健全等方面。特别是品牌管理人才投入，尤为重要。只有打造一支优秀的品

牌管理队伍，不断学习吸收先进品牌理论，适应复杂的市场环境，才能保证品牌建设的持续性。同时，农产品区域公用品牌培育者还要有意识地挖掘品牌文化。品牌文化是农产品区域公用品牌的灵魂所在，可以指引品牌塑造活动，是进行品牌建设的重要保证。良好的品牌文化可以提升农产品区域公用品牌资产价值，也是农产品核心竞争优势的来源。因此，农产品区域公用品牌建设者应着重以本地域文化、社会、经济等方面特征为基础，打造农产品品牌所特有的品牌文化，以此增强品牌市场号召力。

第三，坚持品牌多样化策略。农产品品牌的市场规模日益扩大，品牌定位也需要不断更新。农产品区域公用品牌利益主体应在原有品牌基础上，考虑打造新细分市场子品牌，如褚橙橙汁，形成完整的品牌体系相互支撑，提高市场进入壁垒，助力品牌优势拓展和延伸。

四、农产品区域公用品牌衰退期的策略选择

农产品区域公用品牌在这一阶段的重点是实现品牌转型。值得注意的是，更新品牌内涵是品牌转型重塑的重点。如果不能顺利完成品牌更新，则会导致品牌消亡。品牌建设者可以通过品牌创新和延伸策略，实现品牌衰退转危为安。

第一，积极实施品牌创新策略。一般来说，品牌创新是品牌持续发展的基础。在农产品区域公用品牌衰退期，品牌管理者应在农产品种植（养殖）、品质、包装、广告等方面进行创新，争取推陈出新，更新品牌属性和价值，适应市场最新发展需求。

第二，大力进行品牌延伸策略。归根结底，品牌衰退是由农产品本身在市场不再具有竞争力导致。要解决农产品区域公用品牌衰退问题，需要从品牌整体利益出发。例如，采用农产品品种更新换代、农产品繁殖技术升级等方式，延伸品牌价值。此外，品牌建设者可以通过品牌家族化优势，利用农产品线相关性，扩展开发新产品，使农产品区域公用品牌重新回到成长期阶段，重新焕发品牌活力，实现品牌资产价值最大化。品牌管理者还可以积极培育品牌国际化之路，拓展品牌国际市场范围，形成具有国际竞争优势的全球农产品区域公用品牌。

【本章小结】

本章详细介绍了农产品区域公用品牌生命周期的含义、特征、危机表现

以及策略选择。

农产品区域公用品牌是指特定自然气候环境、历史人文因素的区域内，由当地政府、农业生产经营者等多个主体共同使用的农产品品牌。一般而言，农产品区域公用品牌由"产地名＋产品名"构成，原则上产地应为县或市，并有明确的生产区域范围。农产品区域公用品牌生命周期是指一个农产品区域公用品牌从萌芽到成长，再到成熟，直至衰落和消亡的过程，可以划分为萌芽期、成长期、成熟期和衰退期四个阶段。

与普通的产品品牌相比，农产品区域公用品牌具有产业性、区域性和公共属性特征。

萌芽期的农产品区域公用品牌的最大特征是大多数成员（如农户）没有意识到潜在品牌产品的市场价值，生产具有随意性、盲目性，规模小且产品品质较差，几乎不存在任何市场影响力和美誉度。成长期的主要特征可归纳为：农产品生产规模急剧扩张，但生产者个体规模较小，农产品品质参差不齐，品牌知名度不高以及市场仍局限于较为狭小的范围内。处于成熟期这一阶段，农产品区域公用品牌美誉度和市场号召力获得大幅提升，并得到消费者充分肯定与认可，销售额较高，市场占有率也较高，并具有较高顾客忠诚度。衰退期的主要特征表现为：市场上出现其他农产品区域公用品牌更能满足消费者诉求，新农产品区域公用品牌正在逐步代替原有农产品区域公用品牌，原有农产品区域公用品牌销售收入不断下降，市场占有率也随之迅速下降，顾客认可度和忠诚度显著降低。

根据生命周期理论，农产品区域公用品牌形成与成长，是一个由小到大、由局部发展到整体发展的过程。在农产品区域公用品牌培育的每个阶段，品牌利益相关者应充分考虑各个阶段特征，采取针对性强、时效性优的培育策略，助力农产品区域公用品牌健康、持续发展。

【思考题】

1. 什么是农产品区域公用品牌生命周期？

2. 农产品区域公用品牌生命周期如何划分？

3. 农产品区域公用品牌生命周期各阶段特征是什么？

4. 农产品区域公用品牌生命周期各阶段存在哪些危机？

5. 农产品区域公用品牌生命周期各阶段品牌策略有哪些？

【案例分析】

讨论题

请分析如何培育农产品区域公用品牌?

五常大米何以名扬天下?

五常大米是黑龙江省五常市特产,颗粒饱满、色泽清白透明、清淡略甜、绵软略黏且芳香爽口。受产区独特地理、气候因素影响,干物质积累多,直链淀粉含量适中,支链淀粉含量高,可速溶双链糖积累多,对人体健康有益。2003 年,五常大米荣获"中国地理标志保护产品"。此外,五常大米还荣获"产地证明商标""中国名牌产品""中国驰名商标"等荣誉。五常市是典型农业大县(市)、国家重要商品粮食基地、全国粮食生产十大先进县之一以及全国水稻五强县之一。

一、历史悠久,营养丰富

五常大米历史可以追溯到唐初渤海国时期(大约 7 世纪中叶)。当时五常境内农民开始种植水稻。清道光十五年(1835 年),吉林将军富俊征集人员在五常一带引河水种稻,收获稻子用石碾碾制成大米,专送京城,供皇室享用。咸丰四年(1854 年),清政府设立"举仁、由义、崇礼、尚智、诚信"五个甲社,以"三纲五常"中的"五常"(即仁、义、礼、智、信)为此地命名,后派旗官协领五常,1909 年设五常府。因此,五常大米素有"千年水稻,百年贡米"之美誉。

新中国成立后,五常市水稻种植面积不断扩大,单位产量不断提高,水稻栽培技术形成独有"五常模式"。20 世纪 50 年代,五常水稻种植面积达到 10 万亩,逐渐成为中国水稻生产第一县。20 世纪 90 年代,五常市培育五优稻、松粳等系列稻种,采用五常特色的一段超旱育苗及大棚旱育苗栽培技术。1993 年,五常市龙凤山乡农业技术推广站站长田永太,在田里发现一株有 12 棵穗的稻子,以它作种子,种了 12 垄稻子。当稻子快要成熟时,风吹稻田就会飘出扑鼻香味,取名为"稻花香",是百万分之一变异的优良水稻种子。

黑龙江省五常市现有水田种植面积 220 万亩,总产 110 万吨,稻米产业在五常市经济中充当重要角色。一个产业的发展离不开产业所处的时代背景,"五常大米"品牌建设也存在这个规律,经历了缓慢、曲折的发展过程。进入 20 世纪 90 年代后，随着粮食市场开放，五常水稻种植面积、水稻产量不断增加，稻农拥有更多的大米投放至市场，这也使广大消费者有了食用五常大米的机会。也就是说，从那时起，五常市政府、稻农才开始真正认识到品牌对于农产品的重要性。

二、审时度势，与时俱进

1994 年，五常市提出"百万无公害、十亿精加工、占领大市场、富裕老百姓"的稻米品牌发展战略。从此，五常稻米利益相关者开始真正主动有意识地培养、创建、保护五常大米品牌。但是，创建品牌，特别是创建涉及一百万人口、一百万亩水田、一百家以上企业的农产品品牌，难度可想而知。当时，五常市有 450 家大米加工企业，存在大米加工企业过多、规模大小不一、品牌意识淡薄、发展思路迥异以及加工质量混杂等问题。

基于当时窘迫情况，五常市成立大米协会，旨在申请注册"五常大米"地理标志证明商标，并有效开拓市场，也是五常稻米品牌开发、保护以及管理的突破口。至此，地方政府开始长达 10 余年的"五常大米"品牌培育。

三、用活商标，规范管理

商标使用上，五常大米大致经历两个阶段：第一阶段，结合五常大米袋子"满天飞"的实际情况，大米协会在工商部门的支持下，商标标识由注册人进行封闭式管理，采取企业、包装编码的形式，实行配送制，有效遏制五常境内大米袋子随意印制、销售现象；第二阶段，即 2004 年以后，随着品牌意识逐渐增强，五常市企业、合作社及其他经济组织自行申报大米商标日益增多。对此，大米协会调整工作思路，意识到这些商标也是"五常大米"公用品牌重要组成部分，是五常稻米产业的宝贵资源。为此，大米协会对商标开始实行许可制。依照法律规定，与企业签订"五常大米"商标使用许可合同，允许大米加工企业在大米包装指定位置印刷"五常大米"商标，但要求企业必须接受大米协会监管。也就是说，企业必须把包装印制企业资质、包装设计样稿、包装印制数量规格、包装印制实物报至大米协会备案。

"五常大米"区域公用品牌从外延上规范"五常大米"商标管理。首先，严格要求大米加工企业从源头上保证五常大米的内在品质，支持企业建设绿色、有机食品水稻基地。在大米生产过程中，坚持统一优良品种、统一生产操作过程、统一投入品供应使用、统一田间管理、统一签单回收加工销售的"五统一"标准规程，保证五常大米品质。其次，积极推动五常大米品牌整合。"五常大米"品牌资源整合是五常稻米发展到一定阶段的必然要求，也是增强"五常大米"在未来市场销售中竞争力的产物。在品牌整合方面，集中做强"五常大米"一个区域公用品牌，企业自有品牌统一在"五常大米"品牌下注标。经过"五常大米"商标实行配送制、许可制两个阶段的整合工作后，目前"五常大米"商标在五常稻米产业覆盖率达到85%，五常成为黑龙江省农产品品牌整合的先进市县。通过上述举措，大米协会完成对"五常大米"商标的使用管理、产品生产流程、产品质量、产品包装等全方位规范，显著提升"五常大米"品牌形象，有力促进五常大米市场销售。

四、争创驰名，开拓市场

争创"五常大米"中国驰名商标是五常大米品牌发展的必然选择和结果。为了促进五常大米品牌的战略升级，提高市场综合竞争力，促进产业品牌整合，遏制假冒侵权行为，大米协会启动争创"五常大米"中国驰名商标工作部署。

优越的自然条件、独家的品种、先进的种植技术造就五常大米的独特品质。自然禀赋是不可改变的，区域公用品牌软实力是可以人为的。大米协会变静为动，把品牌发展看成是自然资源的延伸。在品牌宣传方面，利用"315""质量月"等活动为载体，积极宣传"五常大米"。五常市政府多次在北京、西安、上海、南昌等城市专门召开"五常大米"新闻发布会、推介会等品牌宣传活动。

加大"五常大米"品牌假冒行为打击和品牌保护力度，也是品牌维护的重要工作。随着"五常大米"品牌知名度扩大，多地大米生产商假冒"五常大米"状况日益严重，"五常大米"品牌声誉受到直接威胁。为了维护"五常大米"的良好形象，保护"五常大米"品牌优势，保护大米协会和消费者的合法权益，维护正常的经营秩序，大米协会集中开展打击"五常大米"商标假冒、侵权行为，共查处仿冒厂家100余个，查处经销商200余户，收缴各种规格侵权大米包装袋共300多万条，有力地打击了假冒侵权现象，维护"五常大米"品牌的形象和社会声誉。

一分耕耘，一分收获。经过近20年的品牌创建、开发、运用、保护、管理，五常大米区域公用品牌终于结出美丽的硕果，极大推动了五常稻米的提档升级，为五常市域经济发展提供充足的发展后劲。目前，五常市大米加工产业集群已形成，大米销售渠道得到明显拓宽，市场消费层次呈现高层次化，终端市场销售价格显著提升。农民收入、企业利润、国家税收显著增加。此外，支撑稻米产业持续发展的社会服务体系日益完善，水稻生产标准化建设水平不断提升，基础设施建设不断夯实，综合生产能力不断完善，产业化水平不断提高，实施合作经济组织达到 700 个，形成"龙头企业＋基地＋农户""龙头企业＋合作社＋农户"的产业化发展模式。

"五常大米"已经成为展示五常、展示哈尔滨形象的一张名片，甚至成为黑龙江省的一张优质农产品名片。

参见：中国农村杂志社编 . 百强品牌故事［M］. 中国农业出版社，2019.

第四章　农产品区域公用品牌定位与个性

【学习目标】

1. 了解品牌定位和品牌个性的概念。
2. 掌握农产品区域公用品牌的定位方法。
3. 掌握农产品区域公用品牌个性塑造方法。
4. 学会对农产品区域公用品牌进行品牌定位及品牌个性塑造。

【导入案例】

兴安盟大米：草原大米谁人信？

"兴安盟大米"目前正以提高质量和增加产量作为目标，积极生产更优质的大米以满足市场需求，其知名度伴随着销售网络的建成逐步传到全国各地，收获了不少消费者的芳心，在 2021 年"中国好大米"区域公共品牌排行榜网络投票活动中，排名全国第二。"兴安盟大米"品牌的成功不是一蹴而就的。

在过去，拥有优质大米的兴安盟，却因本地大米没有名气，不仅附加值低，销路也打不开。每年的收获季只能等着邻省的东北大米被加工企业收走，运往东北，在当地加工处理，再贴上东北大米的品牌在全国售卖。于是几年前，兴安盟决定打造属于自己的大米品牌，提高当地大米的销售溢价，做知名的优质大米品牌。兴安盟属于内蒙古自治区，人们都知道内蒙古的草原风光秀美，因此兴安盟将自己的大米品牌定位为草原大米，让人们吃到兴安盟大米就能感受到宽广的草原天地，热情奔放的草原儿女。兴安盟大米试图用这样让人耳目一新的品牌定位，在大米行业中掀起风浪，然而实际却是无人问津的销售惨景。

为什么大米贴上东北的标签才能使人趋之若鹜,而变成出身草原的大米就不受人喜欢呢?调研组深入消费者进行调研时意外地发现,大多数人甚至包括内蒙古人都表示内蒙古不产大米!很明显消费者的认知与其品牌定位产生了冲突。说起内蒙古,人们想到的是遍地牛羊,赞誉的是其牛羊肉产业,这是消费者的认知。说起大米,东北大米占据了消费者的认知。不要替消费者思考,不要挑战改变消费者的认知,顺应和利用消费者的认知,才符合定位的内在逻辑。

兴安盟品牌战略规划组在调研挖掘兴安盟的品牌资产时发现,兴安盟虽然位于内蒙古自治区,但东北紧挨黑龙江省,东南与吉林省相邻。经调研考察,三地的水稻种植技术同出一脉,从非人为的种植环境再到人为的生产技术和种植习惯,三地并无太大差异。不但如此,兴安盟大米的生态环境更是得天独厚。兴安盟大米产区地处北纬46°大兴安岭南麓生态圈,那里有着优质的水源,是嫩江和松花江的源头;有着连片平整肥沃的黑土地;还有温带大陆性季风气候雨热同期的气候环境,有利于大米营养成分的吸收。兴安盟土地调研组由此得出一个结论:兴安盟大米属于东北大米,且地理位置和自然资源比东北大米更好。由此探究出了兴安盟大米和东北大米的关系,并借助消费者对东北大米品质好的固有认知推广兴安盟大米。以"兴安盟大米,东北上游,净产好米"的品牌口号,暗含对比的手法,烘托兴安盟大米地理位置的优越,因为是东北(大米)的上游产区,因此更加不受污染,环境更干净!

兴安盟大米通过调研,利用比附定位的方法,借助东北大米的名气走向全国,还将其地理位置和生态优势转化为品牌优势。而后积极推动生产统一标准,进行品质的严格管理与提高,使得其销量在全国范围内迅速上涨,其竞争力和附加值也随之提高。兴安盟大米实现了从"好米"到"名米"的华丽转身,成为兴安盟农业的新名片和农产品区域公用品牌建设的新亮点。

参见:福来战略品牌营销咨询机构. 看兴安盟大米如何打赢品牌逆袭战 [J]. 中国农垦, 2019 (11): 38–40.

近年来,地方各级政府部门出台了加强农产品区域公用品牌发展的政策文件,围绕着农产品区域公用品牌的发展提出了一系列的措施,为农产品区域公用品牌的发展提供政策红利，加快各地农产品区域公用品牌建设。在一系列政策帮扶下，各地的品牌建设进展都取得一定成效。例如，上文中的兴安盟大米充分挖掘区域生态、地理等资源优势，顺应消费者认知进行品牌定位，从而实现品牌升值。

然而，目前我国像兴安盟大米一样较为知名的农产品区域公用品牌还很少，这主要与品牌建设的第一步——品牌定位出现偏差有关。因此，如何找到定位是建设农产品区域公用品牌的关键问题，品牌个性则是其延伸概念。合适的品牌定位加上满足消费者情感需求的品牌个性不仅能在品牌推广中起到四两拨千斤的作用，还能让有产品需求的消费者快速决策购买。这对产品的市场渗透和市场拓展起导向作用，反之则会淹没在许多质量、性能和服务相同的产品中。想要学会如何对农产品区域公用品牌定位，就先得了解什么是品牌定位。

第一节　品牌定位理论概述

一、品牌定位的定义

《定位》[①] 一书中对"定位"的定义为：定位始于产品。定位的对象可以是一件商品、一项服务、一家公司、一个机构，甚至是一个人，也许是你自己。程宇宁在《品牌策划与管理》[②] 一书中将品牌定位定义为：品牌定位是指企业在市场调研和市场细分的基础上，努力寻找和发现自身品牌的独特个性（优势），将此优势与目标消费者心智中的空白点相对应，从而确定品牌商品在目标消费者心目中的独特位置，并借助整合营销传播手段，在目标消费者心中建立起强有力的品牌联想和品牌独特印象的策略性行为。简而言之，品牌定位就是企业向目标消费者展示品牌商品独特个性（优势）的过程。

---

① 艾·里斯，杰克·特劳特. 定位 [M]. 邓德隆，烨强，译. 北京：机械工业出版社，2015.
② 程宇宁. 品牌策划与管理 [M]. 北京：中国人民大学出版社，2011.

二、品牌定位的基本内容

（一）品牌定位是明晰消费者需求和品牌之间的对应关系

日益膨胀的商品信息量与消费者有限心智的矛盾，使得消费者更偏向于简单、明确的品牌诉求。同时，消费者不易改变的认知使得他们总是选择接受与其所学知识、历来经验和兴趣爱好等相近的信息，而忽视、排斥大部分与其认知不相符的信息。品牌定位是基于消费者的潜在认知，提炼出消费者未被开发的需求及其所对应的细分市场，提出品牌独特价值点，并通过各种营销策略将消费者需求与品牌独特主张相对应，从而达到占据消费者心智的过程。

（二）品牌定位的关键是表现品牌之间的类的差别

商品的同质化和定位理论广泛应用使得细分市场剩余空间日益缩小，如果品牌定位仍局限于挖掘、分析和提炼产品之间在功能上的差异，则品牌定位的过程极为困难，且差别不大。品牌定位的独特主张并不会引起消费者过多的关注。因此，品牌定位从产品功能差异化向品类差异化发展，如七喜提出"非可乐"的定位主张，一举将汽水市场划分为两大类别，可乐类与非可乐类，开创新类别使得该品牌获得消费者极大的关注。

（三）品牌定位的目的是追求"第一"

品牌定位尽量传达"第一"的概念，因为消费者通常只对"第一"的事物感兴趣，且影响深刻。其原因是"第一"的资讯往往被人们当作知识主动接受，而不是当作广告产生抵触。因此，在品牌定位的规划中，如果品牌能够牢牢占据消费者某种需求或市场某个类别中的第一，则品牌定位将具有巨大的传播优势。

三、品牌定位的意义

（一）有利于消费者识别产品信息

互联网的高速发展和承载网络终端的普及，将消费者包裹在数以万计的数字信息中，使得消费者不得不改变对待信息的思考和行为方式来应对多媒体对其感知的侵犯。研究发现，人只能接受有限度量的感觉。超过限度，人的大脑就会拒绝正常地接受功能。当消费者收到差异不大的信息时，往往会不自觉地过滤，这样的消费者行为必然给企业带来传播费用的浪费。面对消费者行为的改变，出于成本控制的考虑，企业也应当改变传播的策略，采用建立品牌定位，提炼品牌价值，简化品牌信息和增加品牌曝光率等措施，才能使企业的传播效率最大化，使品牌在激烈的市场竞争中占据有利的位置。

（二）发展品牌个性的核心

品牌的同质化随着商品功能差异化减弱，品牌定位也趋于相似。面对消费者日益增长的情感依赖和表达需求，即消费者渴望在产品的品牌定位中找到满足自己情感需求的东西，以及能通过消费产品表达自我个性。单一的定位策略无法与消费者建立感性层面的情感连接，因此品牌个性理论策略得到发展。人们将品牌拟人化，赋予个性的概念，就形成了品牌个性。品牌个性是消费者品牌消费感情诉求的集中表现。可口可乐是第一个发明可乐并销售可乐的，因此可口可乐的定位是经典、正宗。百事可乐是后起之秀，不得不采取与可口可乐的差异化发展策略，其定位为新一代、年轻一族的可乐。随之建立起的品牌个性也不相同，可口可乐的品牌个性是真实可信的，目的是增强消费者对其"经典"定位的信任；百事可乐的品牌个性是年轻、活泼，意在树立消费者对其定位"新一代"的认知。可见，品牌个性都必须建立在明确的品牌定位基础上，与定位保持一致，若品牌定位不明晰，则品牌个性也难以鲜明。

（三）品牌传播的基础

整合营销战略实施中品牌定位和品牌传播的时间顺序也决定了两者是相互依存和制约的。品牌定位必须借助传播工具有组织、有计划地进行有效传播，在完成传播的目标前提下，缩减不必要的成本开支，以保证品牌传播效益最大化。品牌传播工具应根据目标消费者群体的购物喜好和规律选择，尽可能直接接触消费者，采取多元化的传播互动策略，将品牌定位信息植入消费者购买选择当中。任何品牌传播活动都必须将品牌定位作为传播内容核心，保证多种传播工具传递同一种品牌价值，避免品牌定位的模糊，才能传达出清晰的、一致的、独特的品牌印象。

第二节　农产品区域公用品牌定位存在的问题

目前，中国市场上有许多农产品区域公用品牌。尽管这些品牌完成了对农产品区域公用品牌商标的注册和保护，但并未达到提高农产品的附加值、区别于其他农产品区域公用品牌的目的。总体来看，当前农产品区域公用品牌定位存在的问题主要体现在以下几方面。

一、农产品区域公用品牌定位无差异

各地的农产品都是在相似的生态环境中生产，且普通耕作的方式生产出的农产品在产品外形特征、品类特质上并无差别。虽然目前很多农产品区域公用品牌纷纷强调该农产品的"有机、健康、无害"的品牌定位，但千篇一律的销售主张，并未引起消费者差异化的感受，品牌吸引力不强。大部分的农产品实际上仅在包装及品牌命名上表现出形式上的差异，但在与消费者购买选择决策中真正相关的产品功能方面，却表现出对品牌价值提炼的缺失。流于形式的差异化或许能在消费者初次尝试时尝到甜头，但不利于后期品牌资产的积累，也很容易被模仿，从而失去差异化价值。

二、农产品区域公用品牌定位缺乏内涵

由于农产品区域公用品牌具有地域性的特征以及消费者长期以来形成的"产地+产品"的农产品购买认知，国内市场上的农产品区域公用品牌多以此命名，不仅使品牌名称无法区别于其他品牌，还使品牌定位内涵的展开受限。农产品经营者将重心放在产地和产品上，忽略或放弃塑造品牌的形象与内涵，从而使消费者更加依赖农产品特性和产地作为对农产品购买选择的标准。因此，对于消费者来说，出现在包装上的农产品区域公用品牌只是一个区别性的符号，并没有更多地联想有关产品生产、产品品质的意义。

三、农产品区域公用品牌定位宣传缺乏设计

随着农产品功能性需求日益得到满足，消费者希望寻找到不仅满足需求且与自己认知相同的品牌，并希望通过品牌表现自己的独特个性或价值观。但是，从消费者品牌需求的角度来看，目前农产品的品牌宣传偏少，宣传方式比较落后。大部分农产品还是采用传统的广告媒体、展会和终端推广，缺乏整体的宣传方案和战略设计思路。宣传和活动更多是应对市场和竞争对手的变化，而不是出于树立品牌形象、宣传品牌定位和差异化价值的目的，其宣传的系统性、针对性、独特性不强，产生的效果并不理想。在其他行业，整合营销传播、网络营销、事件营销、病毒式营销、体验营销等新的营销方式屡见不鲜，但农产品区域公用品牌推广中，对这些新颖的营销方式却鲜有应用。

第三节　农产品区域公用品牌定位目的及程序步骤

一、农产品区域公用品牌定位的目的

农产品区域公用品牌定位是指建立与目标市场相关的品牌形象的过程和结果。农产品区域公用品牌定位的目的是打造鲜明的农产品区域公用品牌个性，树立独特的品牌形象，并挖掘具体的产品概念，突出其核心价值，在本质上展现与竞争对手的比较优势，将在众多商品中脱颖而出，受到消费者青睐。同时，也为后续品牌个性、品牌形象等一系列品牌资产的打造提供价值核心。

二、农产品区域公用品牌定位程序步骤

（一）发现消费者需求

商品生产出来的最终目的是销售，品牌只是促进销售的手段。最终的销

售量才是衡量一个品牌是否具有价值的标准，没有消费者追随的品牌，也只能是仅供观赏的艺术品，因此，只有赢得消费者的芳心才能够最终赢得市场。消费者的需求是随着时代的发展而变化的。在当下的中国，消费者对农产品的关注早已不在供应上止步，也不局限于满足餐桌上的需要，而是转向农产品的产地、营养成分、加工过程甚至消费过程所带来的愉悦体验。因此，对于消费者对农产品的新需求，应进一步完善农产品区域公用品牌的定位，且确保新时代下的品牌定位符合消费者对更加健康和富足生活的向往。

（二）挖掘农产品区域公用品牌独特资源

品牌定位可以从发掘产品的独特卖点布局，寻找产品区别于人们对该品类固有认知的差异。技术的发展和市场竞争的加剧，造成同行业产品的差异几乎消失。因此，在寻求品牌差异化时，除了关注有形的功能、形状、成分上的差异，还有商品无形的人文价值，以此满足消费者的需求升级，同时塑造饱满的品牌形象。

在农产品区域公用品牌定位中，采用从根据原产地的地理特征和文化底蕴来展示农产品原产地的优势的方法，能让消费者对产品背后的品牌文化有深刻的了解。当品牌具有独特的价值以及难以复制和替代的资源时，它可以比其他品牌更具竞争优势。资源基础理论提出农产品区域公用品牌的定位方法可以归结为：农产品区域公用品牌定位，要先界定自身的核心优势，将品牌定位集中于核心优势的渲染，从而使消费者产生差异化认知，增加产品被消费者购买消费的筹码。

（三）匹配需求与资源，明确品牌定位

完成前期发现消费者需求和挖掘自身资源工作后，农产品区域公用品牌的使用者可从两者之间匹配出适合的品牌，满足消费者需求的品牌定位。根据消费心理学理论，消费者的购买过程可以分为五个阶段：提出购买需求、搜集有关信息、对比产品信息、进行购买决策、购后体验与评价。在消费者购买消费的五个阶段中，品牌定位有利于产品更容易地进入消费者视线，加入消费者决策选项，简化消费者购买决策的作用。品牌定位作用实现的前提是品牌信息能够被消费者接受，能够在消费者决策前加入消费者购买决策备选集中。因此，农产品区域公用品牌的使用者应充分了解消费者的心理需求、生活习惯，尽可能从多个方向、多个角度进行品牌定位传播。例如，直

接接触消费者的体验营销，利用媒体造势的事件营销，在消费者受影响范围制造口碑营销、"病毒"营销等，让消费者在不知不觉中感知品牌及其定位，促进购买行为，强化品牌认知。

（四）确定目标市场

农产品的天然食用属性并不限制于某一消费人群，因此众多的农产品区域公用品牌为了占据更大的市场份额，在品牌定位过程中同样也不设定具体的目标消费群体，甚至在品牌成立初期就实施全面市场策略，通过生产全系列能满足不同细分市场需求的产品，刻意拓宽品牌适用人群。但这通常会导致品牌定位核心价值的不唯一，以及宣传资源的分散和消费者不一致的品牌认知。并且目标消费群体的不同，不仅定位提出的品牌价值不同，对应的有效推广品牌的传播媒介也不同。

因此，在进行农产品区域公用品牌定位传播时，先要选定目标市场。市场细分是指企业根据消费者的相似性，将市场划分为多个不同的购买群体，使每个购买群体都有相似的需求和消费行为，制定相应的营销传播策略。市场细分程度应权衡好宣传成本和盈利目标，目标消费群体定位越精准，企业定位宣传针对性越强，不必要的消耗成本越少；但目标消费群体对应的消费能力和市场规模与企业收益呈正相关，细分市场越狭小，企业盈利越有限。

（五）制定差异化定位传播策略

品牌定位传播的作用是提升品牌在目标消费者群体中的认知度，通过促进其购买消费和使用体验，提升对品牌的好感，并为后续消费者忠诚打下基础。这不仅局限于当下提高产品的销量，更着眼于获得更多数量、更稳定、更持久的消费者。

当品牌确立了目标消费人群时，就不可避免地与同样把这些消费者当作目标市场的品牌开展竞争。目标消费者在挑选购买商品时也会大概率地将这几种品牌放在一起比较优劣势，或者找出最符合其利益的品牌。与同样目标市场的品牌竞争，不只局限于品牌定位提出的利益，还包括分销渠道、定价、包装设计等方面的竞争。因此，制定差异化的定位传播策略，需要分析现有竞争对手的定位及宣传策略。产品差异化是品牌差异化定位的基础，但并不全面，不可一叶障目，品牌定位不能只是直白生硬地凸显产品功能价值，这并不足以打动消费者。新的农产品区域公用品牌可另辟蹊径，例如，利用差异化策略，宣传农产品的生态环境、自然种植、科学加工、保温运输、集约营销方面展现出的绿色环保内容，给消费者更全面的信息，才能将品牌定位印刻在消费者心智中。

第四节　农产品区域公用品牌常用定位策略

一、农产品功能定位法

中国素来尊崇"药食同源"的养生理念，农产品的食用价值是消费者购买选择的理由之一。外形、口感等物理方面的差异通常被作为产品利益点进行宣传；但在不同类别的农产品区域公用品牌的竞争中，利益点则在于农产品的化学方面，如所含营养成分的高低等。基础功能是产品使用价值的体现，也是消费者在选择购买时占比最大的理由。产品功能是品牌定位的根基，多数情况下，消费者通过对产品功能的体验并获得满足后，才会考虑对商品的购买。作为农产品区域公用品牌之一的"贵州刺梨"，其品牌的龙头企业在推介会上都会让客户体验刺梨的解酒功效，因为此功效最可能被消费者感知，因此也常用来作为刺梨的功效利益点开展品牌宣传。

二、农产品形象定位法

天然形成的农产品形象最易辨识，也被用作农产品等级区分指标之一。农产品形象包括外观属性和内部属性。外观属性包括形状、颜色等。人们也通常根据农产品形状大小、外观表现来判断农产品的好坏。例如，将核桃根据壳的厚度分为薄壳核桃和厚壳核桃；将大米根据质地分为粳米和糯米。内部属性包括农产品内部构造等，如褚橙以较少的中心白色絮状物为产品特征，阿克苏"冰糖心"苹果以果肉中心糖分积累形成的晶体物作为其独特产品特征。产品形象的差异化带来视觉感官的冲击，容易达到消费者的感知值，被消费者所注意，引起消费者尝试的兴趣。产品形象差异的传播也会更加高效地让消费者建立品牌差异的认知。当农产品外观定位被消费者广泛认知并产生利好的品牌联想时，会引发消费者排他性的选择购买行为，从而树立起品牌天然的竞争壁垒。

三、消费群体定位法

每一个消费群体对于同种商品的诉求是不同的，以电商农产品销售为例，根据农产品购买用处的不同将其消费群体大致分为三类：一是大学生群体，侧重加工休闲食品消费；二是都市白领和单身群体，侧重绿植、酒水饮品消费，分别用于空间装饰和孝顺父母；三是"80后""90后"的家庭主妇，侧重家庭日常饮食消费和育儿消费。对此，农产品区域公用品牌的产品开发与品牌定位方向就不同。因此，以消费群体为导向的定位方法应当充分进行市场调查和消费者分析，并在结合品牌推广渠道和产品开发方向的综合考虑后进行品牌定位。

四、情感定位法

农产品的质量和特性容易被竞争对手模仿，但情感上的差异不容易模仿，可以长期保持。这也是农产品区域公用品牌定位差异化体现的一个方向。与其他商品相比，消费者在购买农产品时具有更强的地域选择意识，这与农产品的地域依赖性、消费者的行为习惯和文化传承密切相关。农产品区域公用品牌可以将目光转移至农产品产地所蕴含的地理文化特征，利用消费者与产品或更大范围的产品品类之间的某种情感，建立消费者与产品的联系。例如，作为知名农产品区域公用品牌的容县沙田柚，挖掘产地乾隆赐名沙田柚的故事，提炼出"乾隆爷的沙田柚"品牌定位。鲜明的品牌定位使得农产品区域公用品牌在市场竞争中脱颖而出。

第五节　品牌个性与农产品区域公用品牌个性的塑造

一、品牌个性提出背景

自 20 世纪 70 年代艾·里斯（Al Ries）和杰克·特劳特（Jack Trout）

提出定位理论后，其理论占据了营销界一段时日。然而到了 20 世纪 80 年代，剩余的市场细分空间不足，品牌定位出现重复或相似，于是美国精信广告公司通过对市场的深入分析提出品牌个性理论。

品牌个性理论解决的是品牌传播"说什么"的问题，它主张广告诉求不仅局限于"说利益""说形象"，而且还要向目标消费者"说品牌的个性"。因此，只有提炼和掌握品牌的个性，才能使品牌传播具有明确的主体和核心。20 世纪 60 年代，大卫·奥格维（David Ogilvy）提出品牌形象理论时，反复提到"性格"和"个性"的概念，并认为最终决定品牌市场地位的是品牌总体上的性格而不是产品间微不足道的差异。

二、品牌个性的基本概念

个性属于心理学上的一个基础概念，通常用以描述不同个体在性格、气质、行为等方面的不同特点。将品牌拟人化、赋予个性的概念，就形成了品牌个性。程宇宁在《品牌策划与管理》[1] 一书中将品牌个性定义为：企业经过分析和提炼，有意识地将目标消费者所拥有或认可的个性特质移植或注入品牌之中，使得品牌具有某种有别于其他品牌商品的独特的性格特征。

消费者总是喜欢和自己个性一致的品牌，因此，品牌个性的塑造往往根据品牌的目标消费人群的喜恶进行调整，此外，考虑到消费者易受所处群体的影响，品牌个性还需考虑主流人群价值观、群体画像等因素。

三、品牌个性的特征

（一）稳定性

在品牌个性的发展中，核心内涵要长期保持稳定。稳定的内部品牌个性是消费者产生稳定购买行为的前提。除此之外，品牌个性应在保持核心内涵的基础上创新，追求与时俱进的外在表现形式，避免品牌个性的老化，保持活力。

---

[1]　程宇宁. 品牌策划与管理［M］. 北京：中国人民大学出版社，2011.

（二）差异性

品牌个性的差异是消费者在感知、偏好并选择购买品牌商品时的关键所在。品牌定位主要区分产品之间的功能定位，品牌个性则进一步区分消费者购买的情感因素。在同类产品中，品牌定位仅局限于功效利益，差异性不大。通过塑造与众不同的品牌个性，使消费者可从情感出发对其进行选择。

（三）排他性

排他性体现在被塑造出来的品牌个性能够引起目标消费者的广泛认可和追捧，且产生了顾客忠诚。顾客忠诚具体表现为消费者购买行为过程的简化，原先消费者需要经过大量信息搜集和比较才能做出购买决策，但在消费者产生品牌忠诚时这两个阶段会被化繁为简，甚至跳过。顾客忠诚情况下消费者购买过程阶段为：提出对某品牌或某产品的购买需求，做出购买决策，购买体验及评价。因此，品牌个性的排他性表现为企业对客户资源的独占性。

（四）一致性

一致性指品牌个性必须与该品牌的目标消费者在个性或价值观取向上保持一致。支持该理论的是品牌个性与自我概念一致性理论。品牌个性是品牌拟人化的个性特征集合，它为品牌提供了象征价值，也为消费者的自我表达发挥了作用。消费者购买品牌来实现自我个性的表达在个体积极彰显个性的今天成为一种明显的消费趋势。因此，品牌个性只有保持与目标消费个性或价值观取向一致，才能被消费者接受、认同和喜爱。

四、农产品区域公用品牌个性的塑造

（一）与农产品直接相关的要素

1. 产品质量

农产品区域公用品牌个性塑造过程中，与农产品直接相关的因素包括产品的质量、包装、产地和价格。农产品质量可以分为两个方面：一是农产品的食用安全，包括病虫害、农药残留和有害物质含量的处理；二是产品外观和口感，如大小、形状、色泽、甜涩、水分含量等。近些年，消费者的购买理由中，食品安全排名靠前，因此产品质量也成为农产品区域公用品牌个性建设的基本核心要素。

2. 产地

由于我国幅员辽阔，不同地区种植同一种农产品往往会形成很大的差异。这很大程度上是由各地不同的地理特征决定的，再加上当地独特人文氛围的渲染，从而形成当地特色的农产品。地理特征具体表现为地理环境、土质、气候、光照、温湿度等生态条件。而人文氛围体现为当地人的耕作习惯、文化风俗、灌溉种植特色等人文条件。农产品品质的独特性与这些因素息息相关。产品特性不仅左右品牌的定位，还影响对品牌个性的塑造。产地的特色资源是品牌定位和品牌个性塑造的根基，因此发掘并保持产地的优势资源，对品牌定位和品牌个性提炼有着积极影响。

（二）与农产品间接相关的要素

品牌个性需要通过外在的表现形式向消费者传播，包括品牌标识、包装造型、规格、材料，以及品牌代言人、广告风格等。这些外在组成围绕统一的核心元素刺激消费者的感官，并向其传播品牌个性，构建品牌认知体系，促成购买行为产生。被外在吸引的消费者还可能将其保存，作为珍藏或向他人分享，产品包装就产生更持久的品牌个性传播作用。

1. 产品包装

农产品区域公用品牌个性应当凝结本地区居民传统文化和历史，包括当地居民持之以恒的耕种习俗和在其劳动过程中记录的历史。这也沉淀了品牌个性的底蕴，因此在农产品区域公用品牌的包装设计中应注重历史文化蕴涵的表现，围绕着农产品的地域特色与文化内涵，结合现代设计理念，通过统一协调的 VI 设计系统的呈现，用平易近人的方式和表现形式向消费者传递品牌个性。

此外，农产品包装的主要作用是在贮存、运输过程中保护产品。在设计、选材和制作过程中，要充分考虑产品的特殊要求，减少对农产品的损害，保护产品质量，还要充分考虑不同区域的市场需求和消费者心理，在保持品牌个性核心因素一致的情况下，融合差异化设计，针对距离产区不同远近的消费者，包装可分不同材质；针对不同价格需求或者不同年龄层次的消费者，设计精装、简装等不同形式的外包装。

2. 广告风格

农产品区域公用品牌的广告风格通常以"朴实"为主,"朴实"也是常见的农产品区域公用品牌个性之一。消费者的实际需求是农产品区域公用品牌广告的创作来源。"药食同源"的理论在我国流传甚久,消费者购买农产品的部分动因是获取营养。因此,可做药材的农产品可有针对性地围绕其药用价值,向消费者介绍药用功效、区域种植历史、本土名医等内容。大部分的农产品同样可通过宣传地方人文和农产品效用、营养价值等能为消费者带来实际利益的信息。

根据消费者偏好选择合适的广告媒体,例如,老年人群体仍与电视、报纸等传统媒体接触较多,对这类媒体的利用通常选择新闻报道等形式。新闻报道具有求真性,该形式有利于增加老年消费群体对农产品区域公用品牌的信服度。对中年群体,应选择车载电台、地铁或公交等出行方式搭载的移动广告媒体等广告载体,根据消费者关注重点,着重宣传围绕人物故事展开的农产品建设过程中,有关于技术改良、人物初心、当地农民的美好等具有情绪感染力的内容。该做法有利于拉近农产品区域公用品牌与消费者之间的距离,用人文关怀代替没有温度的产品宣传更能博得消费者的好感。对于年轻群体,则选择更加新兴的传播渠道,建立农产品区域公用品牌的官方账号,围绕乡村人民故事拍摄一系列短视频,将品牌个性中的人文情怀具象化,吸引年轻群体的关注。同时,以农业产业带动服务业和旅游业的发展,积极开发该区域的"最美乡村",围绕乡村人文特色兴办乡村传统文化民俗节日吸引年轻消费群体前往体验,加深对品牌个性的认知,顺势推广品牌。

广告风格不是一成不变的,而是由农产品的定位和个性、目标消费者的设定等因素共同决定。顺应时代流量法则,运用创新思维,根据消费者对传播媒介的偏好,设计不同品牌传播形式,更能吸引消费者的关注。

(三) 与目标消费群体相关的要素

1. 消费群体的价值取向

价值取向是指一个在社会中具有特定文化背景的成员所信奉的道德和行为规范的理念。目标消费者的价值取向直接影响农产品区域公用品牌的塑造,近年来,"有机、生态、绿色"等关键词成为人们购买农产品的重要选择标准。因此农产品区域公用品牌个性也应与消费者诉求保持一致,结合区域内独特的土地环境资源,展现区域特色,符合消费者诉求。例如,黑龙江省的"寒地黑土"品牌，从创立品牌之初就定下了"绿色餐桌"产品理念，依托黑龙江省特有的世界稀有资源——寒地黑土，打造其营养、天然、有机的品牌形象，在占领中国有机农产品市场的同时，也获得众多国外消费者的青睐。

2. 价格

商品价格也是消费者评估品牌个性的一个选项。当某一品牌持之以恒以高价作为产品个性传播，消费者往往会形成两种褒贬不一的形象：高品质的、精致的；或是虚高要价的、华而不实的。如果品牌坚持低价，也会树立两种品牌个性：亲民的、朴实的；或是廉价的、粗制滥造的。因此，根据目标消费者群体的消费习惯制定合理的价格十分必要。通常情况下农产品区域公用品牌主打"纯真"个性，如"天然""有机""绿色"等常作为品牌个性的宣传点。以"纯真"为个性的食品通常采取高价策略以区分低价初级农产品，其目标消费者也通常是都市白领等收入较高且对农产品品质有追求的人群。初级农产品通常采取低价策略增加销量，其目标人群是蔬菜经销商、家常菜采买群体等。

考虑到对农产品区域公用品牌的维护，农产品在生产加工过程中，对质量标准要求高，这就提高了企业加入的门槛，同时也提高参与农产品区域公用品牌企业的生产成本。打造品牌声誉和宣传成本，以及其产生的心理溢价价值也是价格的组成部分。因此，农产品区域公用品牌定价通常比初级且无品牌的农产品高。但需要注意的是，若消费者对溢出价格无法正确评估，或不符合目标消费者的购买需求，较高的价格会降低消费者的购买欲。

【本章小结】

本章从抽象到具体依次介绍了品牌定位、农产品区域公用品牌定位、农产品区域公用品牌定位步骤、农产品公用区域品牌常用定位策略、品牌个性及农产品区域公用品牌个性的塑造等内容。

品牌定位理论介绍了品牌定位的定义、基本内容和意义三个方面。

在分析当前农产品区域公用品牌定位的基础上，提出农产品区域公用品牌定位的目标、程序和策略。其中，定位程序包括：发现消费者需求；挖掘农产品区域公用品牌独特资源；匹配需求与资源，明确品牌定位；确定目标市场；制定差异化定位传播策略。定位策略包括：农产品功能定位法、农产品形象定位法、消费群体定位法。

品牌个性理论介绍了品牌个性提出背景、品牌个性的基本概念、品牌个性和品牌定位及品牌形象辨析、品牌个性的特征和农产品区域公用品牌个性的塑造五个方面。

其中农产品区域公用品牌个性从与农产品直接相关的要素、与农产品间接相关的要素、与目标消费群体相关的要素三个方面进行塑造。

【思考题】

1. 农产品区域公用品牌按照怎样的程序定位？
2. 农产品区域公用品牌还有哪些定位策略？
3. 农产品区域公用品牌定位和其个性塑造之间的关系如何？
4. 农产品区域公用品牌个性塑造还可以依据什么因素？

【案例分析】

讨论题

1. 横县茉莉花区域公用品牌定位转变是怎样的？
2. 横县茉莉花"1+9"产业模式带来了什么？
3. 横县茉莉花品牌的传播路径是什么？

好一朵横县茉莉花

广西横县拥有六七百年茉莉花种植历史，横县茉莉花全县种植面积达11.3万亩，从事茉莉花种植产业的人员约33万人，年产茉莉花达到8万吨，占全国市场茉莉花生产总量80%以上，占世界茉莉花产量60%以上。横县茉莉花种植规模世界第一，且质量上乘。横县地处亚热带季风气候，夏季高温多雨，冬季温和少雨。因此，丰富的热量、水资源成就了横县茉莉花的种植优势。其茉莉花以花蕾大、产量高、质量好、香味浓的优势特点吸引了全国甚至全世界的茉莉花加工企业在当地大量采购。例如，国内知名茶企业北京张一元、台湾隆泰等，还有国外的知名品牌立顿、星巴克等。

尽管在每年的收获季，来自四面八方的茶加工企业引发的"抢茶大战"都给小小的横县带来无限风光，但是横县仍摆脱不了处于低附加值产出的困境。横县茉莉花产业表面上独立，然而从整个产业链来看，横县茉莉花产业实际上是依附于外地的茉莉花茶加工企业。加之茉莉花茶加工企业没有认识到横县茉莉花的价值所在，最终加工出来的花茶只会贴上企业的品牌，其产品的宣传、售卖也没有大肆宣传茉莉花源自广西横县，这就导致了横县茉莉花"有名无分"。而问题的核心是横县茉莉花产业品牌化的缺失，以及横县茉莉花产业增值环节较少，总体增值不高，产业模式相对单一的问题。

2018 年，横县积极产业布局，将原先以茉莉花花茶加工业为主导，转变为以茉莉花加工业为主导，围绕横县茉莉花品牌延展产业链，开发花茶、盆栽、食品、旅游、用品、餐饮、药用、体育、康养九个产业。横县茉莉花"1+9"的产业模式围绕横县茉莉花的开发价值系统化布局，长短期业务组合推动资金的正向流动，解决横县茉莉花过去产业链不完整、缺少增值环节的问题。

除此之外，横县茉莉花重新规划品牌战略，从茉莉花文化、种植历史、产品特色、产业延展提炼品牌价值，打造国家级农产品品牌。文化是品牌个性的源泉活水，文化衍生出的品牌个性是经典的、永恒的、可持续的。横县茉莉花借助享誉国际的中国名曲《茉莉花》进行品牌个性的塑造，通过将茉莉花冠以"横县"，用悠扬的乐曲奏开国内外市场的大门。以"好一朵横县茉莉花"品牌口号和"全球 10 朵茉莉花，有 6 朵来自广西横县"的价值为支撑，使品牌定位精简有力。

目前，横县茉莉花正在引进大型产业资本，促进第一、第二、第三产业融合，将农业、文化、旅游、疗养相结合，建设具有东方特色的茉莉花城。横县围绕茉莉花产业，推进茉莉花种植产业景观化，兴建茉莉花艺术盆栽培育园，将产值大幅下降的老茉莉花树做成具有观赏价值的艺术盆栽，每一株盆栽都有自己的独特造型，市场价值几百元到几千元不等。这样一来，不仅延长了茉莉花的产业链，增加产业价值，更推进了盆栽技术在当地普及，带动农民增收，实现乡村产业振兴。

横县积极发展乡村旅游，打造茉莉花之乡特有的田园风光，还建立了"茉莉闻香之旅"旅游品牌。以中国茉莉小镇为中心，建设以茉莉花文化为特色的风情街，大大小小的民宿错落其中，再连接周围特色民居地区共同构成一条特色休闲农业旅游路线。在横县茉莉花种植产业核心区附近，居民住房不仅翻修得焕然一新，还都粉饰上了茉莉花图画。除了旅游景区的基础建设，还为游客提供了全方位体验的组合项目：看花海、闻花香、赏花曲、品花宴、沐花浴。

横县还积极打造茉莉花文化创意产业园。除了手工香皂、抱枕、香包、挎包等茉莉文创产品，还有茉莉花口味的鲜花饼、绿豆糕、桃酥、月饼等特色食品；更有商家开发了茉莉花美容产业价值，推出茉莉花护手霜、茉莉花精油、茉莉花浴盐等一系列衍生产品，不断提高茉莉花产业的附加值。

横县凭借着全球最大的茉莉花规模资源和文化优势，举办世界茉莉花大会和召开世界茉莉花发展高峰论坛。邀请了法国、日本等以鲜花闻名的国家（地区）和生产茉莉花的国家（地区）进一步讨论未来茉莉花产业国际交流与发展，进一步提升横县茉莉花品牌影响力和渗透力。

参见：娄向鹏. 广西横县：如何从茉莉花产业配角到世界花都 [J]. 农经，2019（08）：46 – 49.

第五章　农产品区域公用品牌设计

【学习目标】

1. 了解品牌设计的核心理念。
2. 了解品牌符号设计和品牌标志的类型。
3. 掌握品牌符号和品牌标志的设计。
4. 掌握农产品区域公用品牌包装设计。
5. 熟练农产品区域公用品牌名称设计。

【导入案例】

"句品划算"区域公用品牌诞生记

句容市位于江苏省镇江市西南部，是镇江市代管的县级市。句容以南是茅山，以北则靠近长江，句容环山环水，江河湖泊交错分布，因此句容呈现出"五山一水四分田"的特点。句容位于长江以南的丘陵之中，素有"鱼米之乡"的美誉，还有着千百年形成的深厚的农耕文化，句容福地产出的农产品品质优良，并且已形成优质的大米、有机茶叶、花卉植物、时令水果等行业特色，包括数十种产品，一年四季瓜果都散发清香，产品齐全且源源不断。

句容市与南京农业大学、江苏省农业科学院、华南农业大学等搭建起了紧密的产学研合作伙伴关系，并且积极运用新技术。在以赵亚夫为首的先进人士、标杆企业、合作社等领导下，大力扶持品类、生产加工、科研技术、营销推广等产业，使句容农业的发展高效且集中。

一、用价值演绎"句品划算"

现今，消费者更加期望能够过上更高品质的生活。也就是说，消费者的生活需求不仅仅局限于吃饱穿暖等方面的基本追求，而是将消费理念从"便宜就是好货"改变为"愿意为自己的精神需求而支付溢价"，而且他们在买东西时也逐渐开始不再盲目跟风购买奢侈品，忽略掉奢侈品带来的效应，转而更喜欢性价比高、品质好的商品。

顺着这一思路，品牌创建小组多次召开会议进行讨论，与句容市的相关主管部门和企业代表进行了多轮分析，融合了市主管领导的提议，在很多方案被一次次否决以后，终于探讨出一个可行的方案。句容市的差异化特点被总结为"福地精品"，从里到外地提升品牌的传播效率，利用"福地句容"的品牌影响力，将城市作为品牌为句容的产品品质作背书。

二、用符号展现"句品划算"

"句品划算"的构建，除了建设内在的、中心的品牌价值体系，还应该具有外在明显并且容易识别的视觉形象，以创造性符号凸显和强化品牌的价值观念。

（一）品牌标志创意设计

在创造"句品划算"标志（logo）的时候，品牌团队主要把握了三点：一是句容常常被称为"江南第一城市"的公众观念；二是句容福文化的特色；三是句容的地域性名称，以"句""容""福"形状打造品牌的超级象征。整体的标志形象将江南独特的窗格作为基础部分，内部的文字以"福"字作为架构，同时左半边为"句"字，右半边为"容"字，将三者结合起来进行形象化和意象化的设计，整个标志与"福地句容"的理念相一致，使山水和田园福地文化底蕴交相辉映。

在色彩运用上，以黄色为基调，结合"茅山"这一世界道教之乡的独特优势，茅山是天下道学之所宗，道家又崇尚黄色，认为它传达着"温暖、活力、收获和希望"的寓意，也象征着品牌的传递以及华夏儿女对美好生活的期许。

（二）品牌视觉形象体系构建

1. 品牌主视觉形象图创意

根据句容的产品、文化、风土人情、农业、旅游等产业资源，以及"一福地四名城"的区域定位，品牌团队设计了两套主要的视觉形象图进行传播。品牌团队从句容产品中提取出茅山、赤山湖、秦淮花灯、千年古村、特产草莓、白鹅、葡萄、水稻等经典单体元素，采用了插画和绘画的手段，通过排列组合完善品牌视觉形象图，强化、渲染句容产品，根植于城市品牌文化厚土上，有"福地"优势支撑，以更高的性价比获得更好产品体验的品牌理念，加强消费者对品牌的印象与品牌认知。根据应用场景的不同，可单独或组合应用于办公、产品包装、户外广告、海报、宣传片及相关衍生品等品牌推广宣传物料，丰富消费者对品牌的形象认知。

2. 品牌吉祥物

为了增加品牌的形象性和趣味性，特别设计了卡通吉祥物形象——容小道。"句品划算"品牌的吉祥物设计，聚焦于专属性、关联性、情感性和故事性。

3. 产品包装设计提升

文案上结合"句品划算"的品牌核心价值，为各系列产品植入品牌化的概念，针对目标消费人群提炼产品广告语和卖点；设计上利用句容福地自然环境融入产品视觉元素，彰显农产品生长环境的优越性，实现了包装形象与产品内涵双提升。

参见：杨春源，王婉娟. 植根城市文化沃土"句品划算"区域公用品牌启动授权[N]. 江南时报，2021－04－29.

区域公用品牌的创建是一项系统性、持续性，需要多方共同推动的事业，如上例所说，"句品划算"将使用系列品牌标识、图形、口号及包装，构建起统一的句容品牌形象和线上线下融合的营销渠道。

农产品区域公用品牌是一个立足于创建具有强劲识别度的品牌符号商业传播的理性设计创作行为，品牌不仅要为消费者提供优质的产品，而且产品或服务还应该满足消费者对于产品核心功能及其所附带的情感价值方面的追求，它不仅是设计一个 logo、几个字体那么简单，必须找到自己与众不同的定位，将设计作为媒介去呈现能够极大程度将品牌定位策略植入消费者心智。

第一节　农产品区域公用品牌设计的相关理念

一、农产品区域公用品牌设计的概述

农产品区域公用品牌设计是平面设计学科中涉及范围较为广泛的应用型

门类中的一个分支。品牌设计师不仅仅需要提升专业设计知识与经验，还需关注设计作品的品牌商业传播效果，正确理解品牌理念，运用恰当的方法分析品牌，通过媒介、专业知识构造出视觉语言，与目标受众进行沟通，以在消费者心目中搭建起一个独特位置的个性塑造过程。

农产品区域公用品牌设计是化无形为有形的过程，用通俗易懂的感官语言表现，包括品牌理念识别设计（MI）、行为识别设计（BI）、视觉识别设计（VI）以及品牌形象设计，不仅限于浮于表面的 logo，最重要的是将品牌与区域故事关联，将地域性元素最大程度地呈现出来，以期与竞争对手区别开来。

现代技术高速发展的今天，同质化产品现象泛滥，充分运用 CI 识别，在消费者心中根植良好的品牌形象，将品牌理念、区域文化、产业链产品及服务打造为一体的形象，借由视觉形象符号表达，全面传播，运用语言、图像、色彩三个识别要素，让消费者全方面、多视角地鉴别品牌，易于产生品牌联想，在消费者心目中形成表里如一的立体品牌形象。

人们从早到晚的生活都被品牌所包围，从早晨关闭"华为"手机的闹钟开始，起身去洗手间使用"云南白药"牙膏刷牙，紧接着出门在地铁上打开"新浪微博"或者"抖音"获取当天的新闻。

品牌随处可见，它们出现在你生活中的方方面面，换个角度丈量世界，一切商品和服务的背后是无数个品牌的高楼，因此品牌设计是商业传播的系统设计，是对于生活的研究和反思；是搭建于人们的普遍价值观和精神上的共鸣。所以，品牌设计要以在目标受众中建立起独特的品牌认知为目的。

二、农产品区域公用品牌识别

农产品区域公用品牌识别就是品牌通过立体的形象使得消费者对于品牌符号有一定的认知，并且能够在消费者心中建立起不同于其他品牌的概念和差异性认同，简而言之，农产品区域公用品牌识别就是为品牌创造一个专属的有显著识别性质的符号。例如，茅台酒的"飞天"符号，大部分消费者对茅台酒的概念和体验感都凝结于这个符号中。

品牌产品可分为系列产品和迭代产品，不论是新开发品类还是在此基础上优化升级，如果品牌识别不具备差异性，不能引人注意，那么所建立起的品牌形象、品牌效应等都将功亏一篑。新产品对于消费者来说是新鲜而陌生的存在，但是品牌形象对于公众来说却是可辨别的鲜明的个体，人们的记忆来自提取不同的碎片化信息，而消费者在受到大众传播和消费体验的影响后形成了对品牌的记忆性信息，一个易于识别的记忆信息，能够在消费者的脑海中安装一个快速查找的文件夹，这个文件夹独一无二无法替代，所以当消费者重复接触到品牌符号时，文件夹就会一次次被打开，直到成为知觉记忆。

品牌识别需要落实到现实的品牌视觉形象中去，在农产品区域公用品牌设计中最为重要的一环就是导入一套应用系统——视觉识别系统（VIS）：创造与竞争对手有明显区别的标志，进而给品牌带来稳定而统一的形象，以此提高品牌在受众心目中的辨识度，让隐藏在产品、服务背后的企业变得可视化，将品牌与消费者联系起来，将视觉设计投放到消费者接触的点。

（一）品牌视觉识别设计

20 世纪六七十年代，荷兰设计公司 TD 认为：品牌的视觉识别设计，就是将品牌触点应用设计的所有部分，有秩序、有章法、不违和地串联起来，如品牌名称、标志、统一的字体、打造差异性的网格系统、一种或多种品牌主打色的使用。

品牌视觉识别设计能够一体化表现出品牌的定位，包含了品牌体验、消费体验以及服务体验等方面，还包含高度统一的视觉形象，使之区别于其他区域公用品牌。消费者可以轻易辨认出一些没有标志的大品牌的产品，如iPhone 独特的 home 键、路易威登的经典花纹、百事可乐的蓝色瓶身，这些品牌的特征能够轻易被识别，不仅仅是标志，还是贯穿品牌触点的系统性设计。成功的品牌在品牌传播过程的各个层面、触点都拥有特别的、显著的、统一的品牌符号。

品牌形象识别设计是在品牌进行宣传前最重要的一环，有承前启后的作用。明晰的品牌识别使得品牌形象家喻户晓，使之更加具有显著的识别度、差异性，更容易被记住，品牌经过战略分析将核心理念进行差异化定位，形成专属的品牌个性植入品牌视觉形象识别系统中，最后在消费者接触的各个传播渠道中进行传播，攻陷消费者心智，从而形成认知。

标志是品牌形象识别的关键，有"浓缩宝"的作用，是认知品牌的特殊符号。战略、定位、理念是品牌的无形策略，但品牌形象系统将无形空洞的概念转化为有形的实体，受众通过识别了解品牌价值主张。品牌定位是灵魂，品牌形象是行动的躯体，灵魂控制躯体行动，两者相辅相成不可分割。因此，品牌形象识别必须由内而外地表达统一的价值主张，触动消费者潜藏的需求和痛点。

品牌形象识别设计是传播品牌形象最有效的手段，通过统一的品牌形象识别创造极具差异化的品牌形象，能够有效避免消费者对于市场中形形色色的品牌的混淆，极大地提高传播效率。

（二）品牌符号设计

1. 符号的启发

符号是品牌识别的起源，更是品牌识别的归宿。符号是感知对象对感触主体留下想象记忆的惯性，这来自知觉形成时的记忆。符号所要传达的含义是从其对象本体内容中提炼出的富有识别潜质的内容直接或间接延伸出来的。

当人们谈论到一个国家、一座城市、一个旅游地点时，往往会说出当地最具有标志性的建筑物或者是一些特殊的风土人情、文化的符号。例如，中国的故宫、脸谱、汉字，埃及的木乃伊、金字塔，美国的白宫，法国的巴黎圣母院等具有国家特色的文化符号。强有力的识别符号所表达的内涵能快速在消费者脑海中留下特别的印象。创建品牌符号就是创造一个深入人心的商业传播的超级品牌识别。

2. 品牌符号的类型

品牌符号是一切可以建立品牌记忆的符号：标志、色彩、口号、吉祥物、包装、旋律、味道、触觉。

标志（Apple 的"咬掉一口的苹果"）、色彩（蒂芙尼蓝、唐三彩）、口号（Just do it!）、吉祥物（上海世界博览会的海宝）、包装（王老吉的红罐）、旋律（英特尔的"噔，等噔等噔"）、味道（心相印纸巾香味）、触觉（德芙的"纵享丝滑"）。

对品牌来说，通过创造积极的情绪可以让消费者产生情感上的依赖，类似于幸福、愉快与平和这种温暖的感觉，从而唤醒消费者的激情，形成记忆上的共鸣，不能只停留在单一维度的视觉方面，要通过体感去构思。色（视觉品牌符号）、声（听觉品牌符号）为主体，以香（嗅觉品牌符号）、触（触觉品牌符号）为参考背书，以塑造品牌为目标，寻找最好的品牌传播体现。

（1）视觉品牌符号（色）。

视觉是感官中最核心的感觉，也是消费者第一印象的来源。图案、曲线、造型、色彩都是能够激活视觉的因素。视觉品牌符号往往由图形、标准字、外形或色彩组成。视觉品牌符号的四种组合形式包括：

①标志（图形符号为主体）：以图形符号为躯干，标准字为品牌名称的补充，即图形符号＋标准字。

②标志（标准字为主体）：以标准字为主体，将图形作为品牌符号化、差异化的策略，涉及标准字、色彩两大构成元素。品牌标志中的辅助图形可以大面积运用到品牌设计中，助力标志形成强劲的品牌传播。

③产品外形/包装符号识别：当品牌以产品为核心要素时，在外形和包装方面打造迅速传播和容易识别的产品符号。

④色彩符号识别：色彩运用是品牌设计的重要手段之一，通过视觉影响人的感知和判断，可以很好地展示品牌形象识别特性。

色彩选择有三个原则。首先，斟酌行业特性和竞争对手差异化。可口可乐用红色，百事可乐就用蓝色，避开与同行的一致性，完美诠释了各自的专属符号与识别个性。其次，考虑品牌名称内涵与色彩匹配。最初海尔的识别色是洋红色，后面升级为蓝色，相比来说，蓝色才应该是海尔的"有源符号"。最后，需要研究色彩传承与趋势性。品牌持续经营的情况下，传承原有识别色系更好，以确保消费者接收一致的品牌认知；在斟酌行业特性以及找出与竞争对手的差异性，充分考虑品牌名称的内涵之后，根据市场趋势，可以重新考量与升级规范，如麦当劳、肯德基等连锁店，品牌识别色发生全新的变化：由红＋黄升级为黑＋黄或灰＋红。

（2）听觉品牌符号（声）。

声音已经成为品牌的另一种标志，品牌设计的世界中并不是只有视觉这一条路，尤其在年轻群体中，品牌标语和品牌声音成为可以弥补视觉缺陷的辅助工具。突出的品牌标语是有品牌识别的符号，通过重复传播，广而告之，使得消费者了解品牌，激活受众对品牌的联想和记忆，形成大众传播的趋势，有效降低品牌传播成本。

品牌声音是充分利用人的听觉，以特有语言、音乐、音效、歌曲所构成的，利用声音特性表现内在属性与精神内涵所创作出的传达品牌个性、价值观念，能提高品牌辨识度的具有超强显著性的声音片段。是用来识别事物特征的听觉符号，具备标识性。

品牌标语是品牌或者产品、服务的座右铭式的短语，是一句口号或几个词语的排列组合，用来识别品牌。在广告传播中用以宣传的标语称为广告语，特点是易懂、易记、朗朗上口、引人注意、符合消费者功能性或情感需求。

品牌标语有四种类型：

①品牌定位型：品牌定位是给品牌找到一个合适的市场位置，能够使得品牌在消费者心中拥有一个独一无二的位置。核心是"三个什么"：针对什么品类、提供特有的什么（产品/服务）、提供优势的什么（产品/服务）。品牌标语以"三个什么"为中心点展开。

②差异痛点型：差异痛点型的标语目的是直击消费者心智，找寻目标顾客的需求痛点，占据目标顾客在选择困难时能够给予说服的战略制高点，传达的是竞争对手无法比拟或提供的消费体验和价值，使之与竞争对手区隔开来。

③情感共鸣型：围绕品牌的情感价值认同展开，通过情感性话语传达品牌主张，刺激受众感性诉求，引起共鸣，拉近品牌与受众之间的距离，在消费者心中构建起一致的品牌认同，达到情感归属的目的。

④价值主张型：顾客的行动是价值导向的，品牌的价值主张不仅包括提供给消费者所需要的利益，也包括品牌对于社会的态度和观点、价值观等，表现品牌的一贯立场。消费者在品牌横生的市场，容易挑花眼，而品牌所建立的价值主张正是一个助推，给予消费者选择本品牌的理由。

（3）嗅觉品牌符号（香）。

通过独特味道的传播对消费者品牌忠诚度产生的影响是无形的，往往在潜移默化中情绪已被感染。嗅觉感知与大脑相关联的部分与人的情绪相关，具有直接而强大的影响力。在品牌体验中加入独特的味道识别，是一种强有力的品牌辅助识别符号。嗅觉符号虽然不如视觉和听觉符号那么多，但也很常见，例如，北美的威斯汀酒店大堂通过独有的香水气味形成独特的嗅觉品牌符号，当顾客再次闻到相同气味时，会有熟悉、宾至如归的感觉。

（4）触觉品牌符号（触）。

触觉符号是通过材料特有的属性展现的，每种材质都有刺激感官的奇妙之处。人有触摸商品的习惯，特殊的材质、符合商品特性的触感能够促进消费者的购买行为。

三、品牌标志设计

（一）标志的构成

通常说起"标志"，人们心中所对应的英文单词是"logo"，涵盖了图形标志、文字符号，代表企业、组织、个人的徽标、图案、符号等元素。完整版的标志通常由色彩、标准字、图形三个元素组成，不过这三者之间并没有唯一的定式，可以根据品牌情况进行组合。品牌标志可以高效地引发消费者对于品牌的联想记忆，是快速了解、区分品牌的形象识别符号。

标准字标志的简称字标（wordmark），以标准字为主要部分，由企业名、品牌名、产品名或由它们的缩写构成，突出文字，准确表达品牌名称，一目了然，表达清晰、视觉明确。字标主要有两种类型：一是统一型字标，具有风格统一的品牌形象气质，可读性强，容易被识别，字体字形整体统一；二是点睛型字标，在统一型的基础上创造刺激点，形成强有力的文字——图形识别符号，字体字形在统一的风格形式与基调的"和"中制造强烈的视觉刺激感，抓住大众眼球，快速烙印在消费者脑海中，让标志变得简洁但高效。

（二）标志的认知顺序

构成品牌标志的三大要素——色彩、标准字和图形，互相协调，按照一定的顺序形成品牌视觉性的信息识别传播。

首先是色彩，受众会感知到标志的色彩，进而诱发或潜移默化地影响消费者的情绪。不同的颜色在不同类型的受众群体中的影响力大有不同，因此选择时应当谨慎为之。

其次是标准字，基于色彩感知中的光线和色差，受众会从空间结构、标志的外形、文字的几何部分迅速感知品牌信息。

最后是图形，受众视觉感知在大脑中形成感觉，有了形式的内容，人们才会去思考在标志表面下隐藏的故事，进行文字的解读。

（三）标志设计的七大原则

独特性：品牌标志的设计能够在竞争对手中脱颖而出，有亮点，受众不容易感到混淆，既简洁大方也具有极大的辨识度，方便记忆，大脑总是倾向于记住特别的事物而摒弃平平无奇的事件。说到这里，不得不提起孤立效应（新奇效应）：对于感知本体来说，比起普通的平淡的事物，更容易记住新奇的、特别的事物。

辨识度：辨识度是指在受众接触的所有品牌触点中能够快速、准确地识别出品牌标志的程度。优秀的设计在于透过现象看本质，并且能够将品牌本质转化为容易识别的品牌形象。

延展性：品牌认知三分靠设计，七分靠延展，延展性指的是品牌的视觉识别标志在各个产品应用设计中都能形成一致的效果，延展到各种设计中都能被很好地识别。

记忆度：品牌标志通过各个触点投放，媒介传播，深深地烙印在消费者的心智和记忆中，消费者要形成快速且有效的记忆，离不开品牌方的两个核心手段：第一，通过精准的周期性的媒体触点投放，激发人们的感觉信息，触发孤立效应，形成知觉，产生记忆；第二，品牌形象识别标志具备独特性，消费者能够快速形成记忆。

普适性：品牌形象识别符号被消费者理解的过程中不会产生厌烦和误解的情绪，在传播过程中与消费者的认知保持一致性。

前瞻性：品牌设计需要具备前瞻性，不能落后于潮流，至少让品牌标志能够尽可能长久地保持下去，并且在设计构造中不至于过于盲目。

简洁性：简洁性需要贯穿品牌设计全过程，但简洁不意味着简单，在保留品牌的核心元素的基础上去掉一些不必要因素，容易理解，便于记忆，也能够体现品牌故事和内涵。

第二节　农产品区域公用品牌名称设计

一、品牌名称的意义

任何一个品牌都有自身独特的名称，品牌名称是品牌的象征，是品牌的灵魂，全方位显露品牌的个性和特色，卓绝的品牌名称在树立品牌形象方面起到画龙点睛的作用，可以极大程度地提高品牌的辨识度和传播效果，降低宣传成本。

好的品牌名称不仅可以引发目标顾客的品牌记忆和联想，还能准确地体现品牌的特点，具有强烈的差异性，能够快速刺激顾客内心的消费欲望，易于被消费者所接受，迅速地打开市场和占领市场，好的品牌名称可以提高品牌的形象。一个品牌名称要能够让消费者一目了然，并且能够对品牌的产品、服务的质量、形象等产生立体的一致形象。

品牌名称也诠释了品牌的内在核心价值主张，从名称上让受众看起来、听起来都觉得新颖，产生购买的欲望；从命名的笔画构思上，表面含义、内在表意都要有代表企业文化的积极的诱导。

品牌名称的文化内涵承载了品牌的核心价值观，不仅要涵盖传统文化，还应通过营造特殊的文化生活场景，运用传统修辞手法、叙述方式来打造品牌的形象和文化内涵，是一个庞杂的文化演绎系统。品牌命名在企业市场竞争战略中占据主导地位，也就是说，当代市场的竞争就是品牌的竞争。

二、农产品区域公用品牌名称设计的类型

（一）人物命名

以历史人物、神话故事人物、产品创造者的姓名命名，利用名人效应，衬托和说明品牌旗下产品的品质，使消费者产生信任感，借物思人，因人忆物，以便抬高产品的身价，引发消费者认同。例如，"李宁"牌就是利用李宁在体育界的声誉创造的品牌。

（二）地区命名

以产品的产地或所处的地区名称作为品牌的名称，给消费者以拥有特别的生产经营环境和地方独特的风味、货真价实、功效明显等感觉，借用产品的原产地效应，借助产地的风土人情，使消费者产生情感转移，对地域和品牌产生信任。例如，茅台酒、景德镇瓷器、西湖龙井。

（三）目标顾客命名

以目标顾客群作为命名依据，明确品牌所要服务的对象，增进受众对品牌的认同感。例如，"娃哈哈"品牌是针对儿童设计的软饮料品牌，还有太

太口服液、都市丽人服装。

（四）形象命名

以动物、植物或者自然物命名，贴近生活，便于消费者对品牌进行记忆，此类形象的联想应当是积极的，与品牌的价值观保持一致，否则会引起消费者反感和抵制。例如，大白兔奶糖、小天鹅洗衣机。

（五）利益价值命名

以品牌或消费者追求的利益点来命名，清晰地传达品牌的价值观念，满足消费者所追寻的痛点需求。例如，"好记星"点读机，谐音"好记性"，满足消费者记忆难的痛点，强调产品的核心功能利益。

（六）数字、字母命名

以数字或数字谐音的文字，或者数字与文字的组合命名，强化品牌的差异化特征，利用消费者对数字敏感的记忆逻辑和延展联想，易于记忆。例如，"7–11"是全球便利巨头，品牌名称意为在早上 7 点到晚上 11 点之间营业，通俗易懂。现在为了适应时代环境，已改为 24 小时营业。采用数字命名容易被全球大多数人所接受，但要考虑国家文化。

三、农产品区域公用品牌名称设计的原则

品牌落成的第一步是品牌命名，也拉开了品牌营销的序幕。品牌名称决定了品牌的命运，作为用户认知的窗口，承载着品牌策略和价值。

农产品区域公用品牌近几年受到各级地方政府的高度重视。打造农产品区域公用品牌成为地方经济发展的又一个新的路径，也是推动农牧业产业振兴以及地方经济乡村振兴的重要抓手和手段。一般来说，农产品区域公用品牌需要考虑以下几个原则：

简洁独到：消费者能够轻松辨认和记忆，快速有效提高品牌的知名度。汉字为主的品牌名称以 2~3 个字为宜，英文名称以 5~8 个字母为宜，切忌使用生僻字，忌抄袭。

寓意深刻：有意义的寓意能够激发消费者的联想和思考，从而对品牌产生认同感，直击消费者心智，留下深刻的印象。

视觉美观：品牌名称既要听起来好听，便于传播，也要看起来赏心悦目，在选择品牌名称时要选择字形较好的标准字，结构稳定、繁简适宜，颜色搭配要合理。

适应性广：21 世纪网络技术、物流技术高速发展，产品销售早已突破地域的限制，逐渐全球化，品牌命名需要考虑能否被绝大多数人所接受，不能局限于小众地区。

命名可视化：借助强势的地域文化，将区域公用品牌打造为极具生命力的"文化载体"。农产品区域公用品牌的塑造必须涵盖地域代表的名称，命名要突出"地域＋价值或品类"，让区域为品牌背书，获取消费者信任，实现正向循环、良性发展。确保消费者记住品牌名称的同时，也记住产品来自何方。传达品牌来自何方，品牌名称和广告标语一定得有一个体现地域名称。

突出生态价值：能够将区域内农业的核心竞争力体现出来，是生态好，还是标准化程度优秀。

地市级以多品类品牌为宜，县级以单品类品牌为宜。并且，地市必须具备鲜明的地域特征、风土人情或地方特色，这是区域公用品牌的灵魂，也是品牌成功的基础。已有地市级多品类品牌的，不宜在县级创建相似的品牌，避免分散资源、相互冲突。

四、农产品区域公用品牌名称设计的策略

好听、易记、具有文化内涵和独特性的区域公用品牌名称，是一个农产品区域公用品牌能否在第一阶段有一个好的开头和成功的关键点，可以参考以下几种命名设计的策略。

（一）地理标志品牌命名策略

以地理标志证明商标为基底和载体，以"地域名＋产品名"的形式组合，整合区域地理标志产业打造和宣传推广统一的农产品区域公用品牌。例如，盐池县的"盐池滩羊"、贵州省的"贵州茅台酒"、金沙县的"金沙回沙酒"、郫县的"郫县豆瓣酱"。

（二）"地名＋形容词"品牌命名策略

以"地名＋形容词"为基底的品牌名称组合，整合区域内几个农产品

品类打造和宣传推广统一的农产品区域公用品牌。地域名称后缀的形容词不局限于特定品类，具有包容性和涵盖性，一般与生态环境、绿色天然、品质等关联。例如，"毕节珍好"，一个贵州绿色优质农产品的毕节"特殊味道"。还有一些品牌不是直接采用地域行政区划名称，而是采用地域的历史称呼、别称等较为出名且具有文化底蕴的名称，例如，林格尔县的"盛乐味蕾"，据史料考证，北魏都城盛乐古城就位于如今的林格尔县。

（三）"创新名称"区域公用品牌命名策略

品牌名称中不出现具体的地名，并非"地名 + N"的模式，而是根据品牌核心价值理念创造的关于绿色健康、有机生态、特色农业相关的新词汇，来打造全新的农产品区域公用品牌。例如，镇江市句容市的"句品划算"。

（四）产地品牌命名策略

一方水土，一方物产。消费者购买特色农产品会特别关注产品出生是在哪个地方，所以，农产品区域公用品牌命名的重要法则是融合产地区域性特点进行命名，让品牌因地域而闪光。例如，东营区域品牌"黄河口"依赖大众对"黄河入海口"的认知，达到引流的目的；"依米兰香"巧妙地将地名"依兰"与产品名进行穿插，巧妙排版，让自身产品与地域认知相融合，吸引关注。

（五）形象品牌命名策略

形象命名策略将产品价值认知凝聚在一个知识产权（intellectual property, IP）上，通过 IP 对消费者的认知进行引导和控制，通过价值的拟人化、互动的拟人化，将品牌价值极致发挥，激起消费者的兴趣。例如，"三只松鼠"。

从战略角度来讲，品牌打造的核心就是品牌名称，对于农产品区域公用品牌更是如此，如果靠山却与山无关，靠水却与水无关，无疑浪费了优厚的自然资源，能够让中华传统文化与农产品之间产生联动的载体也只有山川江河、风土人情了，因为鲜活生长在街头巷尾的"好山好水好农产"的认知，更加贴切消费者的生活。

第三节　农产品区域公用品牌包装设计

伴随着时代进步，科技快速发展，生产力不断提高，产品的包装设计也呈现出多样化的趋势，设计中感性与理性的碰撞穿插其中，在更加吸引消费者的同时，也伴随着品牌的经济效应几何倍速增长。在消费升级过程中，农产品也开启了全新的消费模式，改变了原有发展模式，奇特个性化的包装设计不仅能够在视觉方面给受众带来视觉审美，同时也能促进销售。

一、打造原生态形象

随着城市化进程加快，消费者对于大自然的向往和追求越来越急切，尤其喜欢无拘无束、安静祥和的原生态环境，以至于许多品牌也是以有机、天然无污染的味道作为宣传卖点。为了打造原生态形象，可以运用干草、竹制品、树木、纸壳或是其他环保的天然包材作为包装物设计。

例如，泰国的柚子包装采用当地的水生植物，通过传统手法进行捆绑，既环保又有创意；"Tutu – Kueh"是一种传统的蒸做食品，它以竹制的蒸笼作为包装，延展了功能，不仅是包装，也可作为收藏品，循环使用。当与竞争对手的产品在价格和质量方面都不分伯仲时，环保可回收的包装就是农产品的一大卖点。

二、让包装变得更有趣

如今很多农产品逐渐走向快消食品的行列，或者是从传统经销商转为电商平台，面对更加年轻时尚的消费群体，趣味性与诙谐幽默的设计无疑更加吸睛。真正有趣的包装设计集脑洞、创新与产品形象于一体。

三、让产品"活过来"

所谓"活过来"是指在品牌包装上重现产品的生产场景，给予顾客一种身临其境的体验感。例如，蜂蜜的外包装设计为蜂巢形状，米酒的外包装加入稻草元素，给人以无尽想象的空间。

四、融合区域特色文化

区域文化是地域文化的一种，是由一定的区域环境与区域特色结合后形成的。农产品的包装设计，就是要考虑同质化后的特殊性，最独特的体现就是地区文化。地方话、饮食文化、宗教信仰、地方建筑等因素，在包装设计上都可以展现。例如，位于我国台湾地区的芹壁村为其"金银花茶"制作出一套包装，融合当地的文化，包含了宣传当地历史的画册《芹壁世纪图》，并注入了闽东的花岗岩石屋的元素，独具民俗气息。在实现品牌自主创新的同时，还能提高品牌的知名度和美誉度，也可以传播地域文化，推动民俗发展。

五、简单是一种高级

"大道至简"是许多人信奉的真理，对包装进行简洁却不简陋的设计，更加明显地突出品牌 logo，从而达到品牌识别最大化的效果。剔除了不必要的视觉元素后，信息标注清晰，消费者能够更迅速地看到产品包装的品质，更能赢得消费者的信任与支持。

除了黑、白、灰、原色等基础配色外，极简主义包装还可以有少量的图案、大块留白、简洁的标识。这种包装方式虽然看上去简单，却是最考验设计师水准的，用简化的元素表达品牌的核心理念，最难实现。

六、包装风格要统一

最好能使整个区域公用品牌下的农产品包装风格统一，对树立品牌形象更加有利。一致的风格首先要确保主图案的统一性，这最常用，且成本比较低，运用打造出的一致主形象包装后，再使用色彩搭配进行延伸，将不同品类串联起来。使用一致的包装材料，如牛皮纸、麻布，主打原生态格调，凸显品牌的本土形象，迎合社会审美的复古潮。

七、注意细节设计

带有情感和温度的设计才能称作好的设计，因为最能打动消费者的品牌包装设计往往是真正站在消费者体验角度的设计。例如，"三只松鼠"坚果产品的包装里往往赠送开果器、手套、垃圾袋和湿纸巾等。小小的细节体现大大的用心和真心，在细节处打动消费者。

新时代的农产品品牌包装设计如何建设，包装材料如何选择，都需要设计师与农产品区域公用品牌方的共同努力，才能创造其更大的价值。

第四节　农产品区域公用品牌的 IP 打造

要快速建立品牌超级符号和代言人，就需要借助区域公用品牌文化 IP 的力量。不做没有"根+策略"的设计。设计的本质是"策略+发现"，生活中的不同地区间的人类物质文化遗产和非物质文化遗产就是可借助的"能量包"，借力地域优势资产，激活已有的人气资产。农产品区域公用品牌设计，只有在借助这些物质文化遗产和非物质文化遗产的前提下，才能收割文化的红利，利用地域文化的亲民效应，在大众心目中种下品牌的种子，在满足消费者情感需求的基础上提高品牌知名度。

一、品牌 IP 设计的要点

地域文化能够为品牌形象 IP 提供内在和外在的差异化品牌认知，分析总结设计要点如下：

视觉文化语言融合。提取地域文化的视觉特征，将提取到的外在视觉识别特征转化为贴切品牌形象 IP 的视觉语言，形成具有强烈识别性的农产品区域公用品牌。

文化体验风格融合。将地域的传统习俗、艺术文化和传统元素的体验场景融入品牌形象 IP 中，更好地传播地域文化特色。

精神文化情感融合。精神文化是一个区域价值观和情感组合的上层建筑，农产品区域公用品牌形象 IP 的表达中融入识别性的情感元素，使得品牌与其他竞争者区别开来。

二、品牌 IP 设计的未来发展

视觉语言融合的特征转化：农产品区域公用品牌形象 IP 的视觉设计要增进消费者对文化的认同感。

精神情感融合的精准表达：要能够提升农产品区域品牌精神情感的辨识度，引起情感共鸣。

文化体验融合的互动强化：文化的设计需要符合行为风格，要表达品牌的核心价值观，并且提升消费者的文化体验感。

农产品公用品牌为消费者提供功能利益与情感利益，在体验中满足物质感官感受，农产品区域公用品牌属于区域的共有财产，决定了品牌设计的多方性和多层次性，好品牌是用心刻画的，涉及语言学、社会学、美学、传播学等多学科。品牌设计是一项颇具挑战的学问，只有充分考虑问题，才能将品牌设计好，进而推向市场。

【本章小结】

本章由浅入深地依次介绍了品牌设计的概念、品牌识别系统、品牌的符号类型和设计、品牌的标志类型和设计、农产品区域公用品牌名称设计、农产品区域公用品牌的包装设计以及农产品区域公用品牌形象 IP 的打造等内容。

品牌设计概念包含了品牌理念识别设计（MI）、行为识别设计（BI）、视觉识别设计（VI）以及品牌形象设计四个方面。

品牌符号类型包括标志、色彩、口号、吉祥物、包装物，或旋律、味道、触觉。

阐述了视觉品牌符号的五种组合形式、色彩的三种选择原则以及品牌标语的四种类型。

农产品区域公用品牌名称设计有七种不同的类型，品牌命名是品牌落地的第一步，是品牌营销的开始，品牌名称决定了品牌的命运，作为用户认知的窗口，承载着品牌策略和价值。

近几年，农产品区域公用品牌受到各级地方政府的高度重视，农产品区域公用品牌的打造成为地方经济发展的一个新路径，也是推动农牧业产业振兴以及地方经济乡村振兴的重要抓手和手段。

农产品包装设计的价值：伴随着时代进步，科技快速发展，生产力不断提高，产品的包装设计也呈现出多样化的趋势，设计中感性与理性的碰撞穿插其中，在更加吸引消费者的同时，也伴随着品牌的经济效应几何倍速增长。在消费升级过程中，农产品也开启了全新的消费模式，改变了原有发展模式，奇特、个性化的包装设计不仅能够在视觉方面给受众带来视觉审美，同时也能促进销售。

【思考题】

1. 品牌标志设计的七大原则？
2. 农产品区域公用品牌设计有哪些类型？
3. 农产品区域公用品牌设计有哪些策略？
4. 如何进行农产品区域公用品牌的包装设计？

【案例分析】

讨论题

1. "巴味渝珍"的品牌设计以什么为背书？
2. 区域文化与农产品区域公用品牌融合有什么好处？
3. 品牌设计中的辅助图形有什么作用？
4. 农产品区域公用品牌设计可以与哪些地域元素相结合？

活得浓墨重彩，吃得淋漓痛快

"活得浓墨重彩"不仅向广大消费者传达了重庆的自然环境、历史文化、饮食习惯、生活态度，更表达出乐观积极的价值观和人生态度；"吃得淋漓痛快"不仅讲出重庆人对麻辣鲜香的味觉喜好以及重庆农产品的丰富多样，还给消费者营造出一种大快朵颐享受美食的恣意体验。

"巴味渝珍"的品牌主形象提取自悠久的巴渝文化符号"手心纹"，是"得心应手"的意思，也表示消费者在选择重庆农产品时有更多的选择性，产品安全有保障，能够舒适愉悦地进行消费体验。在品牌主形象的下半部分采用一片叶子图形，凸显品牌主要经营农产品的特性。通过简单的变形和组合，将品牌形象构成一个"巴"字，透露出品牌的区域背书。色彩组合方面，打破陈规，大胆采用红与绿的搭配，既引人注目，又个性鲜明，给人以极强的视觉冲击力，增强了品牌的传播力，与品牌口号的精神内核、品牌的核心价值一脉相承。从王羲之碑帖汲字运用到品牌字体中，大方得体。整体形象虚实相合，既有具体的识别度又留有丰富的想象空间，便于传播记忆。

品牌形象的辅助图形分为两组：第一组以重庆市地图为轮廓，缀以重庆的地形图案和地标建筑，表达产地来源，展现区域背书；第二组则是用各种色彩的丙烯以泼墨手法与品牌"浓墨重彩"的核心价值和品牌口号相互呼应，创制品牌传播辅助图形，以更具艺术气息的创作呼应重庆的开放度和国际化风格。规划团队通过将不同色彩的丙烯重新配比创新，临摹了具有代表性的重庆地貌，并与特定的农产品品类进行匹配，形成产品包装的风格和调性。

品牌为城市代言，城市为品牌背书，是农产品区域公用品牌的重要特征。"巴味渝珍"带着重庆的印记而生，又将成为重庆新的印记。"巴味渝珍"农产品区域公用品牌的打造，不仅可以为重庆的特色农产品背书，还将是探索城乡融合发展方向路径的一个全新案例。重庆城市与农村结合的特点使之拥有与其他的城市不同的农业发展的先决条件，同时也赋予了重庆更艰巨的使命：摸索出以农产品区域公用品牌建设为核心，将城市与农村结合起来协同发展的新发展模式。所以，"巴味渝珍"不仅是重庆实现农业品牌化的垫脚石，它的经验更将开启未来中国农业的新常态。

参见：李闯，石正义. 于山河之间，见重庆风骨：巴味渝珍区域公用品牌创意解读[EB/OL]. 中国农业品牌研究网，2020 – 12 – 2.

第六章　农产品区域公用品牌价值与资产

【学习目标】

1. 了解农产品区域公用品牌价值与资产的含义和积累过程。
2. 理解农产品区域公用品牌价值与资产的构成要素。
3. 掌握品牌资产价值的评估意义和方法。

【导入案例】

秭归脐橙品牌价值再创新高

2020 年 9 月 9 日，在广东省佛山市召开的第六届中国果业品牌大会上，《中国果品地图·中国优质果品采购和消费指南》（第一辑）正式亮相，秭归脐橙区域公用品牌及 6 家市场主体企业自主品牌入选该地图。据悉，《中国果品地图·中国优质果品采购和消费指南》是由中国果品流通协会与《品牌农业与市场》杂志社通力合作，历时 1 年多汇编而成，旨在以专业赋能渠道，用资源搭建桥梁，让更多区域公用品牌、企业品牌走向前台，展现风貌。该地图印刷 10 万册，面向全国主流批发市场、商超及连锁便利店、电商平台等渠道进行精准派发，同时定向赠送产地政府部门、深加工企业及果业科研院所，一端连接优质产区、企业和产品，另一端牵手市场、深加工企业、核心消费者，搭建产—销桥梁，引导购买，引领消费升级，推动产地资源转化为产业优势和市场优势。

秭归县柑橘协会于 2019 年开始，精心组织县内部分秭归脐橙销售市场主体，编制企业自主品牌宣传资料，成功入选《中国果品地图·中国优质果品采购和消费指南》（第一辑）的有"秭归脐橙"区域公用品牌、湖北屈姑国际农业集团"屈姑"品牌、湖北多美橙农业发展有限公司"峡江传橙"品牌等品牌,对于宣传、提高"秭归脐橙"及其企业品牌知名度,推进秭归柑橘产业企业品牌建设具有极其重要的作用。

此外,秭归脐橙品牌在本次大会上荣获 2 项大奖。一是秭归脐橙区域公用品牌上价值榜单,品牌价值评估再创新高,达到 26.91 亿元,分别比 2017 年、2019 年增加 13.44 亿元、4.07 亿元,增长 99.8%、17.8%。根据《2020 年中国果品品牌价值评估报告》,秭归脐橙品牌强度五力(品牌带动力、品牌资源力、品牌经营力、品牌传播力和品牌发展力)是唯一一个均跻身品牌强度五力前 10 位的果品区域公用品牌,秭归脐橙在品牌强度整体建设方面较强,表现出良好的品牌未来持续收益能力、抗风险能力和竞争力。品牌强度五力是体现品牌未来持续收益能力、抗风险能力和竞争能力大小的指标,是对品牌强度高低的量化呈现。二是湖北多美橙农业发展有限公司所持有的企业自主品牌"峡江传橙",首次参加企业自主品牌价值评估就位列第 110 位,评估价值达到 1417.72 万元,为秭归柑橘产业企业品牌建设作出了贡献。

参见:向长海. 湖北:"秭归脐橙"及 6 家市场主体企业品牌入选《中国果品地图》[J]. 中国果业信息,2020,37(09):49 – 50.

第一节　农产品区域公用品牌价值

一、农产品区域公用品牌价值的概念

不同的评估角度对品牌价值有不同的定义。基于会计财务维度,可以把品牌价值大致等同于品牌资产。市场视角认为品牌价值是品牌对市场影响力的一种体现。消费者视角认为品牌价值是品牌产品提供给消费者情感和物质上的满足。因此,品牌价值是品牌展现给外界的总体实力的全面反映,最终体现在与消费者的良好关系中。

二、农产品区域公用品牌价值的构成

农产品区域公用品牌带给消费者的价值由品牌产品满足消费期望的产品

价值部分和超出消费者意料的价值部分组成，主要有功能价值和情感价值。

（一）品牌的功能价值

1. 产品质量

产品质量是农产品区域公用品牌价值的生命，是一切品牌价值的基础。对于农产品区域公用品牌而言，产品质量主要指符合产品行业质量标准又符合消费者购物诉求的产品。

2. 营养价值

对于农产品区域公用品牌来说营养价值就是它富含原产地对人体有益的微量元素，能够补充人体所需或者能带给消费者保健美容的营养价值。对于某些农产品区域公用品牌来说，其产品含有的营养价值远远高出其他产品。万年贡米产自江西省万年县，该地位于怀玉山北麓的丘陵峡谷地带，山泉清澈，水温适宜，水质富含氮、磷、钾、铜、铁、锰、锌等微量元素。经测定，万年贡米蛋白质含量比普通大米平均高 1.5 倍，且含有丰富的维生素 b 和一定数量的微量元素。

3. 特殊使用价值

农产品区域公用品牌的特殊使用价值主要体现在口感、使用方式、产品培育方式等方面。盱眙龙虾之所以能受到消费者的追捧，源于其绿色、健康的生态养殖环境和"三白两多"的品种优势。这是盱眙龙虾的特色，也是小龙虾爱好者的钟爱之处。盱眙龙虾的农产品区域公用品牌定位：小龙虾美食发源地，引领小龙虾美食化。这些正是它的特殊使用价值。

4. 工艺、包装价值

乌江榨菜使用传统工艺"三清三洗""三腌三榨"，通过传统工艺所含价值让乌江榨菜的品牌价值从众多涪陵榨菜里脱颖而出。包装设计水准的高低也直接影响着产品质量水平的高低。一个不符合产品形象的包装，无疑会拉低农产品区域公用品牌的整体价值。对于农产品区域公用品牌来说，包装设计要符合产品的文化形象、产品定位形象、区域形象等，让包装体现品牌的价值。

（二）品牌的情感价值

品牌的情感价值是指消费者接触使用产品之后获得的一种积极正面的情感体验，如安全感、自豪感、自我肯定、身心愉悦、自我实现等感受。情感价值高于功能价值而存在，却又依托于具体的产品实现。使品牌产品具有更深刻的情感内涵是把消费者同品牌文化联系到一起的重要纽带。品牌的情感价值表现在以下几个方面。

1. 历史文化

对于农产品区域公用品牌来说，农产品都是有历史、有文化、有性格的。"果之初"核桃把自己定义为拥有 1300 年历史的核桃，成为其品牌灵魂。容县沙田柚根据历史渊源，构建以"乾隆爷爱吃的柚子"为核心的品牌灵魂，并将其体现在产品包装上。

2. 区域特征

农产品区域公用品牌具有很强的区域属性。历史上曾有外国人想夺走中国的茅台，他们认定酒窖里面的泥是最核心的，是形成茅台酒的关键，所以带走了酒窖里面的窖泥。结果到了该国，这些窖泥里的微生物死的死，伤的伤，同样的窖泥做出来的酒和茅台根本就是两个味道。后来他们终于明白了，茅台酒只能属于中国。后来茅台酒想要提高产量，也做过搬迁的实验，并且是在尽量保证各项指标都不变的前提下，结果依然是以失败告终。这些都说明了农产品区域公用品牌为什么是区域品牌，而不是可以随处生长的产品品牌。

三、农产品区域公用品牌核心价值

（一）概念

农产品区域公用品牌核心价值是品牌众多价值中精挑细选确立出来的价值内核，一切价值都要服从于核心价值。如果把品牌核心价值比作太阳，那么农产品区域公用品牌的其他价值就是太阳系的行星。不管其他行星如何转动，太阳的核心地位永远保持不变。

（二）核心价值的特征

1. 差异性

农产品区域公用品牌用与同类农产品具有差异鲜明的核心价值作为自己的价值核心，并期望用核心价值来与竞争产品区别开，并在消费者心中留下价值烙印。

2. 统一性

农产品区域公用品牌一旦确认品牌核心价值，那么其他品牌价值只能统一于核心价值之下。例如，核心价值是绿色健康的食品，那么该品牌产品从原材料的培养、产品的加工、产品的包装等环节都要体现绿色健康的核心价值。一个以绿色健康为核心价值的品牌不能出现在包装上铺张浪费，在生产上安全卫生把控不严格，导致实际做法与品牌核心价值背道而驰，严重阻碍品牌的发展，甚至导致品牌的失败。

3. 持久性

农产品区域公用品牌核心价值一旦确立，那将是一个漫长的历史任务。品牌价值确立时还要考虑其生命力，确保这一价值内涵在若干年内不会落伍。

（三）品牌核心价值的确立过程

农产品区域公用品牌核心价值是品牌的生命，是能在众多竞争品牌中脱颖而出的关键。品牌核心的确定需要根据科学、严谨的步骤来进行。

第一步：同类农产品区域公用品牌分析——寻找异同点

农产品区域公用品牌往往核心价值都较为相似。对同一环境下的同类产品的核心价值进行分析，寻找市场机会与差异点。如果竞争品牌的核心价值得到消费者认同，则宜另辟蹊径。如果同类竞争产品的价值接受度不高，这时候就要分析消费者还需要什么样的价值，自己的产品又具有什么样的价值。

第二步：对自身产品属性提炼归纳

对于农产品区域公用品牌来说，往往自身就有着众多竞争产品所没有的特殊属性。但对于拥有较多特殊属性的区域公用品牌产品，品牌往往不能物尽其用。例如，万年贡米有千年的贡米历史，有区别于其他大米的口感，还有其他稻米所没有的一些营养元素，这些都可以作为价值核心，然后结合第一步的竞争分析，选择品牌核心价值。

第三步：核心价值的培育

最初提炼出来的核心价值只是一个文字内容而已，要把它打造成一种理念、一种情感、一种价值观，打造成消费者所接受的价值，还需要进行持续传播、强化核心价值。农产品区域公用品牌核心价值是整个品牌体系的圆心。它对外展示本产品的"过人之处"，对内展示不容置疑的权威。要把核心价值培育成一个消费者愿意接受、在市场上拥有超强竞争力的价值，需要我们从品牌营销体系开始，把传播核心价值树立成每次营销活动的潜在目标之一。通过区域经营者的不懈努力，经过时间的考验，最终使得品牌核心价值深入人心，从而在消费者的印象中，形成独一无二的品牌和产品形象，并且深深烙印在消费者的大脑中。

第二节　农产品区域公用品牌资产

目前，学术界对于农产品区域公品牌资产的研究百花齐放，但缺少统一的系统分析。不论什么品牌资产，都只有在消费者心中得到认可才有其存在的价值，所以本书主要从消费者的角度阐述农产品区域公用品牌资产。

一、农产品区域公用品牌资产的概念

品牌资产（brand equity）是品牌赋予产品或服务的附加价值。它反映在消费者对有关品牌的想法、感受以及意向上，同样它也反映于品牌所带来的价格、市场份额以及未来的获利能力。

基于产品品牌资产知识，结合农产品区域公用品牌资产的特征、属性，可将农产品区域公用品牌资产定义为：消费者对农产品区域公用品牌的感知引起的对农产品区域公用品牌的认知、情感、态度和意动反应。其中，会对消费者对农产品区域公用品牌的感知产生影响的因素是农产品区域公用品牌资产的重要来源。

相比一般品牌，农产品区域公用品牌资产所联结的因素更宽泛、更复杂。农产品区域公用品牌资产与一般品牌资产的异同主要体现在以下两方面：

一是品牌资产所属主体不同。

农产品区域公用品牌资产属于区域经营者共同所有，品牌所有者与产品经营者分离。苏州蟹业协会把"阳澄湖大闸蟹"注册成为商标，而实际养蟹者与经营者是不同的，协会并不负责具体经营。

众人拾柴火焰高。区域品牌有着得天独厚的优势，有无数的经营者为它添柴加火，在区域经营活动中又能反哺区域经济发展。

一般品牌资产属于创立者和经营者所有，品牌的经营者与创立者为一体，大众熟知的产品品牌宝马、腾讯、香奈儿等皆是如此。这样的品牌在经营活动中更能发挥积极主动的优势，打造产权清晰的企业商业品牌。

二是都是服务于产品。

不论是农产品区域公用品牌资产，还是一般品牌资产，都是为了增加产品或服务给经营主体、消费者带来的价值。产品的营销要依托于品牌资产才能用最小的付出获取最大的利益，而品牌要实现经久不衰，要实现品牌资产的积累，都需要以产品作为价值的承载。

二、农产品区域公用品牌资产的特征

（一）品牌资产利用的共享性

农产品区域公用品牌在产品类别、功能价值和产品特色上表现出明显的区域独特性。农产品区域公用品牌为其区域内相关机构、企业、农户等经营主体共同所有，具有公共性、共享性。农产品区域公用品牌所在区域的经营者都可以通过申请的方式，甚至是不用申请就可以获得品牌的贴牌权。

（二）品牌资产保护的复杂性

由于共享的性质，导致在农产品区域公用品牌市场上，公用品牌经营者的产品水平、经营能力、服务能力等参差不齐，更有虚假商品充斥市场，导致劣币驱逐良币。

每年，阳澄湖的大闸蟹还没有开始捕捞，市场上就已经出现许多"同品牌"的大闸蟹了。甚至在全国范围来说，冒牌的阳澄湖大闸蟹的数量远远多于正宗阳澄湖大闸蟹的数量。有些仿冒者更是以专卖店的形式来出售，以假乱真，大大增加了消费者选择时的困难程度。在产品名称中加入"阳澄湖""新疆"这样的公用产地名称，即使用法律手段也不能完全堵住滥用，因为这样的"产地 + 产品名称"的品牌不可能为一家品牌所独享。

（三）成长上的长期性与积累性

农产品区域公用品牌从不为人知到能够为区域农产品经营者提供附加价值，这一过程无疑是长期的。农产品区域公用品牌往往是在一个区域内较为出名的农产品，有着独特的吸引力，被这个区域的消费者所钟爱，在经过营销推广后，农产品的知名度不断提升，成为在一个省份乃至全国知名的区域大品牌。要到这一步，首先是产品能切切实实地打动消费者，形成一定的口碑；其次通过地方政府、企业、经营者、生产者长期的不断努力，形成品牌IP；最后通过品牌价值、产品品质形成能带给区域经营者、消费者附加利益的农产品区域公用品牌。

（四）构成与估价上的特殊性

从农产品区域公用品牌的内容来看，它由品牌知名度、品牌美誉度、品牌忠诚度、品牌偏好、品牌共鸣等组成，各部分是相互联系、相互影响、相互交叉的，且又彼此作用，共同组成庞大的农产品区域公用品牌资产。从资产价值来看，农产品区域公用品牌资产的价值就是超越产品本身产品实物价值的增值部分。

农产品区域公用品牌的资产价值同一般品牌资产价值一样，最终都要靠品牌在未来的获利能力来评估。

三、农产品区域公用品牌资产的构成

在品牌资产领域，大家熟知的品牌资产维度有品牌知名度、品牌美誉度、品质认知、品牌联想、品牌忠诚度等。而诸如品牌关系、品牌信任、品牌偏好等变量也曾在不同的研究中被提及。因此，本书把农产品区域公用品牌资产构成划分为品牌认知、品牌质量、品牌信任、品牌忠诚四个维度。其中，品牌认知表示消费者对品牌的感知程度；品牌质量表示消费者对农产品区域公用品牌产品使用的满意度；品牌信任表示消费者对品牌的依赖程度和信心；品牌忠诚表示消费者对品牌的相对信任、复购及忠诚于品牌的趋势。

（一）品牌认知

1. 概念

农产品区域公用品牌认知是消费者在了解或使用农产品过后，对产品所感知到的关于产品性价比、产品附加价值、品牌形象等一系列的体验。这里的认知是消费者而不是品牌经营者对品牌的认知。

消费者对农产品区域公用品牌的认知可能是负面的，也可能是正面的。

对于一些管理不规范，品牌维护意识较差的农产品区域公用品牌来说，可能在市场上充斥着大量的仿冒伪劣产品，从而降低了消费者的购买体验，让消费者对品牌出现了负面的认知。相反，若是管理规范的农产品区域公用品牌，消费者从产品、服务中获得了超出意料的消费体验，这时候就会形成对品牌的正面认知。

2. 品牌认知的价值

（1）有利于促进消费者的购买决策。

一般情况下，消费者在购买食品、日用品等与农产品有关的产品时，往往倾向于购买自己了解的或者有认知的产品。这样的产品会给消费者带来一定的安全感，促进购物决策的发生。以海尔品牌为例，尽管开始它是以冰箱打响品牌，但消费者在认知过程中，获取到了这个品牌的质量、服务等信息。所以后面海尔推出更多的产品，消费者也能欣然接受。对于农产品区域公用品牌来说，在消费者心中建立一个正向的品牌认知，无疑是提升销售的一个好方法。

（2）有利于构建多维购物场景。

在产品日趋同质化的今天，农产品区域公用品牌在消费者印象中留下一个正面的消费认知，能够在消费者购物时，为消费者提供一个购物使用场景，这个使用场景甚至可以充斥在生活中的方方面面。例如，当消费者在做饭时，可能想到他曾经了解过的五常大米、万年贡米；他想吃水果时，可能联想到他了解过的烟台苹果、阳朔金桔；想喝点什么时，可能联想到崂山茶、云南普洱、呼伦贝尔牛奶等。但是，处于信息大爆炸的今天，如何让消费者对你的产品有一个正面的认知？这不只是通过传统的打广告的方式就能做到的，而是需要进行系统的营销活动，让客户了解该品牌与其他品牌的差异，进而帮助构建消费使用场景。

（3）有利于品牌形象的建立。

努力在竞争激烈的市场中形成属于自己的品牌形象，是农产品区域公用品牌经营者进行营销活动的目的之一。消费者在进行购买决策时，更愿意购买其有正面认知的产品，甚至愿意为其支付额外的品牌溢价。同时，消费者并不是产品方面的专家，在产品同质化严重的情况下，品牌形象识别带给消费者更多的可靠感。

3. 品牌认知的建立

提高品牌的认知是农产品区域公用品牌经营者、管理者一个十分重要的任务。提高品牌知名度可以靠广告的重复，或形形色色的生动形象直观地吸引消费者的目光。而品牌认知更偏理性，是消费者在产品使用或者通过一些公信力比较高的渠道了解产品而形成的一种判断。农产品区域公用品牌要想在消费者心中建立一个正面的品牌认知，则应该选择理性色彩比较高的媒体，如报纸、杂志等，采用新闻报道、权威认证等方式传播品牌在品质上的优势，以便消费者对品牌产品、产品品牌产生全面、深刻的正面认知。

（二）品牌质量

1. 含义

这里的品牌质量是指消费者对农产品区域公用品牌产品品质的认知，是农产品的使用价值及其产品区域独特属性能够满足消费者需要的程度。消费者对农产品区域公用品牌产品品质的主观认识以产品客观真实品质为基础，但又不等同于产品的客观品质，包括产品品质和产品服务价值。具体来说，包括产品的功能和属性特点，如适用性、可信赖度、包装、服务、感官体验等。

2. 品牌质量的价值

品牌质量是品牌资产的基础，是维系、发展客户的一个很重要的方面，它的价值包括以下两个方面。

（1）促进购买决策。

良好的品牌质量是消费者产生购买行为的基本理由，产品品质决定使用价值的大小。消费者愿意购买强势品牌的产品，主要就是因为他们的产品质量有保障。当消费者对品牌产品的质量有清晰正面的认知时，往往能让消费者对产品拥有信心，从而产生购买决策。

（2）产生品牌溢价。

具有区域农产品标识的品牌农产品往往比一般农产品的价格高出许多，但是消费者还是愿意额外支付这笔品牌溢价的费用，原因就是农产品区域公用品牌的产品品质有保证，它能给消费者带来所期望的产品体验，这部分体验可能是口感，可能是特殊的营养价值，也可能是特殊的品牌故事。

3. 建立品牌质量认知

消费者对品牌质量的认知是主观的。建立消费者品牌质量认知可以从以下几方面着手。

（1）产品和服务是基础。

农产品区域公用品牌的产品质量是品牌能走得更远的基础。由于品牌共享性，品牌为区域内经营者所公用，所以品质的统一管理经常是一个难点。这就要求品牌管理者要为所在区域的品牌产品经营守好线、把好关，建立安全质量标准检测体系，树立品质至上的经营观念，使品质概念深入生产、加工、包装、渠道等各环节，从源头抓起，保证品质。当然，对于农产品区域公用品牌来说，对假冒伪劣产品严查严打也是品牌质量在消费者心中获得高度认同的基础。

（2）品牌质量展示。

品牌产品有客观上的产品质量保证只是建立品牌质量认知的第一步，第二步是把品牌质量展示给消费者。对于农产品区域公用品牌来说，可以展示农产品特殊的营养效用、特殊的生长环境、特殊的制作工艺、特殊的历史渊源等。广告必须客观展示品质信息，包括产品的生产过程、权威机构的质量认证证书、质量对比、售后保障等。在保证质量的前提下，创新和便利性也是消费者质量认知的一部分。独特而新颖的包装、有趣的食用方式等都是品牌质量能给消费者带来正面认知的一部分。

（3）价格暗示。

农产品大部分为食用型产品，食品安全就是消费者购买食用型产品的一大顾虑。当市场上眼花缭乱的产品让消费者无法判断质量差异时，价格往往成为一个与质量挂钩的指标。农产品区域公用品牌的经营目的之一就是产生品牌溢价，所以品牌产品的价格和质量是相辅相成的。

（三）品牌信任

1. 概念

品牌信任是消费者对农产品区域公用品牌有信心并认为可依赖的意愿。

2. 品牌信任的价值

品牌信任是农产品区域公用品牌在消费者心中建立起了一定的信心，令消费者有意愿购买，可以促进建立品牌忠诚。对于这部分潜在的品牌忠诚者，只要在产品和服务上下一定的功夫，品牌就能以较低成本把他们转化为忠诚消费者，最终构成品牌资产中最重要的部分。

3. 品牌信任的建立

（1）对标同类产品质量拥有比较优势。

对于农产品区域公用品牌来说，从产品质量比较优势方面建立品牌信任主要包括以下两方面。

独特的口感。西湖龙井茶原料细嫩，内含物质丰富，饮之虽汤色清淡，但口感却饱满馥郁，饮后让人愉悦；吐鲁番的葡萄，剔透玲珑，甘甜多汁，食之爽口醒心。农产品区域公用品牌产品能让消费者体验到在一般产品上所体验不到的口感，并因此对品牌产生信任。

特殊的营养价值。凤冈锌硒茶富含人体所需的17种微量氨基酸，且含有锌、硒微量元素，其锌含量为55.4毫克/千克～103.2毫克/千克，硒含量为1.38毫克/千克～2.03毫克/千克，正是人体所需的最佳含量。

（2）建立良好的品牌形象。

农产品区域公用品牌的形象是把"双刃剑"。一方面，品牌共享的属性导致管理较困难；另一方面，良好的品牌形象能让品牌脱颖而出。这就要求品牌管理方对品牌规范管理，树立正面的品牌形象，管控好假冒伪劣产品对品牌形象的损害。

（3）提供优良的售后服务。

对于农产品区域公用品牌来说，产品渠道较多，售后管理不易。消费者的售后问题能及时得到解决，需要对售后问题进行系统的规划，使产品售后成为品牌的一个竞争优势。

（四）品牌忠诚

1. 概念

品牌忠诚指消费者对某一品牌具有特殊的喜好，在不断购买此类产品时，仅选择该品牌而放弃对其他品牌的尝试。

2. 品牌忠诚的价值

品牌忠诚是农产品区域公用品牌资产价值的核心源泉。建立品牌忠诚之后，共有这个品牌的经营者就无形中拥有了一笔长期的、巨大的宝贵财富。对于经营者来说，农产品区域公用品牌忠诚的价值主要体现在以下几方面。

（1）降低经营成本，增加农产品区域公用品牌附加价值。

一方面，当农产品品牌有了一批忠诚顾客的时候，品牌管理者对于这一部分目标消费群体的营销费用可以大大降低。另一方面，建立品牌忠诚的顾客对品牌产品的复购也会大大提升产品的单位利润。

在品牌的潜在目标消费群体中，新顾客因为转换品牌时付出的成本（如时间、精力、试错）比较高，往往倾向于保守选择自己熟知的品牌。即使面对新品牌可能质量较高的产品、更多的利益、更好的体验，他们也很难转移品牌选择。因此，对于品牌管理者而言，保持和维护现有消费者对本品牌的信任与满意度，减少消费者转换品牌的可能性，显然要比抢占竞争品牌的消费群体转移到自己品牌产品上的代价低许多。大体而言，一个企业维系一个老客户的成本是开拓一个新顾客成本的1/7。在营销理论中有一个"二八原则"，企业所获利润的80％来自经常惠顾的20％品牌忠诚者。所以，对品牌忠诚的消费者是企业利润的保证。

（2）形成市场壁垒。

一个农产品品牌如果拥有较多的品牌忠诚者，那么在无形之中就会构建起同品类产品的竞争壁垒。也就是说，竞争品牌要想进入市场，要想把其他品牌的品牌忠诚者转换为自己的客户，那么它所付出的营销成本一定是巨大的，从而给拥有品牌忠诚者的品牌建立了一定的利润空间。

（3）形成口碑传播，助力农产品推广。

农产品的区域产品属性，决定了它的特殊性。区域农产品在营销过程中往往是辐射发展的，在这个过程中，品牌忠诚者对于品牌产品的人际传播无疑相当关键。一般来说，消费者在体验一款满意度较高的产品时，往往会不知不觉地向身边人推荐。而作为品牌忠诚者，这种传播是肯定的。传播只是让更多的消费者了解产品，要让这部分了解到产品的消费者产生购买决策，形成又一批品牌忠诚者，还要品牌管理者在产品、服务上下足功夫。

（4）与渠道商的议价能力提高。

农产品区域公用品牌从原产地出发，要想一步步把市场做大到全省、全国，乃至出口，销售渠道的作用尤其重要。从渠道商的角度出发，一个有大量忠诚顾客的农产品区域公用品牌意味着上架这个品牌产品的购买流通速度、销售情况都会比一般的产品更好，能让渠道商从中获得更多的利益。渠道商有了偏好，农产品区域公用品牌对渠道商的议价能力就更强。

四、农产品区域公用品牌资产价值评估

品牌资产价值主要由无形价值构成，由于在这方面的评估体系并不完善，品牌资产评估带有较强的主观性和不确定性。因此，这里的品牌资产价值是评估而不是准确计算。

（一）农产品资产价值评估的意义

1. 有利于农产品区域公用品牌的资本运作

对农产品区域公用品牌资产价值进行量化，可以提高品牌的总体价值，使市场投资者对品牌资产状况有一个更全面、更准确的认识，为资本的进入提供价值数据支撑。

2. 有利于激励品牌经营者

农产品区域公用品牌开展品牌资产评估，不但向外界展示了品牌的资产价值数据，也展示了品牌在市场中的竞争力。借此，可以向区域经营者、政府、企业传递品牌积极向上、不断发展进步的态势，并且激励员工信心，提高市场声誉。

（二）品牌资产价值评估的方法

按照资产评估理论，市场法、成本法、收益法是在市场交易目的下常用的三种不同评估方法。下面根据农产品区域公用品牌特殊属性，分析三种方法的适用性。

市场法的应用往往受到数据支撑不足等条件的制约，如交易市场不景气、交易案例不多，导致交易数据的可用性较差，一些关键因素取决于评估的经验判断等。因此，就我国现有的市场状况来看，用市场法评估农产品品牌价值的条件还不充分。

成本法需要用到重置成本，就是在现有的技术和市场环境下，重新创立一个同等价值品牌所需的成本。在实际操作中，重置成本难以界定。由于时间局限性，有很多成本难以准确计量。

收益法将一定时期的预期收益额用折现率换算成现值，对品牌获利能力进行量化，并测算品牌获益年限，充分体现了农产品区域公用品牌的内在价值。收益计量法的价值主要由两部分组成：一是品牌在过去一段时间的价值总和；二是品牌在未来一段时间的价值总和。数学公式为两部分相应加总：

$$p = \sum_{t=1}^{n} A_t (1 + i)^{n-t} + \sum_{t=1}^{n} A_t (1 + i)^{-t} \qquad (6.1)$$

式（6.1）中，p 为品牌资产价值；A_t 为品牌的销售利润；n 为品牌总的收益期；i 为贴现率；t 为品牌未来的收益期。虽然收益法在一定程度上表现了品牌价值，但在贴现率、时间段的选取方面还是有一定的主观性。

【本章小结】

农产品区域公用品牌价值是一个复杂的概念，可以从不同的角度加以分析。综合来看，品牌价值是品牌展现给外界的总体实力的全面反映，品牌价值最终体现在与消费者的良好关系中。

农产品区域公用品牌价值由产品功能价值和情感价值构成。功能价值有：产品质量、营养价值、特殊使用价值、工艺、包装价值；情感价值有：历史文化、区域特征。品牌核心价值是一切价值的领导者，具有以下特征：差异性、统一性、持久性。核心价值的确立需要经过科学缜密的分析，以及对品牌未来趋势的把控。

农产品区域公用品牌资产为：消费者对农产品区域公用品牌的感知引起的对农产品区域公用品牌的认知、情感、态度和意动反应，其特征有：品牌资产利用的共享性、品牌资产保护的复杂性、成长的长期性与积累性、构成与估价上的特殊性。农产品区域公用品牌资产由品牌认知、品牌质量、品牌信任、品牌忠诚等构成。农产品区域公用品牌资产价值评估的意义在于：有利于农产品区域公用品牌的资本运作；有利于激励品牌经营者。品牌资产价值评估的几种方法在一定程度上来说都有其局限性，只能用这些方法大致评估农产品区域公用品牌资产价值。

【思考题】

1. 什么是农产品区域公用品牌资产与价值？
2. 核心价值的确立过程是怎样的？
3. 你认为构成农产品区域公用品牌资产的要素中，各个要素的重要程度如何？
4. 农产品区域公用品牌资产与一般品牌资产的区别是什么？

【案例分析】

讨论题

1. 盱眙龙虾的品牌核心价值是什么？
2. 盱眙龙虾的品牌资产构建的逻辑是什么？
3. 你认为盱眙龙虾品牌能获得成功的主要原因是什么？

盱眙龙虾：一个国民级品牌的养成

从 21 世纪初开始，江苏省盱眙县持续培育"盱眙龙虾"品牌，形成"培育一个品牌，带动一个产业，富裕一方百姓"的喜人局面，走出了一条具有盱眙特色的产业发展及精准扶贫之路。

一、得天独厚的自然环境，顺势而为的开明政府

盱眙县有 125 座中小型水库，水质清澈无污染，有 100 多种藻类水草，被誉为"小龙虾的故乡"。盱眙县还是江苏省最大的中药材产地之一，盱眙人就地取材，创新推出了加入 30 多种中草药烹制的十三香龙虾，口味独特，深受小龙虾爱好者们的追捧。

从 2000 年起，盱眙县委、县政府敏锐地发现了小龙虾里面的大商机，顺势而为，把小龙虾作为一个产业来支持和发展，并且将第一、第二、第三产业融合起来，通过举办龙虾节来推动和引领产业，把小龙虾当作一个大产业来做。现在，盱眙龙虾已经由最初的"捕捞＋餐饮"，逐步向养殖、加工、流通及旅游节庆一体化服务拓展，形成了完整的产业链条。得天独厚的自然环境，顺势而为的开明政府，让原来谁也不当回事的小龙虾成为盱眙的标志性特产，成为风靡全国的美食。盱眙县因小龙虾而闻名中国乃至世界，小龙虾真的成了盱眙人的大产业。

二、注重品牌打造，产业健康发展

品牌是农业竞争力的核心标志，是提高市场号召力的重要抓手。盱眙县特别注重"盱眙龙虾"品牌的保护和发展，经过近 20 年的发展，现已经成为盱眙县特色产业、支柱产业和富民产业。早在 2002 年，盱眙县政府就申请了注册商标，盱眙活体龙虾被原农业部绿色食品发展中心认证为"绿色食品"。2004 年，盱眙龙虾获批全国第一例动物类原产地证明商标；同年 12 月 28 日，由国家工商总局认定并授予"盱眙龙虾"盱眙县地理标志商标。2015 年 2 月，又顺利获批第二例盱眙龙虾（非活）地理标志驰名商标，盱眙龙虾品牌体系逐步完善。

三、重新定义"盱眙龙虾"，实现标准化产销

盱眙县领导表示，过去的普遍观点是：盱眙当地养殖的，在挂有盱眙龙虾协会授予的"盱眙龙虾"经营牌照的餐厅售卖的就是盱眙龙虾，但以后将不再如此。今后，全国各地将设点盱眙龙虾养殖基地，有多种形式的加盟店，连锁或自营，只有按照我们的标准操作，才是盱眙龙虾。

要做到这一切，盱眙县已经开始着手解决一系列问题。首先是品种。种业是小龙虾产业发展的重要基础。目前许多龙虾产地采取的是传统池塘自然繁育和人工繁殖苗种相结合的方式，存在苗种质量不稳定，捕捞、运输、放养后的成活率较低等问题突出。盱眙县已经成立"龙虾产业院士工作站"和"龙虾产业研究院"，聘请行业专家研究开发出个头更大、上市期限更长的盱眙龙虾精品。盱眙县现已规划形成了 21 万亩的精养池塘。其次是生产方式的进步。目前很多养殖户还是一家一户或大户承包的形式。盱眙县让农民成为规模养殖企业的股东，让农民以土地的承包权入股，为他们做一些抗风险保底，同时，进入养殖企业打工，真正达到富民的目的。最后是销售环节。目前小龙虾的市场销售现状是，一大早捕捞，争取一次全部卖出，越快越好，龙虾真正的价值没有得到体现，分级分质、深加工、包装化品牌化不足，经常发生养殖多了、捕捞多了卖不掉，市场消费跟不上的情况，结果就是价格过低，农民和整个产业受损。

未来要出分类分级销售的标准，优质优价，稻田里的跟水塘的龙虾区别卖，喂养饲料不同的龙虾区别卖。应该像螃蟹一样，大小可能一样，蟹黄蟹肉品质却不同。这就要求标准的科学制定和相关检测手段要跟得上。盱眙县正在补这些"短板"。

四、龙头企业引领，共举一杆旗、同打一张牌

盱眙龙虾产业发展（集团）股份有限公司是盱眙县人民政府为加快推动盱眙龙虾产业发展成立的国有控股公司。目前，集团产业链布局完整，现有下属全资控股子公司 6 家，构建了从苗种选育到精细养殖、从餐桌消费到精深加工、从文化创意到品牌管理的多业态产业链条。

五、产业规模做加法、产业效益做乘法，盱眙龙虾产业提档升级

2017 年，盱眙县围绕"产业规模做加法、产业效益做乘法"的总体要求，推动龙虾产业提档升级。扩大第一产业规模，厚植产业发展资源基础。龙虾消费市场的快速增长，导致活体盱眙龙虾供不应求。为此，盱眙县一边做池塘精深养殖，一边推进"虾稻共作"综合种养模式，取得了良好的经济效益、生态效益和社会效益。万亩龙虾育苗生态区已经规划设立，盱眙龙虾生物特质性和品质得到较好保障。全省推广"虾稻共作"综合种养模式，落实"虾稻共作"3.5 万亩，亩均产龙虾 70 公斤以上。其中，维桥乡示范基地亩产龙虾近 100 公斤，单只重量在 1 两以上的龙虾占比超过 60%。盱眙县依托已经形成的品牌效应，积极加快盱眙龙虾第二、第三产业的布局和拓展，畅通盱眙活体龙虾销售渠道，做到第一、第二、第三产业之间相互依存、相得益彰，构建有机一体产业链条。2016 年，子品牌企业数量已达 500 家。推动盱眙龙虾大都会建设，建成集"生态度假、休闲旅游、龙虾美食、文化展示、娱乐购物"于一体的一站式龙虾消费综合体，增强对游客的感染力。首批入驻盱眙龙虾大都会的企业已经正式对外营业。以国际龙虾节引领产业发展，做好龙虾文化；以节庆引领产业发展，持续创新，办好"中国·盱眙国际龙虾节"。

六、强化资本专业运作，促进产业集聚集群发展

引进战略投资者和专业运营商，提升盱眙龙虾产业运作水平，这是盱眙县委、县政府又一战略好棋。盱眙县委、县政府解放思想、大胆创新，从 2017 年开始，引进战略投资机构金诚集团，并同意其在国际龙虾节上冠名。

参见：神农岛. 盱眙龙虾：一个国民级品牌的养成 [J]. 农产品市场周刊，2018 (17)：44 – 47.

第七章 农产品区域公用品牌传播

【学习目标】

1. 理解农产品区域公用品牌传播的含义。
2. 熟悉农产品区域公用品牌传播的特点和作用。
3. 了解农产品区域公用品牌传播模式、机制和手段。
4. 掌握农产品区域公用品牌如何有效进行整合营销传播。

【导入案例】

打好"五张牌"——全面推进吉林大米品牌建设

吉林是粮食大省,也是全国优质粳稻主产区。巍巍长白山、悠悠松江水,辽阔黑土地,大自然的无私馈赠让吉林大地钟灵毓秀、物华天宝,其优越的生态优势不可复制,水稻生产条件好,大米品质优。但由于种种原因,水稻的资源优势没有转化为产业优势,大米的品质优势没有转化为效益优势,"好米"没有卖上"好价"。

为了改变这种状况,2013 年,吉林省委省政府做出加快推进吉林大米品牌建设,全面实施"健康米"工程的战略部署。几年来,在国家粮食和物资储备局关心指导下,吉林省立足实际,瞄准市场需求,整合资源,系统谋划,着力实施吉林大米品牌建设"五个一工程":集中打造一个核心品牌——吉林大米,组建一个产业联盟——吉林大米产业联盟,搭建一个电商平台——吉林大米网,制定一套标准体系——吉林大米系列质量标准,建立一个营销网络——吉林大米直营网络,通过推进吉林大米品牌建设,深化粮食供给侧结构性改革。主要做法如下:

一、打质量牌，适应消费升级需求

吉林大米从其生态环境、气候条件、种植技术和历史文化方面看，均为粳米中的上品。由于品种多、品牌杂，吉林大米的品质效益并没有得到充分体现，消费者认知度较低。对此，根据市场消费需求，从统一标准、培育品种、整合品牌入手，在提高大米内在品质上下功夫，夯实品牌建设的基础。一是实施"吉林大米＋"战略，制定了《吉林大米地方标准》以及"吉林稻花香""吉林长粒香""吉林圆粒香""吉林小町"4 个品种的团体标准，用"标准"统一质量，整合品牌。二是加强品种选育和研发。通过科企对接的形式，对稻花香、长粒香、圆粒香、小町等主打品种提纯复壮，扩大品牌米的生产规模，解决传统优质品种市场销价动力不足的问题。最新培育的吉粳 511 在中日名米食味值评选中仅次于日本越光米，名列第二。为了进一步提高吉林大米的核心竞争力，依托松粮集团对 8 个省份的 16 个水稻所、我国台湾地区以及日本的 152 个新品种进行繁育试验，打造"中国北方粳稻种子硅谷"基地，在优质粳稻品种的储备方面走在了全国前列。三是建立质量追溯体系。通过推行标准化管理，建立生产、加工、流通全过程大米质量追溯体系，提高产品质量，满足消费者健康、安全消费需求。目前，吉林省已有 52 户企业开通了大米质量可追溯信息传输系统。

二、打文化牌，丰富吉林大米内涵

为使吉林大米"好米"变"名米"，"名米"卖"好价"，对吉林大米稻作文化进行了深度挖掘，并开展全方位宣传。一是著书立传。出版发行了《贡米》一书，并以此为脚本，拍摄了《天下贡米》纪录片，形象生动地讲述吉林大米稻作文化，宣传吉林大米历史传承。二是组织研讨。利用重要时间节点、重要事件，邀请国内外知名专家和政府领导，在相关平台举办吉林大米高端论坛，做客央广传媒，解码"吉林大米"，剖析吉林大米"好吃、营养、更安全"的品质内涵，彰显吉林大米的优势，使吉林大米从全国粳米中脱颖而出。三是宣传报道。组织主流媒体全程跟踪、多渠道报道吉林大米品牌建设，形成轰动效应，扩大吉林大米的品牌影响力。

三、打组合牌，同扛一杆旗

为加快吉林大米品牌整合步伐，实现优势互补、资源共享、抱团出击的营销策略，共同打造吉林大米核心品牌，成立了集大米加工、销售以及品牌策划等企业为主体的吉林大米产业联盟。实施"产业联盟＋"战略，以大联盟带动区域联盟，以区域联盟带动企业经营，联盟企业统一使用"吉林大米"logo，用"吉林大米"的大品牌统领区域品牌，以区域品牌聚合企业品牌，合力经营，全面提升市场竞争力。目前，大联盟核心企业已经发展到33家。松原、舒兰、永吉、延边等地的区域联盟也逐步形成，其中，松粮集团以"查干湖大米"品牌为核心，对松原市周边31家企业进行了整合，组建了区域联盟，种植基地面积由整合前的30万亩扩大到50万亩，稻谷加工能力由12万吨扩大到50万吨，年销售收入由整合前的1.5亿元增长到10亿元。

四、打特色牌，突出不同区域大米品质特征

近年来，吉林省立足其生态环境，围绕白山松水黑土等地域特征，开发了东部火山岩、中部黑土地、西部弱碱土三大系列高端大米产品。东部突出大米矿物质含量高的特点，主打富硒大米，宣传"米以硒为贵"；西部结合弱碱土特征，主打弱碱大米，推崇"'碱'回您的健康"；中部围绕黑土地资源优势，主打有机、绿色大米，倡导"为健康，吃好米"的理念。这些创意为不同区域的吉林大米提供了新的卖点，拓展了价格空间。松粮集团"明珠1号"弱碱米深受南方客户欢迎，在广东省市场零售价15元/斤，供不应求；柳河"大米姐——富硒米"市场零售价高达30元/斤，产品畅销全国；舒兰有机稻花香在北京市场卖到了49元/斤。

五、打营销牌，拓宽市场渠道

吉林大米在品牌建设之初的市场定位为中高端产品。为了有效锁定中高端消费人群，打破传统的经营方式，创新营销模式，构建线上线下互动、省内省外互联、直营分销互补的吉林大米销售体系。一是探索"互联网＋吉林大米"营销模式。搭建"吉林大米网"电商平台，开展网上信息查询、线上销售、网络结算业务，全面推广"线上注册发展会员，线下体验配送大米"的"O2O"营销模式，鼓励企业利用现代营销手段，拓宽销售渠道。目前，吉林省已有63家大米加工企业在淘宝、京东、1号店等电商平台开设网店161个，线上导入会员140余万人，线下开设大米体验店220家。二是加快吉林大米直营体系建设。为鼓励企业在省外建立吉林大米直营店和大型商超专柜，出台了相关优惠政策，对联盟企业在省外设立直营店补贴10万元，商超专柜补贴1万元。目前，已在北京、上海、杭州等地开设统一标识的吉林大米直营店30多家，商超专柜200多个。三是推介宣传。配合渠道建设，在重点城市主要商区，央视等高端媒体，机场、飞机、动车、高速公路等重要渠道加大广告投放力度，同时，结合国内大型展销活动，在北

京、上海、杭州、深圳等重点城市举办了20多场推介活动，有效地推动了与当地经销商的产销对接。云南省政府决定，对发往云南境内的吉林大米，每吨补贴运费60元，此举极大地缓解了吉林大米销往边远省市运输成本高的"瓶颈"，使云南省成为吉林大米继北京、上海、浙江、广东市场之后，又一个主要销区。

参见：吉林省粮食局. 打好"五张牌"全面推进吉林大米品牌建设 [EB/OL]. 国家粮食和物资储备局网站，2017 – 9 – 12.

第一节　农产品区域公用品牌传播概述

一、农产品区域公用品牌传播的概念

农产品区域公用品牌由当地政府和生产者组织（协会、新型合作社等）共同建设和打造，最终却是由消费者来认可和决定的。农产品区域公用品牌的有效传播，既可以让消费者充分认识、了解、认同并接受品牌，还可以实现品牌与目标市场的高效对接，为农产品区域公用品牌及旗下的农产品进占市场、拓展市场奠定宣传基础。农产品区域公用品牌形成的过程，实际是品牌在消费者当中传播的过程，也是促使消费者对农产品区域公用品牌产生认知的过程。

所谓农产品区域公用品牌传播，是指农产品区域公用品牌制造者以品牌的核心价值为原则，基于品牌识别的整体框架，利用各种传播媒介和手段达成品牌管理任务，以此促进消费者的理解、认可、信任和体验，培养消费者忠诚度的过程。可以说，农产品区域公用品牌的传播是主要的农产品区域公用品牌资产投资，无论哪一类型产品品牌的诞生，都必须在良好的传播沟通中来实现，有传播才有认知，有认知才能塑造品牌影响力。

二、农产品区域公用品牌传播的特点

（一）传播信息的聚合性

农产品区域公用品牌信息蕴含着丰富的内容，不仅包括品牌名称、图案、色彩、包装、地址、标识等外在信息，还包括品牌联想、品牌特性、质量与服务的一贯承诺等内在信息。可以看出，农产品区域公用品牌传播的信息内容呈多元、聚合特征。

（二）传播受众的目标性

农产品区域公用品牌在传播过程中，只有明确目标受众才有可能实现品牌信息的有效传达、品牌形象的成功塑造和品牌价值的不断提升。因此，对目标消费者的深入分析和准确把握是有效传播的前提，这可以为企业带来预期收益。从农产品区域公用品牌传播对象的定位来看，应锁定"利益相关者"，进而划分具体受众，尤其需要关注目标受众中的"意见领袖"。消费者"意见领袖"对农产品区域公用品牌传播是一种有益补充，对他人购买行为存在至关重要的影响。在现实生活中，这一群体能通过非正式的方式为其他消费者提供信息、观点或建议，无意间成了人群中的"活广告"。

（三）传播媒介的多元性

媒介即信息，这一观点是加拿大著名传播学家麦克卢汉（Mcluhan，1964）对传播媒介在人类社会发展中的地位和作用的一种高度概括。媒介作为农产品区域公用品牌传播的主要载体，是实现品牌快速传播和有效增值的重要渠道，当代传播媒介丰富多样，既有以报纸、杂志、广播、电视为代表的传统媒介，还有以互联网为代表的新兴媒介。在新媒介与传统媒介融合发展的背景下，形成了多形式媒介并立的新格局，随之催生出一种新的媒介力量。品牌传播在新旧媒介的选择和组合中，有了多元化的前提，这为农产品区域公用品牌传播带来了强劲的推力。

（四）传播过程的系统性

品牌传播是指企业利用各种传播媒介和手段将品牌信息有计划地与消费者进行互动性交流和沟通的活动过程。由于农产品区域公用品牌不仅追求近期传播效果达到最佳化，更要追求长远的品牌效应，所以农产品区域公用品牌传播总是存在于品牌制造者与消费者的互动关系中，坚持遵循科学有序的决策过程。

（五）传播内容的可信性

品牌传播的可信性是指消费者对品牌传播内容的信任程度。在农产品区域公用品牌建设过程中，品牌所有者一般借助新闻、广告、公共关系等多种活动向外部目标受众发布品牌信息，但是传播的信息是否能使消费者产生信任感、真实感，是降低选择成本的关键所在。因此，在农产品区域公用品牌建设初期，应充分利用多个新闻媒体的客观报道，迅速取得消费者的信任。

三、农产品区域公用品牌传播的意义

农产品区域公用品牌传播是创建和发展强势农业品牌的有效手段，对品牌力的塑造起着关键性作用。

首先，品牌力包括商品力、品牌文化和品牌联系等构成因素，然而这些因素只有通过传播才能体现出它们的力量。品牌力主要是站在消费者角度提出的，要使农产品区域公用品牌相关信息内化到消费者的心智中，只能通过传播媒介来实现。若没有传播这一环节，消费者将无法对农产品的内在和外在特性进行深入了解，那么农产品区域公用品牌文化与品牌联想的建立几乎不可能实现。

其次，传播过程中产生的竞争与反馈对品牌力存在着至关重要的影响。传播过程由传播者、媒介、传播信息、传播对象等方面构成，它具有往复循环的特征，在这个过程中充满竞争和反馈。面对现代传播日益发达形成的"信息爆炸"，人们接受信息的方式已经发生改变，逐渐学会了从海量信息中有选择性地记取、筛选、接受，即只接受那些对他们有用或者吸引他们、满足他们需要的信息。例如，在电视机前，当你对某个品牌的广告产生消极情绪时，就会对该品牌背后的产品有所不满。如果绝大部分消费者都有同样的情绪，那么传播者在面对销售压力的情况下，就必须重新设计品牌的传播内容。因此，在传播过程中塑造品牌力，一方面要考虑如何才能吸引、打动品牌的目标受众，另一方面还要考虑如何体现能满足受众更多需求的价值。

最后，传播过程是一个开放的过程，随时会受到外界环境的影响。在现实生活中，外界环境通常会对传播过程产生制约和干扰，从而影响传播的正常进行。

第二节　农产品区域公用品牌传播的模式和原则

一、农产品区域公用品牌传播的模式

任何传播模式与真实传播活动的相符性主要取决于其反映现实、描述现实以及分解现实的方式是否合理和科学。因此，农产品区域公用品牌传播模式的科学与否就在于其是否能如实反映农产品区域公用品牌传播的客观性、现实性和规律性，同时还可以作为大众认识与把握农产品区域公用品牌传播现象的基本尺度。

农产品区域公用品牌的传播模式主要由五个基本要素构成，即品牌的建立、品牌传播的目标、品牌传播的内容、品牌传播的方式和品牌传播的策略。其中，品牌构建是前提，品牌传播目标是核心，品牌传播内容是关键，品牌传播方式是重点，品牌传播策略是手段。

（一）品牌建立是前提

在讨论农产品区域公用品牌传播模式和具体内容时，是在品牌构建已基本成形的情况下进行的，即农产品区域公用品牌的名称、设计、文化内涵和价值已经具备了稳定的表达、认知和评价。因此，品牌是否开始建立以及品牌建立最终能否成形是研究农产品区域公用品牌传播模式的基本前提。

（二）品牌传播目标是核心

在讨论农产品区域公用品牌传播模式时，先要确定品牌传播的目的，这是农产品区域公用品牌传播模式的核心要素。品牌传播目标具有客观化、精准化特点，具体表现在增强品牌意识、强化品牌形象、明确品牌态度、提升品牌忠诚和细化品牌个性等方面。

（三）品牌传播内容是关键

在讨论农产品区域公用品牌传播模式时，一方面要重点关注品牌传播的内容，另一方面要着重把握目标受众对品牌的关注点。因此，农产品区域公用品牌传播内容主要包括品牌的识别要素和相关信息，这部分内容可以是无形的，也可以是有形的。

（四）品牌传播方式是重点

农产品区域公用品牌符号的传播需要借助一定的形式和渠道才能传递给目标受众。因此，品牌传播既是一种操作性的实务，即通过广告、公共关系、新闻报道、人际交往、产品或服务销售等传播途径，提高品牌在目标受众心目中的认知度、美誉度、和谐度；又是一个技巧性、工具性的重要环节，即在"说什么"和"怎么说"之间寻求最佳平衡点，在诉求内容、诉求方式中明确最大突破点。这样，品牌传播方式自然就成为农产品区域公用品牌传播模式的重点。

（五）品牌传播策略是手段

随着媒介融合的发展趋势，现已进入信息需求多元化和媒介多样化时代，品牌传播策略作为一种必要手段也凸显其重要性。从传播实践方面来看，品牌传播策略主要包含讯息策略和媒体策略。其中，讯息策略要解决的是在品牌传播过程中向消费者呈现的信息类别，包括单一信息与多类信息、正面信息与负面信息、优势信息与非优势信息、品牌所关注的信息与受众想得到的信息等；媒体策略要解决的则是不同媒体的类别组合、同类媒体的选择与组合、媒体的时间与空间位置选择、媒体的重复曝光。

二、农产品区域公用品牌传播的原则

（一）增强品牌传播意识原则

在如今这个"眼球经济"、产品同质化的时代，"酒香不怕巷子深"的理念已经不再适用，即使是品质优良的农产品，没有品牌传播也不能保证持续畅销，任何品牌的市场竞争力都与品牌传播的成败息息相关。因此，只有通过品牌建设和传播建立的农产品区域公用品牌形象，才能深入人心，持久恒效。

（二）主动传播原则

主动传播，雁过留声，品牌的美誉度要靠自己建立农产品区域公用品牌想要获得市场口碑，必须把握传播的主动权。可通过农产品公司网站、App、各种自媒体账号、印刷的各类宣传资料等进行传播。

（三）提高品牌传播强度与跨度原则

容易遗忘是人类的天性，媒体与消费者概莫能外。对此，要加强农产品区域公用品牌传播的强度和跨度，将品牌传播内容做到天天讲、月月讲、年年讲。传播的关键在于简单和重复，简单的事情重复做，这件事情本身就不简单。在传播推广方面，要以"品牌灵魂"为中心，思想上贯通，行为上贯彻，传播上一以贯之，利出一孔。

（四）选择强势传播媒体原则

选择强势媒体，居高声自远，要用"大喇叭"进行品牌传播。美国著名营销专家托马斯·柯林斯（Thomas Collins）指出：媒体选择的效果最大化，意味着企业要对每一个特殊的机遇保持警觉，特别要关注最有优势的媒体对于最大化营销的作用。

第三节　农产品区域公用品牌传播媒介

传播媒介又称传播渠道、信道和传播工具等，是传播内容的主要载体。就传播媒介自身特点来说，一般分为视觉媒介、听觉媒介和视听两用媒介三大类。

一、媒介种类

（一）视觉媒介

视觉媒介是指以图形、文字等平面视觉符号作为信息载体传播信息的工具，主要包括报纸媒介、杂志媒介和户外媒介。

1. 报纸媒介

报纸媒介是最早出现的大众传播媒介。在传统四大媒介中，报纸无疑是最多、普及性最广和影响力最大的媒介，所传递的品牌信息具备可信性和详尽性两种重要特征。

2. 杂志媒介

杂志是介于报纸和电视之间的媒介，其主题化的组织、高清晰的图片、风格化的文字构成了理性和感性结合的说服力。在传统四大媒介中，杂志不像报纸、广播和电视那样具备强烈的新闻性，其传播的内容特点表现为延迟性、持续性和知晓性。

3. 户外媒介

户外媒介被定义为存在于公共空间的一种传播介质，主要包括交通工具、路牌、霓虹灯、热气球等。相较于影视、平面、广播这些并列的媒介来说，户外媒介所传递信息的鲜明特点表现为影响周期长、信息容量小。

（二）听觉媒介

听觉媒介是传播受众通过听觉刺激而感知传播内容的工具，主要包括广播媒介、录音带媒介和电话媒介，它们共同拥有的特点表现为即时性、重现性、广泛性和生动性。

1. 广播媒介

广播媒介是指通过无线电波向拥有接收工具的受众传递节目信号的媒介。列宁说无线电广播是"不要纸张，没有距离的报纸"。[①]

2. 录音带媒介

录音教学中使用最广泛的音频媒体之一。迄今为止，常用的录音方法有机械录音（唱片）、教学录音（电影片音迹）、磁性录音（磁带）和激光数字录音。

3. 电话媒介

电话曾被用作广播新闻台运作。早在 1883 年，爱迪生（Edison）的朋友西奥多·普斯卡斯（Theodore Puskas）在布达佩斯创办了定期的"广播业务"。订阅了西奥多·普斯卡斯"广播业务"的用户每天都会收到一份时间表或节目单。

（三）视听两用媒介

视听两用媒介是利用语言、音响、文字、形象、动作和表情等方式，通

---

① 陈力丹. 列宁：广播是"不要纸张、没有距离的报纸"[J]. 新闻界，2015（13）：3.

过刺激人的视觉和听觉器官来激发他们的认知过程，进而完成信息传递的工具，具体包括电视媒介、电影院媒介、销售现场媒介、网络媒介和其他媒介。

1. 电视媒介

从某种意义上说，作为文学媒介的电视和广播非常相似，因为它和报纸、广播一样，都是由不同栏目和节目滚动相间构成的一个板块。但电视结合了报纸和广播的优点，改进了报纸的静止图像，变成像现实生活一样逼真的连续运动。目前，电视媒介对大众传播的影响力居首位。

2. 电影院媒介

电影院媒介属于大众媒介，是比电梯具有更强渠道渗透率的一个广告媒介。有学者认为，电影院与互联网是平等的媒介渠道。

3. 销售现场媒介

销售现场媒介，通常称为售点媒介或 POP 媒介（Point of Purchase Medium），意思是在销售点或门店等场所，通过实物展示、演示等方式传播广告信息，主要包括橱窗展示、产品展示、模特表演、彩旗、横幅、展板等媒体形式。

4. 网络媒介

网络媒介是指利用互联网作为传播载体的新兴工具，它具有明显的非强制性、高交互性、实时性、经济性、多样化、易统计性、传播范围广、反应快等特点。在营销和品牌传播领域，网络媒介受到越来越广泛的关注。

5. 其他媒介

其他媒介是指使用新闻发布会、体育赛事、日历以及各种形式的娱乐活动进行信息传播的工具。

二、影响农产品区域公用品牌媒介选择的因素

随着媒介多元化时代的到来，农产品区域公用品牌所有者和消费者对于媒体资源的选择面越来越广，但要注意的是不同媒介所具备的优劣势是不相同的，为能将品牌信息有效地传递给目标消费者和潜在消费者，必须要选择最适合、最经济的媒介，因此需要考虑以下因素。

（一）市场方面

1. 消费者的媒介习惯

品牌传播者选择的品牌传播媒体与消费者选择的信息收集媒介之间的匹

配程度是品牌传播发挥的关键，因此，需要根据目标人群对媒介的拥有情况和使用习惯来选择传播媒介。一般来说，受教育程度较高的人，侧重于使用印刷媒体；受教育程度较低的人，侧重于使用电波媒体，所以要根据消费者的性别、年龄、教育程度、职业及地域性等因素来决定应用哪类媒体。

2. 产品特性

不同商品所具备的特性是不一样的，应该结合产品特性来考虑媒体类型。如农产品广告和工业广告所采取的媒介策略是截然不同的，前者面向的是大众消费群体，而后者面向的则是特定的工厂或老板。因此，传播媒介的类型要与产品特性相契合。

3. 产品销售范围

农产品市场属于全国性销售，并不局限于某个地方区域性市场的销售。因此，要注意传播媒介接触者的范围大小，即要充分考虑品牌传播的覆盖率和效率问题，选择合适有效的传播方式。

（二）媒体方面

1. 媒体的价值

一方面要考虑媒体的接触层次，对媒体类型进行详细分析，保证与产品目标受众的类型符合；另一方面要考虑媒体的特性、优缺点，以及节目或者编辑内容是否与广告效果相关。

2. 媒体量的价值

可以根据广告的受众人群，大型墙体广告的阅读率，报纸的发行量、杂志的发行量、电视的收视率、电台的收听率等方面的内容，了解品牌传播效果。

3. 媒体的经济价值

在设计、制作和发布传播信息时需提前做好市场调查。有些传播媒介费用很高，因此，要根据宣传的目标、规模、任务和市场通盘考虑，从实际出发，注意传播媒介的选择和资源投入的比例，既要考虑"绝对成本"，即实际支付给媒体的费用，还要考虑"相对成本"，如印刷媒体的每日读者数量，或是电波媒体每分钟每千人的试听成本等。

第四节　农产品区域公用品牌传播手段

农产品区域公用品牌知名度的高低与品牌传播力度、手段及方式密切相关，如何有效控制并利用好这些传播手段，是塑造和提升品牌形象、知名度的关键所在。一般而言，品牌传播手段一般包括广告、公关传播和人际传播等。

一、广告

广告是指品牌所有者以支付费用的方式，委托广告经营部门采取一定的媒介形式，通过直接或间接的方式，对目标受众进行的以品牌名称、品牌标志、品牌定位、品牌个性等为主要内容的宣传活动。美国广告大师大卫·奥格威（David Ogilvy）在 20 世纪 60 年代中期提出"品牌形象论"，他认为每一则广告都是对品牌形象的长期投资，广告是塑造品牌形象的有力工具。对于农产品区域公用品牌而言，广告是打造农产品区域公用品牌的利器，也是最快捷、最省钱、最广泛的信息传递媒介。

在互联网时代，农产品区域公用品牌的打造应以政府为主导，构建立体式的广告营销体系，以报纸、杂志、广播、电视及户外广告为基础，加大网络广告力度，充分发挥互联网传播特点，打造地区农产品的"金名片"。许多农产品广告实践表明，广告这一传播手段对提高农产品竞争力的意义重大，如"烟台苹果""安化黑茶"等农产品区域公用品牌的广告宣传。

广告作为强大的信息传播载体，在农产品区域公用品牌建设、信息传递等方面发挥着重要作用。具体来说，广告可以起到下列作用：一是推广作用，即将农产品区域公用品牌信息传递给受众，达到提高品牌知名度的目的。提高知名度是广告效果层次模式中的最低层面，通过大规模、高密度的广告宣传，让受众发现并认识该种品牌商品的存在，进而产生好感。二是塑造作用，通过设计广告的内容，在目标受众心中建立起农产品区域公用品牌形象，巧妙地通过画面、声音、色彩等方式将农产品戏剧化地展示出来，深刻植入消费者脑中。在广告过程中，与农产品区域公用品牌所辖农产品及服务形成良性互动，打造品牌美誉度。三是增强品牌活力，通过持续有效的广告，保证农产品区域公用品牌在市场上的"曝光率"，让受众感受到品牌活力，并增强对品牌的信心，形成消费忠诚度。

二、公关传播

公关是公共关系的简称，是企业形象、品牌、文化、技术等传播的有效解决方案。作为农产品区域公用品牌传播的一种手段，公关可以利用第三方的认证，为农产品区域公用品牌提供有利的信息，从而积极引导消费者。公共关系是通过塑造形象，提高企业或产品的知名度和美誉度，为公众留下美好的印象，间接地促进产品销售的品牌推广方式。农产品区域公用品牌与其他类型品牌相比，拥有更多可利用的公共资源。在农产品区域公用品牌公共传播中，政府应该作为公共关系的主要发起者，为自己区域的农产品区域公用品牌造势，通过举办丰富多样的公关活动，着力打造优秀的农产品区域公用品牌。适合农产品区域公用品牌推广的公关策略包括：

第一，相关会议的展示与演讲。例如，参加农产品博览会、交流会、相关专题的研讨会等，展示产品形象，宣传产品特点，传播品牌理念。

第二，利用与消费者息息相关的活动或节日等进行品牌推广。

第三，公益服务。例如，向特定公众进行赞助等，以此来提升品牌的美誉度和知名度。

第四，书面材料。在对主管部门汇报时或者在媒体刊发时采用此方式。

这些活动应紧扣产品内涵，注重实效，提高农产品区域公用品牌形象，促进农产品销售。例如，"吉林大米"品牌运用公关手段进行推广，在北京举行"2014 吉林大米高端论坛"；2014 年 10 月 23 日，在浙江省杭州市举行推介会。

公共关系主要有以下作用：一是塑造品牌知名度，巧妙创新运用新闻点，塑造农产品区域公用品牌的形象和知名度；二是树立美誉度和信任感，帮助产品取得公众在心理上的认同；三是通过体验营销的方式，让难以衡量的公关效果富有感染力、具体化，普及一种消费文化或推行一种购买思想哲学；四是提升品牌"赢"销力，促进农产品区域公用品牌资产与社会责任增值；五是通过危机公关或标准营销，减轻营销压力。

三、人际传播

人际传播是指两个或两个以上的人之间通过语言和非语言方式直接沟通信息、交流思想感情的活动。这是现实生活中最常见的传播方式，也是农产品区域公用品牌形成美誉度和培育消费者忠诚度的重要途径，在品牌传播的所有方式中，人际传播最容易被消费者接受，同时也是社会生活中最常见、最直观、最丰富的传播现象。

人际传播的主要特点为：第一，传播者与接受者大多为熟悉的亲友、邻里和同事关系，信息可信度较高；第二，传播形式表现为个人与个人面对面的传播；第三，信息的意义更为丰富和复杂；第四，信息双向性强，反馈及时，互动频度高，具有自发性、自主性和非强制性的特点；第五，人际传播属于一种非制度化的传播手段。农产品作为一种快速消费品，感性消费成分居多，所以消费者很容易受到来自周围"意见领袖"的影响。当消费者对购买过的某个品牌的产品感到满意时，他会将这种满意消费体验传递给身边的人，而这部分人未来就很有可能成为品牌的实际消费者，至少是潜在消费者。

第五节　农产品区域公用品牌传播机制

一、传播者角度：树立品牌思想，丰富品牌内涵

农产品区域公用品牌相关利益者应当提高主动学习能力，将农产品区域公用品牌建设策略提升到企业战略层面，主动转变落后的品牌观念，提高农产品生产加工质量、确立统一标准，充分利用好地域性特点、文化特点来强化与同行竞争者之间的差异。

二、传播内容角度：贴近目标受众，强调个性化特征

掌握消费者真实状况是品牌传播得以正确实施的先决条件。农产品区域公用品牌传播的内容需要结合目标受众的不同消费心理和消费行为特点，通过了解他们的生活方式、购买方式以及对农产品的需求等详细信息来制定，做到贴近品牌、贴近消费者。例如，对于蔬菜、水果等生鲜类农产品，消费者一般重点关注其基础品质，对品牌的硬性要求往往不那么高；而对茶叶、大米等农产品的再加工品、深加工品，消费者则表现出强烈的品牌意识，经常有所偏好地选择某一品牌的产品。因此，生鲜类的农产品在确定品牌传播内容时可以重点强调品质，如有机、新鲜等；加工类农产品则可根据消费者的不同需求确立差异性的传播内容，如更健康的配方、更严格的工艺等。同

时，考虑到互联网时代品牌社交化的属性，品牌不仅需要富有人格魅力，也需要具有情感温度。因此，农产品区域公用品牌传播内容可以从情感共鸣的路径出发，塑造"乡愁""生态保护"等语境情境，打造更加个性化的品牌形象。

三、渠道媒介角度：结合社交媒体，扩展传播媒介

新型媒介环境下，人们的媒介使用习惯已经发生了重大变化，农产品区域公用品牌传播活动也应顺应这一变化，得到进一步升级。网络社交媒体的交互性、实时性和经济性为农产品区域公用品牌的传播媒介迭代提供了良好的选择。在数字农业的基础上，农企可进一步利用社交媒体，充分挖掘农产品区域公用品牌文化内涵，利用视听、文字、情景互动的方式传播品牌相关信息，主动为品牌打造"故事性"。一方面，社交平台信息对内容接收方的低门槛能够有效打破受众圈层，提升信息触达效率，塑造内容"爆款"；另一方面，社交平台契合了当下消费者碎片化、快餐式的信息阅读习惯，有助于农产品区域公用品牌实现对消费者心智与视觉的占领。相比传统的电视广告、展销会广告而言，社交媒体广告更有利于农产品区域公用品牌构建传播矩阵，形成多层次、全网络、全覆盖的品牌传播效果。

四、传播对象角度：深入市场需求，挖掘潜在消费者

传播受众，是整个传播过程的最终服务对象。品牌是否能够识别传播受众、是否能够了解传播受众、是否能够拓展传播受众，影响着品牌传播的最终效果。现有农产品区域公用品牌往往将受众模糊化，不了解传播受众的媒介接触习惯和认知心理，习惯将传播理解为一个"广撒网"的过程，难以达成品牌传播的目标。农产品区域公用品牌传播需要摒弃传统的销售思维，引入数据化管理模式，利用大数据对农产品区域公用品牌的传播受众进行分析，进而找到自身品牌传播受众的共同特征，有的放矢地满足受众、拓展受众。

五、传播效果角度：建立反馈机制，强化反馈意识

建立包括经济价值、社会价值和其他价值在内的评价指标体系，对农产

品区域公用品牌传播效果进行总体评价，并将传播过程的整体评价和反馈作为优化的依据和考量，做到及时总结和改进。

第六节　农产品区域公用品牌整合传播

一、农产品区域公用品牌整合传播的含义

整合营销传播（integrated marketing communication，IMC）于 1993 年由唐·舒尔茨（Don E. Schultz）首次提出，是指把品牌等与企业的所有接触点作为信息传达渠道，以直接影响消费者的购买行为为目标，从消费者出发，运用所有手段进行有力传播的过程。农产品区域公用品牌整合传播是指在对整合营销传播的理论充分理解和合理运用的基础上，深入洞察消费者行为，综合应用多种传播工具、手段和媒介，对农产品区域公用品牌传播的关键环节进行充分整合，提高公众对品牌形象的认知度和美誉度，进而做大做强农业品牌。

二、农产品区域公用品牌整合营销传播的特点和作用

（一）农产品区域公用品牌整合营销传播的特点

1. 传播目标性强

农产品区域公用品牌整合传播的目标非常具有针对性，并非为了所有消费者。根据对某一地区消费者的了解，结合消费者需求特点进行有针对性的传播沟通，在满足消费者需求和特点的前提下采取有效措施。同时，在品牌传播过程中可能会对潜在消费者产生一定程度的影响，但是传播的主要目标还是针对消费行为意向明确的客户群。

2. 互动交流性强

农产品区域公用品牌整合营销传播以消费者为中心，极其重视企业与客户之间的互动关系。互动是建立在沟通基础上的，因此必须要通过不断反馈与交流，改变以往单向传递的方式，将其转变为双向沟通，从而进一步确立

品牌与消费者之间的良好沟通、互动关系。这样将会促使农产品区域公用品牌更贴近消费者的心灵，为消费者所接纳、喜爱，进而产生购买和忠诚。

3. 统一性

农产品区域公用品牌整合传播与其他任何传播方式一样，统一性非常重要。否则，很容易出现资源重复需要和浪费的问题，甚至可能会因为各部门之间的意见和传播的信息内容不一致，造成消费者对农产品区域公用品牌产生混淆。因此，农产品区域公用品牌在进行整合营销传播时，应该在广告、公关、推广等各部门独立宣传之前，先按照统一的目标和策略进行有效整合，让各部门的执行保持一致，以表现同一个主题和统一的形象，为企业进行整合营销传播打好基础。

4. 连续性

农产品区域公用品牌并非创建后就一劳永逸，品牌整合营销传播和维护是一个长期持续的过程，需要不断地通过不同传播形式和手段对同一个主题和品牌形象进行反复宣传，借助这种积累，强化消费者对农产品区域公用品牌形象的认知和记忆。

5. 动态性

农产品区域公用品牌整合营销传播与传统传播方式最大的不同就在于其具有动态性特征，强调以动态的理念主动适应并进入市场，从市场的变化中了解企业与市场的关系，积极主动地开拓新市场。

（二）农产品区域公用品牌整合营销传播的作用

整合营销传播是当前塑造和管理品牌形象最有效的传播策略，其在农产品区域公用品牌营销领域中的作用也将越来越突出，具体表现为以下几个方面：

1. 提升农产品区域公用品牌形象

品牌整合营销传播从目标消费者的需求出发，通过满足消费者利益、引发消费者的兴趣和关注，给目标消费者带来深刻的印象。与目标消费者进行双向沟通，增强消费者对农产品区域公用品牌价值的认同，同时还与消费者建立了关系，有效巩固了农产品区域公用品牌的形象。

2. 增强农产品区域公用品牌影响力

整合营销传播积极布局线上与线下、批发与零售、政府自建平台与企业自建销售网络等营销体系，在推动品牌销售平台和渠道方面实现新的突破。

除广告、活动、会议等传统宣传手段，还引入了微信、微博等自媒体平台，深入挖掘农产品区域公用品牌的内涵，多方位展现和宣传品牌形象，提升农产品区域公用品牌公信力，增强品牌影响力。

3. 节约经营成本

农产品区域公用品牌的整合营销传播让多方资源得到有效的整合和优化，避免了重复使用和浪费，从而减少企业经营的成本支出。

4. 提高盈利能力

传播效果的增强与企业经营成本的节约极大提高了企业盈利能力，同时，农产品区域公用品牌与消费者良好关系的建立可以让消费者产生重复购买行为，从而进一步推动农产品的销售，提高销售额。

三、农产品区域公用品牌整合营销传播的原则

（一）综合原则

整合营销的目的是品牌、效益和口碑。农产品区域公用品牌可以通过多种传播手段进行表达和延展，对主要传播手段没有具体限制，因此可以综合应用广告、公关、直销和促销等一切传播手段进行全方位传播。在传播的前、中、后阶段都可以运用农产品包装、展览展示、售点布置、产品使用说明等，结合电视、报纸、广播、杂志、电影等大众媒体，甚至包括楼宇电视、交通电视联播网等分众媒体，强调利用企业的一切信息源进行传播和沟通，以此形成强大的协同效应，使农产品特色和品牌形象达到一定的高度，从而在顾客心中形成巨大的影响力。

（二）"同心"原则

整合营销传播的"同心"原则简言之就是设定好品牌的核心，即统一品牌的形象和目标，再围绕该形象和目标开展系列活动。"同心"体现在消费者对某个农产品区域公用品牌的统一认知和定位。因此，农产品区域公用品牌整合营销传播的首要问题是通过对农产品的特性挖掘和顾客的深入研究，找出直接和潜在消费群体，进而对农产品区域公用品牌进行准确定位，确立品牌形象的核心。这个核心是所有传播工作的"重心"所在，集中体现了企业的核心价值观和经营理念，所以它必须要站在战略制高点以统领全

局，促进传播目标的达成。

（三）导向原则

整合营销传播提倡一体化、组合化的传播策略，主张围绕农产品区域公用品牌核心，提升消费者价值为导向展开营销活动。整合营销中的导向原则要结合"同心"原则和整合营销阶段化目标定位，以阶段化目标为导向，围绕"重心"结合系列宣传和推广渠道方式，有效率有质量地开展。

四、农产品区域公用品牌整合营销传播的渠道

（一）电视渠道

电视渠道包括中央台、地方台。在电视台，既可以投放硬广告宣传自己的农产品区域公用品牌，也可以通过软广告的形式拍摄制作与农产品区域公用品牌相关的专题片或者参与电视台策划的相关晚会、论坛、综艺节目等形式宣传品牌，还可以借助一些开设品牌扶贫免费通道的电视台进行宣传。电视渠道发挥的作用是传播品牌价值、品牌理念，让受众快速了解品牌、产品，增加受众的购买欲望，提高转化率。

（二）广播渠道

广播渠道包括中央台、地方台等，在该渠道进行品牌推广时既能投放硬广告，也能通过软广告的形式参与制作广播节目或大型活动，宣传农产品区域公用品牌。其发挥的作用是传播品牌价值、品牌理念，让受众快速了解品牌和产品，激发受众的购买欲望，促进转化。

（三）短视频/直播

短视频/直播平台是传播销售一体化的平台，现已成为农产品区域公用品牌传播的新"标配"。主要包括快手、抖音、淘宝直播等，农产品区域公用品牌推广通过在这些平台上开通官方账号，鼓励农业企业和农户制作与农产品区域公用品牌相关的小视频投放至平台，利用源源不断优质的短视频内容生产和不定期的直播来传播品牌价值、品牌理念，让受众快速了解品牌，增加购买欲望，促进转化，直接购买。

（四）其他媒体

其他媒体包括报纸、网站、自媒体等。农产品区域公用品牌要经常提炼自己品牌的价值、行业创新和社会意义，尽可能在人民网、新华网、光明网、中国青年网、中国新闻网、《中国日报》、消费网、中国网、中国发展网等渠道上发声，保持品牌曝光的活跃度和行业垂直领域的品牌高度，并且积极为官方店铺做一些引流。

（五）其他有影响力的活动平台

（1）自己搭建的平台。

当农产品区域公用品牌完成塑造，政府、行业协会以及农户等相关主体应充分利用自身资源，通过开设农产品区域公用品牌网站、微信公众号、微博账号、博客账号等，定期向公众推送品牌故事、品牌文化、产品品类、销售渠道等信息，增加农产品区域公用品牌的网络曝光率；在政府及行业协会网站上开辟农产品区域公用品牌专栏介绍和农产品信息。

由政府牵头、行业协会组织、相关农企和农户参与，在区域内举办各种农事活动、组织农产品品牌价值评比及主办农产品博览会和推介会等。通过"文化搭台，经济唱戏"，配合农品节庆，宣传造势，推动产销对接，积累品牌资产。

农产品上市季，为了更好地销售并拓展市场份额，广告宣传是必不可少的路径。

（2）借力的平台。

一方面，可以入驻天猫、京东等知名电子商务平台，借助电商平台的优势打开农产品区域公用品牌的知名度，顺势拓宽农产品区域公用品牌旗下农产品的销售渠道。另一方面，可以积极参与国内其他地区或相关组织举办的农产品博览会、特色农产品推介会等活动，向媒体和公众不断曝光自己的农产品区域公用品牌，以此来持续扩大品牌影响力。其中，比较具有权威性和代表性的平台有：

中国农业高质量发展博鳌峰会：由中国农业电影电视中心、海南省农业农村厅、中国农产品市场协会、中国农村合作经济管理学会、中国小康建设研究会共同主办，峰会中的"区域公用品牌商业生态论坛"与农产品区域公用品牌密切相关。

中国精锐品牌发展联盟：由中央广播电视总台广告部发起。

中国农业品牌百县大会：由浙江大学 CARD 中国农业品牌研究中心、浙江大学城乡创意发展研究中心、浙江永续农业品牌研究院共同主办。

【本章小结】

所谓农产品区域公用品牌传播，是指农产品区域公用品牌制造者以品牌的核心价值为原则，在品牌识别的整体框架下，利用各种传播媒介和手段达成品牌管理任务，以此促进消费者的理解、认可、信任和体验，培养消费者忠诚度的过程。农产品区域公用品牌传播的特点表现为：传播信息的聚合性、传播受众的目标性、传播媒体的多元性、传播过程的系统性、传播内容的可信性。农产品区域公用品牌传播对品牌力的塑造起着关键性的作用。

农产品区域公用品牌的传播模式由品牌建立、品牌传播的目标、品牌传播的内容、品牌传播的方式和品牌传播的策略五个基本要素构成。品牌传播的原则包括：增强品牌传播意识原则、主动传播原则、提高品牌传播强度与跨度原则和选择强势传播媒体原则。

从传播媒介自身特点来说，一般分为视觉媒介、听觉媒介和视听两用媒介三大类。其中，视觉媒介包括报纸媒介、杂志媒介和户外媒介；听觉媒介包括广播媒介、录音带媒介和电话媒介；视听两用媒介包括电视媒介、电影院媒介、销售现场媒介、网络媒介和其他媒介。影响农产品区域公用品牌选择媒介的因素主要考虑市场和媒体两个方面，其中，市场方面的因素表现为：消费者的媒介习惯、产品特性、产品销售范围；媒体方面的因素表现为：媒体的价值、媒体量的价值、媒体的经济价值。

农产品区域公用品牌传播手段主要包括：广告、公关传播和人际传播。其中，广告是塑造品牌形象和知名度的关键手段，公关传播是提升品牌美誉度和公信力的重要方式，人际传播是形成品牌美誉度和培育消费者忠诚度的重要途径。

农产品区域公用品牌传播的机制构建从以下五个角度出发：传播者角度：树立品牌思想，丰富品牌内涵；传播内容角度：贴近目标受众，强调个性化特征；渠道媒介角度：结合社交媒体，扩展传播媒介；传播对象角度：深入市场需求，挖掘潜在消费者；传播效果角度：建立反馈机制，强化反馈意识。

整合传播（IMC）概念于 1993 年由唐·舒尔茨首次提出，是指把品牌与企业的所有接触点作为信息传达渠道，以直接影响消费者的购买行为为目标，从消费者出发，运用所有手段进行有力传播的过程。农产品区域公用品牌整合营销传播要在对整合营销传播的理论充分理解和合理运用的基础上深入洞察消费者行为，综合应用多种传播工具、手段和媒介，对农产品区域公用品牌传播的关键环节进行充分整合，才能得到健康有序的发展。农产品区域公用品牌整合营销传播的特点主要有：传播目标性强、互动交流性强、统一性、连续性和动态性。农产品区域公用品牌整合营销传播的作用为：提升农产品区域公用品牌形象、增强农产品区域公用品牌影响力、节约经营成本、提高盈利能力。农产品区域公用品牌整合营销传播的原则有综合原则、同心原则与导向原则。农产品区域公用品牌整合营销传播的渠道包括电视渠道、广播渠道、短视频/直播、其他媒体和其他有影响力的活动平台。

【思考题】

1. 农产品区域公用品牌传播的特点是什么，主要有哪些作用？

2. 农产品区域公用品牌传播模式的内容有哪些？品牌传播应遵循哪些原则？

3. 农产品区域公用品牌传播的媒介有哪些？各自有何特点？

4. 农产品区域公用品牌传播的手段有哪些？

5. 农产品区域公用品牌传播机制的内容是什么？

6. 农产品区域公用品牌整合营销传播的含义、特点与作用。

【案例分析】

讨论题

1. "快乐的蛋"的不同目标客群的需求是什么？客群需求如何影响"快乐的蛋"的产品开发？

2. "快乐的蛋"采取哪些模式传播品牌核心价值？效果如何？

农产品的价值创新："快乐的蛋"的产品价值整合营销传播之路

临海而建的阳光房，绵密洁净的沙浴坑，错落有致的高枝，洒满日照的绿坪……这里不是观景豪宅，也不是度假园区，而是"快乐的蛋"位于江苏省南通市的非笼养蛋场。

作为优质动物蛋白的重要来源，鸡蛋是具有天然商品属性的高频刚需；

然而，千亿级别的中国鸡蛋市场始终缺乏高品质的影响力品牌，零散粗放、同质化、价格战、食品安全等问题长期桎梏着行业的升级迭代。2020年以来，鸡蛋品牌"快乐的蛋"在非笼养的福利养殖赛道上异军突起，成为备受行业关注的新锐势力。市面上的鸡蛋均价5元一斤，为什么"快乐的蛋"可以卖到2元一枚？又是谁在源源不断地购买2元一枚的鸡蛋呢？

一、品牌的诞生：从养鸡到卖蛋

广告传媒出身的王炜晟是一名连续创业者。2015年一次偶然的投资经历，使他开始接触和关注畜牧业。一年的时间里，王炜晟和团队走访了北京市、河北省、山东省等地的几十家蛋鸡养殖场。调研结果令他们大为惊愕：中国作为全球最大的鸡蛋生产国和消费市场，约90%的鸡蛋生产却处于近乎"无监管"的状态，泛用甚至滥用抗生素的现象相当普遍。众多的中小型养殖户不仅设施简陋，而且养殖技术落后，管理简单粗放。目睹这样的行业现状，王炜晟和团队希望应用移动互联网技术帮助养殖户养鸡，促进蛋鸡养殖的科学化和精细化，让消费者吃到"无抗"的安全鸡蛋。辞职后，王炜晟创办邦铭农信科技有限公司，全身心投入"养鸡管家"的项目。2016年7月，公司的第一款企业服务产品"360°养鸡管家"上线。该产品以"SaaS2＋物联网"为架构，实现了实时监控与温度、湿度、光照等环境数据分析，为中小养殖户提供包括选种、饲养、防疫等全流程的信息与技术支持。然而，在产品落地的过程中，王炜晟发现：仅仅是养殖技术的提升，并不能从根本上解决泛用抗生素的问题。一名养殖户向他道出其中原委：即使我的鸡养得好，下的是"无抗"蛋，也卖不出几个钱。养殖户的心声点醒了王炜晟。想要改变行业的长期痛点，不仅要考虑如何生产出优质的鸡蛋，还要考虑如何把优质的鸡蛋以合理的价格卖给消费者。而想要做到"优质优价"，就要拥有属于自己的品牌。于是，2016年11月，自有品牌"快乐的蛋"正式诞生。"快乐的蛋"以科学标准筛选养殖场，对养殖全流程进行监测与管理。首先，"快乐的蛋"确保雏鸡种源健康、不携带传染性疾病。其次，"快乐的蛋"要求养殖场员工严格按照生产规范操作，每日提交操作记录。并且，养殖场必须使用"快乐的蛋"研发的饲料配方，并于每个季度提交包括药物残留、重金属残留等指标的检测报告。最后，产出的鸡蛋由"快乐的蛋"溢价收购，进行运输与销售。如此，"快乐的蛋"承包了一枚鸡蛋从鸡舍到餐桌的一生。随着自有产能的逐渐提升，2020年以后，"快乐的蛋"基本不再采用外包生产的合作模式。

二、独一无二的蛋：前世今生看得见

在同质化竞争十分激烈的鸡蛋市场，如何让消费者直观地感受到"快乐的蛋"与市面上普通鸡蛋的差别？王炜晟和团队一方面通过区块链技术让消费者亲眼见证鸡蛋生产的全流程，另一方面通过该领域专家的加盟与权威机构的认证，增强信息传播的可信度与说服力。

（一）区块链技术全程溯源

不同于市面上其他鸡蛋千篇一律的面孔，每一枚"快乐的蛋"在外壳上都印有品牌标识和一串专属编码，不同数字、字母与符号分别代表着鸡蛋的品级、规格、产地、养殖场与生产日期。在鸡蛋的外包装上，还附有二维码。消费者扫描二维码，即可查询到鸡蛋的养殖和检测数据，甚至可以观看养殖场监控视频。2017 年 12 月，"快乐的蛋"开始和 IBM 共同搭建蛋鸡养殖信息区块链，将鸡蛋的"前世今生"全部上链。该区块链追溯系统使用的是由第三方提供和监管的公共链，链上信息均系自动采集生成，不可人为篡改。"不易伪造""全程留痕""透明公开"的区块链技术，帮助"快乐的蛋"赢得了诸多注重食品安全与健康的消费者的信任与青睐。

（二）专家加盟与权威认证

在王炜晟看来，鸡蛋的品质高不高，决定性因素在于吃进去的饲料。2017 年 7 月，"快乐的蛋"与佟建明博士合资成立联合实验室，推进 A50 饲料技术的研发与应用。作为动物营养与饲料研究领域的专家，佟建明博士掌握国内唯一获得国家技术鉴定的蛋鸡无抗养殖替代方案。基于该技术，"快乐的蛋"不仅成功实现无抗养殖，还开发出针对不同消费人群的鸡蛋产品，如针对儿童、孕妇的"DHA 蛋"、针对脑力及体能过劳者的"Omega - 3 蛋"等。除了领域专家的加盟，"快乐的蛋"的安全与品质获得了权威第三方的认证。上述检测信息也被上载至区块链，可供消费者扫码查询。与此同时，"快乐的蛋"积极利用合作渠道、自媒体等媒介，向更广的受众释放自家产品技术先进、值得信赖的讯息。

三、万千宠爱的蛋：拓展客群增黏性

凭借实力与口碑，"快乐的蛋"迅速成为生鲜电商和新零售领域的明星产品，陆续在微店、淘宝、本来生活、每日优鲜等平台上架，成为好利来、原麦山丘等餐饮烘焙企业的原料供应商。与此同时，鸡蛋产能也在不断增长，王炜晟希望为鸡蛋进一步打开销路，同时提升老顾客的忠诚度与复购率。

（一）明星大咖自主传播

某演员作为两个孩子的母亲，对于鸡蛋的安全健康、营养美味十分看重，偶然了解到并品尝过"快乐的蛋"后就爱上了它，后来还成为"快乐的蛋"的投资人。不仅如此，她还主动把"快乐的蛋"带上了自己参加的综艺节目，用一道现场制作的炒鸡蛋让主持人与观众获得了不错的体验。在好友的力荐下，其他一些知名艺人也开始购买"快乐的蛋"。在品尝过"快乐的蛋"之后，还主动在朋友圈内分享。明星大咖的自主传播，使得"快乐的蛋"以较低的成本提升了影响力。

（二）"快乐鸡舍"云养鸡

如何留存住来之不易的"蛋友"？熟知互联网运营的王炜晟策划了一款虚拟＋现实的社交网络游戏"快乐鸡舍"。"蛋友"可以在线上领养数量不等的蛋鸡，领养的蛋鸡会悉数呈现在自己的"鸡舍"中，生出的鸡蛋还可以孵出小鸡，所产的鸡蛋则根据个人需要定期配送到线下。不仅如此，"蛋友"们可以在日常互相喂鸡、偷蛋，邀人助力孵蛋，玩得不亦乐乎。王炜晟利用该游戏获得了不少新客，据计算，平均投入20块钱就能获得30个新用户，社交属性带来的人际传播还能起到沉淀用户的作用。

四、自然天成的蛋：福利养殖育美名

随着鸡蛋产业的转型升级，市面上开始出现越来越多的"无抗蛋""可生食蛋"，其中不乏大型资本支持的品牌。如何让"快乐的蛋"仍然具备独一无二的价值？王炜晟意识到：不仅要为蛋鸡解决"吃"的问题，还要解决"住"的问题。

（一）"非笼养"高福利养殖

在中国，除了少数粗放散养的鸡蛋，超90%的鸡蛋都来自笼养。笼养鸡蛋的优势在于高效集约，劣势在于极易导致蛋鸡出现心理、生理疾病，人们只能通过环境、药物维持蛋鸡的"临界健康"，最终产出"临界品质"的鸡蛋。为此，世界动物福利协会正在全球推行非笼养的"高福利养殖模式"，已有2000多家知名跨国企业承诺在2025年之前实现100%使用非笼养鸡蛋。而这些企业很难在中国采购到符合条件的鸡蛋，蛋鸡养殖产业亟待升级。王炜晟和团队抓住这一趋势，开始严格按照国际动物福利标准，全力扩充非笼养鸡蛋的产能。2020年，"快乐的蛋"在海南省白沙黎族自治县落地了中国最大的福利养殖场，同年11月，江苏省南通市的鸡舍项目也正式启动。目前，"快乐的蛋"正通过各个渠道向支持动物福利、追求高品质的个体、家庭及企业传递非笼养鸡蛋的理念与实践。

（二）让鸡蛋成为爱与意义的载体

2020 年 6 月，嫣然天使基金启动"缝补计划"，邀请趣味、环保、时尚的品牌与基金会共同研发公益衍生品，为唇腭裂儿童募款。"快乐的蛋"成为其中第一个启动的品牌项目，承诺每在线下销售一盒鸡蛋捐赠 1 元，每在线上销售一盒鸡蛋捐赠 2 元，是"缝补计划"的重要战略合作伙伴。作为国内最具影响力的公益基金会之一，嫣然天使基金的能量进一步提升了公众对于"快乐的蛋"品牌的了解与关注，帮助其在目标受众中建立起对社会负责、对儿童有爱的形象，企业声誉显著增长。

参见：钱婧，屈逸，徐逸凡，孙宇彤，王斌. 农产品的价值创新：快乐的蛋的产品价值传播之路［DB/OL］. 中国管理案例共享中心网站，2021 – 9.

第八章　农产品区域公用品牌延伸

【学习目标】

1. 了解农产品区域公用品牌延伸的概念及意义。
2. 掌握农产品区域公用品牌延伸实施前提及主要策略。
3. 明确农产品区域公用品牌延伸注意事项及风险规避方法。

【导入案例】

固本求新：惠明茶的品牌整合之路

《景宁县志》载，清同治十一年（1872 年）："茶随处有之，以产惠明寺漈头者为佳"。惠明茶因僧而得名，又称"金奖惠明茶"，产自景宁境内敕木山一带，种植于中唐，有着独特的发展历史和浓厚的文化底蕴。1915 年巴拿马太平洋国际博览会上荣获一等证书和金质大奖章。2010 年上海世博会上再次荣获"金奖"桂冠，是丽水市最具比较优势和发展潜力的农产品。

但随着茶产业的不断发展，当前惠明茶在生产、管理、营销等方面仍然面临一些新情况、新问题。为解决茶叶品牌所暴露的问题，2011 年 5 月，国家质检总局发布了相关公告，批准对惠明茶实施地理标志产品保护。2014 年 4 月，国家质检总局核准第一批 4 家企业使用地理标志产品专用标志（六江源、香香茶叶、奇尔茶业、敕木蓝氏）。2015 年 12 月，县政府制定《景宁畲族自治县少数民族发展茶产业扶持政策》，连续举办惠明茶手工制作能手大赛、金奖惠明茶斗茶会等，在松阳等地建成惠明茶展示展销窗口，并开始建设农产品加工包装服务中心、茶叶一条街。近年来，景宁畲族自治县委、县政府聚力品牌兴农，做强以惠明茶为主导的"1 + 2 + X"

农业产业体系，按照"一乡一业、一村一品"的总体格局，实施惠明茶提质扩量，重点将其打造成为"景宁600"拳头产品。"十三五"期间，改造提升生态茶园8200亩，全县茶园面积达7.16万亩，惠明茶入选国家地理标志产品，获评中国茶业百强县。

参见：景宁畲族自治县惠明茶产业发展条例（草案）[EB/OL]. 景宁畲族自治县人民政府网站，2018 - 5 - 30. 2022年景宁畲族自治县政府工作报告 [EB/OL]. 景宁畲族自治县人民政府网站，2022 - 2 - 18. "景宁600"让百姓日子越过越红火 [EB/OL]. 景宁畲族自治县人民政府网站，2018 - 12 - 4.

第一节 农产品区域公用品牌延伸概述

品牌延伸的研究始于20世纪70年代末。1979年，爱德华·陶伯（Edward Tauber）发表了一篇题为《品牌授权延伸 新产品得益于老品牌》[①] 的学术论文，首次对品牌延伸进行了系统的研究。自20世纪90年代开始，品牌延伸成为许多品牌永葆活力的一个重要途径。企业若运用得当，母品牌会因为成功的品牌延伸而得到一定的提升。例如，日用消费品行业全球领先的宝洁公司，最初业务仅仅是生产肥皂，而后通过品牌延伸将业务扩展至头发洗护、化妆品、家居护理、医药等十个产品领域，这为公司经历上百年发展却仍旧屹立不倒提供了强有力的支撑。2021年3月，农业农村部印发了《农业生产"三品一标"提升行动实施方案》，明确强调了新时期加快品牌强农的重要意义，致力于打造300个国家级区域公用品牌，并提出了具体的农产品区域公用品牌发展目标。农产品区域公用品牌建设，是贯彻落实党的十九大精神，实施新时代乡村振兴战略，实现小农与现代农业发展有机结合的有效途径和创新举措。

一、农产品区域公用品牌延伸的含义

凯文·莱恩·凯勒（Kevin Lane Keller）认为，品牌延伸指的是企业利用已经形成且具有影响力的品牌来推出新产品的过程。所谓农产品区域公用

---

① Tauber E. M. Brand franchise extension: New product benefits from existing brand names [J]. Business Horizons, 1981, 24 (March/April).

品牌延伸则是指借助在特定区域内由若干农业生产经营者共同使用的具有相当知名度与市场影响力的农产品品牌，保留原有品牌自然、生态、人文的核心价值，将其运用到新产品或服务，以期望减少新产品进入市场风险的营销活动。近年来，农产品区域公用品牌命名多采用区域名与产品名结合的方式，在农业生产中形成的初级产物及其加工产品称为农产品，我国典型的农产品区域公用品牌主要分为茶叶、畜牧产品、果蔬产品以及大米四类。结合农产品区域公用品牌的特点，一般可采用产品线延伸、延伸品牌命名策略、加工产品延伸、特色店延伸、观光农业延伸等。

二、农产品区域公用品牌延伸的意义

在日益激烈的市场竞争中，如果企业的品牌不能延伸，就必须承担被其他品牌抢占市场份额的风险，而作为美国第一家国际公司的"胜家"品牌便是这一现象的典型实例。在 20 世纪 30 年代至 40 年代，世界上每 3 台缝纫机中就有 2 台是"胜家"，而这一盛况并没有持续很久。到 1986 年，胜家公司宣布"胜家牌"缝纫机不再生产。"胜家"的惨败深刻揭示了品牌延伸策略的重要性，只有企业不断推陈出新，品牌的影响力才能逐步得到提升。

（一）借助品牌伞效应，降低营销成本

所谓品牌伞效应，就是指已经具备良好品牌信誉的企业在市场上通过搭乘"品牌列车""借船出海"的方法，同时对同一品牌的其他商品进行宣传促销，使消费者快速识别新产品，对其心理上产生认同感，从而降低新产品的市场进入成本，提升新产品的开发成功率。具体来说，在品牌伞的效应下，各农业生产经营主体通过农产品区域公用品牌延伸可以充分利用原有农产品品牌的市场形象，将消费者对母品牌的忠诚度复制到由此品牌衍生的新产品上，使消费者以足够短的时间消除对新产品的陌生感，产生爱屋及乌的心理，从而可以以较少的投入成本，达到快速进入市场的效果。

（二）提升产品活力，实现品牌价值最大化

成功的品牌是企业巨大的无形资产，正确的农产品区域公用品牌延伸可以充分借助现有农产品的品牌效应，在短期内提高农产品竞争力和区域经济

效益，最大程度上减少品牌价值的闲置和浪费。例如，可口可乐公司在"可口可乐"的基础上持续推出了"健怡可口可乐""樱桃可口可乐""无糖可口可乐"等不同系列的产品，为可口可乐的发展注入了新的源泉。可口可乐这种同一品牌、不同系列的方式，会进一步促进品牌整体形象的提升，从而获得更大的经济效益，实现品牌价值最大化。此外，随着区域生产经营者规模的扩大和市场占有率的提高，将会积极地反作用于开展品牌延伸的品牌利益主体，增强品牌的价值和区域的农产品公用品牌竞争优势，为其创造更多的市场机遇，形成良性循环，从而达到品牌在使用中保值增值的目的。

（三）规避市场风险，有效增强农产品竞争力

在市场经济不断发展的今天，品牌代表着企业拥有的市场，在一定程度上也代表着国家的经济实力。现有农产品市场如果仅依靠单一产品已无法满足扩大市场的要求，农产品区域公用品牌延伸是占领新的市场份额，促进区域组织融合发展的重要措施。如何利用核心农产品品牌资源实施农产品区域公用品牌延伸，提高品牌的整体投资效益，是农产品生产经营者经营管理不可或缺的课题。新产品继问世起就被品牌化，节省了市场投入期的巨额成本，以复制母品牌忠诚度的方式来大幅度缩减消费者对新产品从了解到认同的过程，实现新产品低成本、快节奏、低风险地进入市场。此外，农产品区域公用品牌延伸策略的成功，将为区域农产品公用品牌利益主体增加可观收益，切实促进农业产业增收创收，增强区域农产品公用品牌的竞争优势。

（四）强化品牌效应，间接增强品牌的经济价值，提升品牌延伸力

品牌延伸效应促使品牌从单一产品向多个领域辐射，不断增强这一无形资产的经济价值。农产品区域公用品牌延伸通过借助消费者对核心区域农产品公用品牌的忠诚，大力推进消费者短期内迅速完成对新农产品认知、接受到认同的过程。既保证对消费市场的扩充，也强化品牌的信誉和声誉，还在一定程度上降低消费者购买风险。例如，娃哈哈从主打童趣到矿泉水、果饮、茶多种品牌定位的转变，消费者心中原有品牌定位"童趣"逐渐被"快乐、健康、活力"所替代。具体定位到情感定位的改变，进一步提升了娃哈哈的品牌延伸力，使娃哈哈成为具有食品饮料综合品牌资产的强品牌。

（五）加快新产品的定位，确保企业新产品投资决策迅速、准确

在农产品区域公用品牌延伸的过程中，首先要准确对新开发产品进行明确定位，区分新老产品之间的关系，当遇到新开发农产品定位与原有品牌关联度相似时，可参照原有产品市场行情、可开发空间、产需数据等，大幅减少产品开发前的长期调研，有效保证生产经营主体准确、迅速地决策。

三、农产品区域公用品牌延伸实施的前提

成功的品牌延伸能够增加企业的市场份额，提升品牌知名度，但是品牌延伸具有双重效应，并非只要进行品牌延伸便可为企业带来好处，许多著名企业都在品牌延伸失败中经历了惨痛教训。合理的品牌延伸是企业发展的加速器，不合理的品牌延伸则可能是企业发展的"滑铁卢"，甚至还会损害原品牌的良好形象。因此，区域各生产经营主体在进行农产品区域公用品牌延伸时要进行自我评估，结合自身的实际情况，审时度势，从农产品特点出发，从市场出发，谨慎运用品牌延伸策略，对其潜在风险以及可能造成的不良后果加以综合考虑。合理进行农产品区域公用品牌延伸，使延伸出的品牌产品能为品牌相关主体创造更佳的效益。

一个品牌延伸是否能成功，目前有四种相关理论。第一，相关论，即产品类别非常接近，才能进行产品延伸；第二，核心价值论，是指品牌延伸的关键在于两种产品核心价值的传达是否一致；第三，企业与消费者竞合理论，即在消费者认可的范围内进行品牌延伸；第四，优先效应与近因效应论，其中，优先效应是指最先接触到的事物给人留下深刻的印象，起先入为主的作用；近因效应是指在某个行为过程中最近一次接触的事物给人留下较深的印象，对第一次的优先效会产生调整、否定、维持的作用。

农产品区域公用品牌因其公共属性，发展过程中易出现"公地悲剧"，从而导致资源滥用、形象受损等问题。因此，在农产品区域公用品牌战略规划与建设中，要注重构建与完善科学合理的利益联结机制，形成由政府、行业协会、企业等相关主体共同参与的品牌共同体，确保农产品区域公用品牌的健康持续发展。根据品牌延伸研究相关理论，农产品区域公用品牌在进行品牌延伸时需考虑以下因素。

（一）品牌核心价值包容力同延伸力成正比，品牌延伸应以品牌价值包容性强为基础

品牌价值的传递与转移是实现品牌延伸成功的必然要求。品牌价值在一定程度上有其特定性，即某一品牌仅适用于特定产品和服务，对其他领域的产品影响力十分有限，只有新老品牌之间真实传递了品牌产品与服务以及文化内涵，才可能真正实现品牌价值的传递和转移。因此，农产品区域公用品牌延伸强调原有区域农产品公用品牌价值的包容性，只有包容性强，在进行品牌延伸时才具有更大的发展潜力。情感类品牌定位，其品牌核心价值包容力较强，则品牌延伸空间和覆盖面积也较大。而作为功能型品牌，重视突出具体的品牌核心功能，消费者对品牌核心价值联想受限，则品牌延伸空间也较弱。例如，万宝路凭借情感类核心价值，成功实现从香烟延伸到服饰类等跨度很大、关联度很低的产品。

（二）农产品区域公用品牌的影响力

农产品品牌的影响力是农产品区域公用品牌延伸和多元化的基础，通常品牌力表现为品牌知名度、品质认知度、品牌联想度和品牌美誉度。因为品牌延伸的目的就是要借助原有品牌的影响力推出新产品，这要求原品牌必须是强势品牌，有很高的品牌知名度，取得主要目标消费者的强烈认可，消费者的忠诚度也较高。通常来说，消费者对具备高知名度的品牌更加信赖，品牌延伸过程也会更加顺利，忠诚度越高的品牌，延伸效果越明显。农产品区域公用品牌作为区域内农业生产经营主体共同创建、经营且共同使用的品牌标志，是区域主体共同产生经济效益的有效途径。因此，农产品区域公用品牌需多结合地域特征，发挥地理环境、历史文化等特色优势，构建其他产品不可复制的特性，致力打造独特的品牌形象，形成农产品品牌的核心竞争力，为农产品区域公用品牌延伸提供基础保障。

（三）延伸产品和原农产品品牌核心价值关联度的强弱

众多学者在研究中都强调，新老产品品牌核心价值的关联度是品牌延伸的必要基础，关联度越强，品牌的延伸弹性就越大。农产品加工后，形式变化多样，消费者易对延伸产品产生全新产品的陌生感。因此，延伸产品和原

农产品品牌核心价值之间的关联性并不局限于形态上的统一，而应建立与原品牌用户体验、产品品质等方面的内在相关。这要求品牌延伸过程要始终突出品牌的核心主张，如大型食品公司"雀巢"，在品牌延伸时始终坚持"好食品，好生活"这一功能与情感定位完美组合的核心文化理念，这也是"雀巢"从最初的婴儿食品延伸到速溶咖啡、奶粉、糖果等产品的成功因素所在。此外，除关注延伸产品和原品牌核心价值是否强相关外，还要确保品牌延伸不会给原品牌造成负面影响。

（四）延伸农产品市场的竞争程度

品牌延伸弹性不仅受品牌定位、延伸产品与品牌核心价值的关联度影响，同时也受到其他品牌的竞争影响。在高度竞争的市场中，尤其是知名品牌林立的市场，品牌延伸的弹性相对较低，而农产品区域公用品牌在延伸时，很可能面临产品同质化、竞争对手强大、自身核心竞争力薄弱等难题，对区域农业利益主体生产经营，实现预期延伸目标产生巨大阻力。而在竞争相对缓和的市场，不仅为区域农业利益主体收集市场信息、制定延伸计划提供更为宽松的环境，也可以为消费者认知和认同新产品创造更多的时间，同时还能降低农产品区域公用品牌主体进行品牌延伸时的外部风险，最终促进品牌延伸。

（五）农产品区域公用品牌延伸主体的能力与财力

除新老品牌核心价值的匹配、品牌影响力和包容力、延伸产品市场竞争环境外，要想在竞争激烈的农产品市场中进行成功的品牌延伸，还必须具有较强的品牌延伸财力和能力支持。基础财政保障是农产品区域公用品牌延伸的前提，在品牌延伸过程中，区域公用品牌利益主体对产业链环节的控制和市场资源的灵活调配具有很强的支配特征。因此，农产品区域公用品牌相关主体自身的管理、调节及资金支持能力在很大程度上决定了农产品区域公用品牌延伸成功与否。

除以上要点之外，面临的市场行情、竞争对手的实施策略等都能够对农产品区域公用品牌延伸成功与否产生影响，需要相关经营者与管理者在具体的实践过程中予以综合考虑。

第二节　农产品区域公用品牌延伸策略

在市场竞争日益激烈的情况下，要完全打造一个新品牌是非常困难的。合理的农产品区域公用品牌延伸策略能够通过品牌架构体系来延伸被高度认可的农产品品牌，为区域提供全新而有效的创收机会，从而促进每一个品牌价值增长，发挥"1 + 1 > 2"的效力。

一、产品线延伸

（一）向上延伸

向上延伸表示企业原来以低档产品进入市场，后来渐次增加高档产品，想通过增加更高一级的产品项目去获取自己原来定位之外的用户和市场，从而获得更高的销量和边际贡献率。本质就是通过新的品牌、新的定位占领新的市场，向上延伸的核心是讲"新"，如高端品牌"舍得"便是由"沱酒"品牌向上延伸而得，集中资源宣传"舍得"品牌"新"在哪里，目标市场为什么锁定在高端用户等。实施这种策略必须要让消费者认识到新老品牌间有极大的价值区别，否则会很容易引起用户的反感。

（二）向下延伸

向下延伸与上述向上延伸策略截然相反，其核心讲的是"旧"。这种策略指的是企业最初以高档产品进入市场，而后逐步增加较低档次的产品，用低价的方式向下兼容购买力更低的消费者。这一方面有利于稀释高档产品市场的竞争威胁，占领低端市场，扩大市场占有率，为新竞争者的涉足设置障碍；另一方面也会使用户选择可替代原高端产品的低端品牌，损害核心品牌形象，损失原有品牌的销售和市场，甚至在核心品牌的定位上起到负向作用。例如，"小米"品牌向下延伸了"红米"，大力宣传"红米"各种优质功能，这导致一部分准备购买小米手机的用户，因为性价比将购买意愿转向了"红米"。

（三）双向水平延伸

双向水平延伸顾名思义就是指企业向更高档次和更低档次两个方向同时延伸。这种策略有利于实现目标市场的多方位占领，更大程度地满足不同层次消费人群的需求，为品牌未来走向提供了双向选择。例如，"好想你"枣片在原有普通包装的基础上引入礼品包装，为消费者提供简单包装与礼盒包装多个选择。但这种策略也不是完美无瑕的，双向市场的开发容易导致定位模糊，并受到两端市场竞争者的夹击。

二、延伸品牌命名策略

（一）主副品牌延伸

主副品牌延伸通常指企业在统一的原有品牌基础上进行一定程度的变动，如在仍然保持主品牌主体地位的情况下，给各产品冠以独立的标识性副品牌，以副品牌突出产品特点，方便消费者识别。这种策略利用"成名品牌＋专用副品牌"的品牌延伸策略，借助主品牌顾客忠诚度，通过品牌核心价值的传递来突出副品牌个性形象，达到"一石二鸟"的效果。美的公司便是成功案例之一，美的公司设计了不同型号、不同功能侧重的空调，针对不同系列的空调产品冠以独立的副品牌。这包括制冷能力强的"美的—冷静之星"，安静、无噪音的"美的—超静星"，电脑控制、操作简单的"美的—智灵星"以及突出健康理念的"美的—健康星"。如此，副品牌可以在节省宣传成本，降低入市风险的同时，增加品牌文化内涵，体现产品特质，树立新产品形象。

（二）单一品牌延伸

从世界范围的成功品牌来看，伟大品牌背后不乏一个伟大的产品，因此农产品区域公用品牌延伸需要一个最能占领消费市场的、品质要求高、经济效益最佳的单品来承载和支撑，聚焦核心单品是农产品区域公用品牌迅速培育延伸的最佳途径。单一品牌延伸作为一种最简单的品牌延伸方式，指的是品牌主体在进行品牌延伸时，若干产品皆使用相同品牌，如海尔、索尼、飞利浦、强生等。这种策略实现了品牌价值的最大化，节约区域品牌关联主体的营销费用，充分发挥核心品牌的带动作用，快速占领新产品市场。例如，美国强生公司虽生产的婴幼儿产品种类繁多，但都是围绕婴幼儿日常护理的各类需求设计的，产品间竞争不大。值得注意的是，单一品牌延伸策略也会因资源分布过于集中存在"株连效应""跷跷板效应"等风险。对于大多数初级农产品而言，因其规模小、季节性、分布散等特点较为明显，可供挖掘的潜力非常有限。因此，要充分利用现代技术，借助农产品区域公用品牌的品牌效应，开发新的品种和深度加工产品，树立统一的品牌形象。

（三）亲族品牌延伸

亲族品牌延伸是指在主品牌属性不宜延伸的情况下，企业会根据产品属性等将产品分为几个不同的类别，然后给每个大类统一命名，即大类品牌。例如，中国粮油食品进出口总公司使用的"梅林"商标适用于罐头类产品，使用的"红梅"商标适用于调味料产品，使用的"长城"商标适用于酒类产品。这类品牌延伸策略可以有效避免单一产品策略及多品牌策略带来的概念模糊，但在市场利润低、成本高的情况下，亲族品牌延伸策略会呈现出宣传费用分散且整合难的弊端。

结合农产品区域公用品牌的特点，受农产品季节性强、易腐烂、规模小、销售半径小等约束，除传统产品线和延伸品牌命名策略两种延伸类型外，还可采用加工产品延伸、特色店延伸、观光农业延伸等，以产品包装、品牌故事、体验营销等方式促进品牌延伸。

第三节　农产品区域公用品牌延伸应注意的 问题及风险规避

一、农产品区域公用品牌延伸应注意的问题

为进一步拓宽占领的目标市场，必须采用品牌延伸的方式来丰富品牌体系，吸引消费者，这是当前企业经营常用的发展战略。但实施任何一种发展战略，总是鲜花与陷阱并存，农产品区域公用品牌延伸策略同样概莫能外。对于农业企业来说，由于区域农产品公用品牌内在的特殊属性，在导入品牌

经营理念，采取品牌延伸策略来推进农业品牌发展时，除考虑品牌延伸带来的巨大利润，还应注意农产品的绿色功能、安全功能和消费功能等重要方面。

（一）品牌延伸要始终突出主品牌的核心价值，防止陷入偏离定位的陷阱

为防止农产品区域公用品牌延伸带来的风险，需始终围绕而不是削弱或模糊品牌的核心价值来进行延伸，注意保持新老产品间的品质同一性。实施品牌延伸偏离定位范围，则会模糊部分消费者对该品牌的印象，甚至失去消费者对品牌的忠诚度。例如，作为主打洗涤剂产品的"活力28"，曾以"活力28，沙市日化""一比四，去污强"等广告词，开创中国洗涤液新纪元。然而，"活力28"贸然涉足纯净水行业，开发偏离自身核心价值的活力纯水，这一行为不但没有使其在消费者心中地位提升，反而给延伸产品甚至是主产品品牌声誉带来负面影响。

（二）做好初期考察和分析，准确掌握品牌延伸时机

农产品区域公用品牌属于区域农产品相关利益主体共用的品牌，涉及主体、范围较大。所以，在进行品牌延伸决策时，要避免盲目性和随意性，应对农产品区域公用品牌延伸的可行性、市场竞争环境、目标市场范围、潜在风险以及其他影响因素进行充分的考察和分析。在适当的时机选择合适的延伸策略实施品牌延伸，切忌时间过早、速度过快、延伸数目太多，合理区分主次品牌。此外，要构建利益联结机制，使农产品区域公用品牌各个主体发挥协同治理作用，及时处理好品牌延伸时可能会带来的品牌定位不明确、主品牌形象受损、延伸品牌和主品牌之间定位不同等负面问题，做好市场调查和风险预防。

（三）充分挖掘品牌内涵和外延，打好品牌延伸的根基

理论和实践证明，在农产品区域公用品牌进行品牌延伸时，当地政府及相关部门、行业协会、农产品生产和销售企业以及农户要结合本地农产品实际，在保持准确的品牌定位和统一品牌形象的基础上，充分挖掘农产品品牌的内涵和外延，注重品牌之间的差异性，满足不同消费者多层次需求，扩大品牌联想的范围。正所谓"城门失火，殃及池鱼"，实施单一品牌延伸策

略，易产生"一荣俱荣，一损俱损"的株连效应。例如，三鹿奶粉的"三聚氰胺事件"等，品牌的任何一个产品出现问题，就会影响所有产品的声誉，使企业陷入举步维艰的低谷。因此，农产品区域公用品牌要充分挖掘品牌的内涵与外延，借助技术升级和科学管理，夯实品牌延伸的根基。

（四）延伸品牌推广要易于传播、通俗化且便于记忆

一方面，农产品面向大众，消费群体中大多数人的文化程度不高，过悬过深的信息反而会因信息不对称起到反向作用；另一方面，在碎片化、数字化、快节奏的海量信息时代，消费者不愿花费过多的时间成本研究品牌延伸内容，所以要避免晦涩难懂的辞藻，便于消费者准确识别，确保情感的成功传递与转移。

二、农产品区域公用品牌延伸风险的规避

成功的品牌延伸能使品牌增值、增势，并得到充分利用。但在品牌延伸过程中，总会存在诸多来自品牌自身决策失误、外部竞争环境激烈等潜在风险。因此，农产品区域公用品牌相关利益主体必须从长远利益、可发展空间的战略高度审视农产品区域公用品牌延伸，理智权衡利弊得失，考虑品牌的可变因素与不可变因素，避免决策的盲目性和随意性，进而避开陷阱，达到品牌延伸预期目标。

（一）正确进行品牌定位，界定适用范围，防止产生消费者心理冲突

品牌精神是直击消费者产生心智共鸣进而消费的动因，是决定品牌现实与未来的竞争原力。在当前社会，同类产品的种类日益增多，要使自己的产品在众多产品中得到消费者的认可，就必须不断塑造和强化自身产品的特色优势，吸引消费者注意力。同时，品牌的定位宽度决定了延伸空间大小，企业在选择延伸领域时也应从消费者对品牌延伸产品的理解程度和接受程度来衡量。准确的品牌定位往往会起到事半功倍的效果。所以，实施农产品区域公用品牌延伸时，可以向不同产品领域进行延伸，但在这个过程中，切忌"天女散花"、无度延伸，以免引起消费者反感。

（二）科学评估品牌概况，正确实施品牌延伸策略

实践证明，农产品区域公用品牌延伸能否取得成功，取决于以下几个条件：第一，是否有技术创新能力，具备品牌延伸需要的技术基础和人才保障；第二，品牌是否具有足够的知名度和美誉度，以便借助其影响力向消费者推出新产品；第三，是否有充足的财力、可支配能力来支撑品牌延伸。如基本具备这些条件，实施品牌延伸策略才很有可能成功。另外，品牌延伸的时机和种类也要适度。在时机方面，品牌知名度与美誉度的确立是一个长期过程，为形成品牌伞效应，主品牌必须具有足够的市场影响力，否则不可盲目急于采取对策。在延伸种类方面，营销界有这样一种说法：一个品牌一般能覆盖四个产品，一个品牌只能有一种风格，一条产品线最多只能容纳四个产品项目。由此可见，农产品区域公用品牌经营主体要把延伸种类控制在适当范围内。

（三）实行主副品牌策略

农产品区域公用品牌利益主体在实施品牌延伸时，有多种策略可供选择，包括：产品线延伸、主副品牌延伸、亲族品牌延伸以及单一品牌延伸等策略。其中，在主品牌不变的前提下，主副品牌延伸策略是规避品牌延伸风险的有效途径之一，既不会因单一策略造成品牌"株连"，又可以使消费者对品牌产生统一完整的整体意识。例如，乐百氏的健康快车、长虹的红太阳、长城的画龙以及 TCL 的巡洋舰，此外，家喻户晓的海尔在主副品牌战略的运用上也是得心应手。

（四）提升延伸产品品质，谨慎延伸个性强、行业竞争激烈的品牌

品牌质量是品牌的精髓，若是延伸产品的品质存在问题，那品牌延伸必然会受挫，进而损害整个品牌的声誉。从消费者的角度看，顾客选择某一品牌，更关注的是品牌质量以及是否能够真正满足自身的物质和精神需求。因此，为防止品牌延伸过程中的株连风险并提升对消费者的吸引力，农产品区域公用品牌相关主体必须注重把控延伸过程中的产品品质问题。此外，切忌延伸个性强、行业竞争激烈的产品。当品牌产品已成为某一类产品代名词时，如果进行不同类品牌延伸可能会产生负面作用。此外，延伸产品市场竞争是否激烈也是延伸成功与否的关键，比如美的开发热水器、煤气灶等燃

具，即使没有投入大量的广告宣传却也取得成功，其主要原因是行业竞争者与美的影响力相差悬殊，市场竞争力小。

【本章小结】

农产品区域公用品牌延伸是指借助已经具有相当知名度与市场影响力的由区域内若干农业生产经营者共同使用的农产品品牌地位，保留原有品牌自然、生态、人文的核心价值，将其运用到新的产品或服务中，从而期望减少新产品进入市场风险的活动。实施农产品区域公用品牌延伸的意义有：借助品牌伞效应，降低营销成本；提升产品活力，实现品牌价值最大化；规避市场风险，有效增强农产品竞争力；强化品牌效应，间接增强品牌的经济价值，提升品牌延伸力；加快新产品的定位，确保企业新产品投资决策迅速、准确。

农产品区域公用品牌延伸有相关论、核心价值论、企业与消费者竞合理论以及优先效应与近因效应论四种理论。品牌实施有以下五个前提：品牌核心价值包容力同延伸力成正比，品牌延伸应以品牌价值包容性强为基础；农产品区域公用品牌的影响力；延伸产品和原农产品品牌核心价值关联度的强弱；延伸农产品市场的竞争程度；农产品区域公用品牌延伸主体的能力与财力。但值得注意的是，农产品区域公用品牌延伸受复杂因素的影响，除以上要点之外，面临的市场行情、竞争对手的实施策略等都能够对农产品区域公用品牌延伸成功与否产生影响，需要相关经营者与管理者在具体的实践过程中予以综合考虑。

农产品区域公用品牌延伸策略分为产品线延伸和延伸品牌命名策略两大类。对于产品线延伸而言，包括低档品牌向高档品牌的向上延伸、高档品牌向低档品牌的向下延伸和中档品牌的双向水平延伸；从延伸品牌命名角度，可分为主副品牌延伸、单一品牌延伸以及亲族品牌延伸。此外，结合农产品区域公用品牌的特点，受农产品季节性强、易腐烂、规模小、销售半径小等约束，除传统产品线和延伸品牌命名策略两种延伸类型外，还可采用加工产品延伸、特色店延伸、观光农业延伸等策略。

在农产品区域公用品牌延伸过程中也需要注意一些问题，如品牌延伸要始终突出主品牌的核心价值，防止陷入偏离定位的陷阱；做好初期考察和分析，准确掌握品牌延伸时机；充分挖掘品牌内涵和外延，打好品牌延伸的根基；延伸品牌推广要易于传播、通俗化且便于记忆。针对这些问题和潜在风险，需要做好农产品区域公用品牌延伸风险的规避。第一，正确进行品牌定位，界定适用范围，防止产生消费者心理冲突；第二，科学评估品牌概况，正确实施品牌延伸策略；第三，实行主副品牌策略；第四，提升延伸产品品质，谨慎延伸个性强、行业竞争激烈的品牌。致力做好农产品区域公用品牌延伸风险规避措施，有效维护好品牌整体形象，从而提升农产品区域公用品牌的核心竞争力。

【思考题】

1. 什么是农产品区域公用品牌延伸，其意义是什么？

2. 说明各类农产品区域公用品牌延伸策略的适用场景，并举例说明。

3. 成功的农产品区域公用品牌延伸有何种特征，并举例探讨某产品进行品牌延伸的优劣。

【案例分析】

讨论题

1. 为什么"江中"之前卖药，而如今卖饼干可以成功呢？你认为"江中"品牌延伸成功的关键是什么？

2. 在这段"猴菇饼干"品牌延伸史中，江中集团是运用何种延伸策略实现品牌延伸的？请列举相似延伸策略的品牌。

遥看"江中"行舟路，心悟品牌延伸史

江西江中制药（集团）有限责任公司（以下简称"江中集团"）是省属国有大型中药制药企业。江中集团的前身是 1969 年成立的江西中医学院制药厂，主要是为学院的教学实践服务，且不以营利为目的。五十多年前，身为如今江中制药集团董事长的钟虹光，面临的是一个逐年亏损、连医药企业都不会接受的校办作坊式工厂。

江中集团多年来始终坚持正确的战略是企业发展的动力，从一家年年亏损的校办工厂做起，从 OTC（非处方药）制药业到保健品行业再到最新的食疗产业，在多元化发展过程中融入创新机制，现已成长为一家营业规模高达 40 多亿元，年产值超过 15 亿元，集医药制造、保健食品、功能食品于一体的上市公司。

随着人民生活水平日益提高，中国的保健品行业自 20 世纪 90 年代以来

蓬勃发展，然而保健品的普及性差，市场竞争激烈。针对市场现状和消费者需求，江中集团凭借 46 年的制药研发经验和敏锐的市场洞察力，提前感觉到 OTC 行业发展的局限，并发现我国食疗传统由来已久，药食同源的材料数不胜数，商品开发却很少，功效型食品市场仍处空白区。所以江中便把目光快速瞄准到快消市场，从"药食同源""药补不如食补"角度出发另辟蹊径，进行产品创新，将食品与中药药理结合，充分发挥江中集团多年经营主业的品牌优势，借助江中集团 OTC 类药物的高品质象征保持顾客的品牌忠实度，打造了主打"养胃"的高端功效型食品——江中猴姑饼干。其原料中猴头菇成分是从福建和东北运来的上等原材料，经过严格计算配比，以一块饼干含 11% 的猴头菇的特色打进市场。猴头菇作为中国八大"山珍"之一，有增进食欲、增强胃黏膜屏障机能、提高淋巴细胞转化率等作用，对消化道溃疡等具有良好疗效。

　　猴姑饼干的上市受到广大媒体及消费者的热捧，上市当年销售额近 2 亿元，掀起社会养胃新热潮，成为饼干市场最热销的产品之一。全球领先管理咨询公司贝恩公司与凯度消费者指数在 2016 年 6 月发布的《在"新常态"下赢得中国购物者——2015 年中国购物者报告》中指出，作为饼干类中的新品，江中猴姑饼干基于中国传统食疗理念进行创新，主打健康和高端品牌形象，2014 年，它从国际竞争对手手中赢得了近 2% 的市场份额。

　　参见：傅利平，党子芳，许凯渤 . 遥看"江中"行舟路，心悟战略转型史 [DB/OL]. 中国管理案例共享中心网站，2018 - 3. 胡宇辰，位鹏，李梦晓 . 固本求新：江中药企的知识协同创新之路 [DB/OL]. 中国管理案例共享中心网站，2017 - 9.

第九章　农产品区域公用品牌维护与创新

【学习目标】

1. 认识什么是农产品区域公用品牌维护与品牌创新。
2. 了解农产品区域公用品牌维护的意义与方法。
3. 了解农产品区域公用品牌创新的含义、特征和原则。

【导入案例】

新疆红枣更红了

从原枣到加工枣，从枣类食品到含枣食品，为适应消费者需求，新疆红枣正从外到内不断变身，产品包装从简单粗放到时尚新潮，产业发展从"产供销"转变为"销供产"，受到越来越多消费者欢迎。

说到红枣，必提新疆。多年来，新疆大力发展特色林果产业，红枣产量连续多年在全国居首。红枣兼具食用价值和药用价值，但这并不是所有人的日常必需食品，随着产量、市场供求关系波动，近年来红枣收购价起起伏伏。为应对市场变化，新疆红枣主产区以深化供给侧结构性改革为主线，引导果农、加工企业、果业销售公司等，坚持提升质量、强化创新，提升消费黏性。

一、"着装"趋向新潮

与以往不同，如今红枣产品包装更加多元化，其中不乏兼顾颜值和实用性的新潮包装，一款便携易带的小罐装红枣，品牌标志醒目、产品辨识度高，让人一眼就能记住。

洛浦县是和田地区最早种植红枣的县。洛浦县支青红枣农民专业合作社负责人李德振坦言，包装不仅要美观、方便，还得向消费者呈现卖点。原来不重视包装，多用粗糙的袋子，去年专门设计了系列包装，枣子身价也跟着涨了。

红枣树，绿银行。从简单粗放到时尚新潮，红枣包装上的变化，折射出新疆红枣产业发展从"产供销"到"销供产"的转变。处在种植端的果农，越来越重视红枣的质量、果型、色泽，琢磨销售端的需求。麦盖提县红枣种植户买合赛提·艾买提说，种好红枣能挣钱，打扮好、包装好红枣能多挣钱。

阿克苏格林凯生态果业有限公司以销售新疆农特产品为主要业务，根据红枣市场需求，将原来2.5公斤的大包装换成了500克的小包装，并增加了罐装和礼盒包装。企业负责人黄金枝说，今年设计更新了包装，加入了地域文化元素，让人一看就知道是新疆产品。新包装产品受到更多消费者的欢迎。

二、"搭档"更加多元

近年来，红枣产品越来越丰富，其"搭档"更加多元。除了奶枣，枣夹核桃也一度爆红。北京市西城区居民陈平表示，单吃枣太甜，单吃核桃又有点涩，两种食品混合在一起吃，口感就非常好。这类产品走红的背后，是枣类产品向创新化、健康化转型的实践。新疆一些红枣加工企业立足创新、瞄准健康，适应消费者口味，产品越来越丰富。

以红枣为原料，主要有红枣加工类和含枣类两大类产品。红枣加工产品包括红枣汁、红枣干、冻干枣等，主要成分是枣；含枣产品则有红枣粥、红枣奶、红枣茶、红枣生姜饮料等，产品中含有红枣，但可能只是配角，奶枣、枣夹核桃就属于这一类。目前，这两类产品为消费者所熟知，高品质的产品市场反响良好。

此外，洛浦县还深入挖掘红枣文化，积极宣传支边青年开垦荒地、种植红枣，带动各族群众致富的历史，建立了红枣主题公园，连年举办红枣文化节、采摘节等，通过推进文旅融合，延伸了红枣产业优势。

三、"内涵"重在有机

新疆红枣产量高、品牌多，同质化竞争严重。突出绿色、迈向有机，以质量撬动市场，近年来，新疆红枣主产区喀什地区麦盖提县实现了从重产量到重质量的转变。

作为"孤悬"的绿洲，且末县产业发展面临诸多劣势，在红枣产业发展方面，他们却将这种劣势转化为优势，坚持打造"有机绿洲"。在近年来红枣市场略显低迷的情况下，该县连续 3 年成为新疆红枣种植区中销售最快、价格最高的县。

且末县引导果农发展有机红枣，应用生物有机肥，倡导科学种植，全面提高红枣品质。且末县委书记徐凯表示，提高质量是抵御价格波动的利器，这在全县果农中已形成共识。这两年有机红枣供不应求，有多少就卖出去多少。且末县雪山果园农业开发有限公司负责人田永红介绍，安全是食品企业生存和发展的生命线，原枣质量好，下游产品的品质才有保证，对食品行业来说尤其如此。他还表示，虽然有机枣产量低一些、投入高一些，但价格翻倍往上升，我们会坚定不移走好高品质之路。

同在巴音郭楞蒙古自治州的若羌县，与且末县一样，把红枣产业作为巩固脱贫攻坚成果、推进乡村振兴的重要抓手，培育优质红枣。目前，全县红枣种植面积已达23.4万亩，其中绿色枣果面积就达11万亩，有机红枣面积达10万亩。若羌红枣皮薄肉厚，深受消费者喜爱。新疆羌都枣业股份有限公司副总经理孙娟说，我们将持续以优质红枣为基础，打造高端品牌，在促进农村第一、第二、第三产业融合发展、助力乡村振兴和消费升级中贡献企业担当。

眼下，从原枣到加工枣，从枣类食品到含枣食品，和着消费市场的节拍，新疆红枣从外到内不断变身，正演绎着"七十二变"。

参见：乔文汇. 新疆红枣更红了 [J]. 农产品市场，2022，981（03）：28 - 29.

第一节　农产品区域公用品牌维护

一、农产品区域公用品牌维护的意义

农产品区域品牌作为企业的重要资产，市场竞争力和价值都是来之不易的。但是由于市场是瞬息万变的，企业需要在农产品的质量及服务上不断地对农产品区域品牌进行品牌维护。品牌，特别是一些知名品牌，极其容易被侵权。这不仅会给品牌的无形财产造成损失，还会降低品牌价值。农产品区域公用品牌亦是如此。因此，每个农产品区域公用品牌所有者都应当有维护其品牌的意识。

（一）农产品区域公用品牌维护的含义

农产品区域公用品牌维护，是指农产品区域公用品牌企业针对外部环境的变化给品牌带来的影响所进行的维护品牌形象、保持品牌的市场地位和品牌价值的一系列活动的统称，是一种维权行为。

（二）农产品区域公用品牌维护的重要性

对农产品区域公用品牌进行维护是农产品区域公用品牌运行的一个重要环节，其重要性主要体现在以下几点。

1. 品牌维护有利于巩固品牌的市场地位

由于外部环境的不断变化，对于任何农产品区域公用品牌来说都存在着品牌老化的风险。因此，需要不断对品牌的质量和服务进行维护才能避免品牌老化，在激烈的市场竞争中保持竞争力。

2. 品牌维护有助于保持和增强品牌生命力

农产品区域公用品牌的生命力取决于是否能最大程度满足消费者的需求。若品牌能够通过不断维护满足消费者不断变化的需求，那么这个品牌就在竞争市场上具有旺盛的生命力。因此，持续对品牌进行维护以适应不断变化的市场和满足消费者的需求是十分有必要的。

3. 品牌维护可以防止竞争对手仿冒

一个品牌拥有了一定的知名度之后，便会在市场上极具竞争力，但同时也容易引起他人的仿冒。若使用专利、商标等知识产权维护品牌，便可以大大避免这个问题的发生。

（三）品牌维护的现状

近年来，我国公民的法律意识有了明显的提高，我国企业的商标保护意识也有所增强。据中国商标局统计，到 2020 年，中国已受理商标注册申请 911.6 万件，有效注册商标数 2839.3 万件，处于世界前列。在专利领域，2020 年我国发明专利授权 53.0 万件。① 这表明我国品牌拥有者越来越懂得如何运用法律手段保护自己的合法权益。

---

① 参见：《2020 年年度知识产权主要统计数据》，国家知识产权局网站。

然而，我国品牌保护的总体形势仍然十分严峻，在对外贸易以及高新技术等领域，我国的商标管理者仍然普遍缺乏品牌维护意识。一些公司因缺乏品牌意识遭受了惨痛的教训。例如，"五粮液"在韩国被抢注，"红塔山"在菲律宾被抢注，"同仁堂"在日本被抢注，"康佳"在美国被抢注，"杜康"在日本被抢注，"阿诗玛"在菲律宾被抢注，上海冠生园食品总厂的"大白兔"商标在日本、美国以及英国都已被抢注。面对这种情况，中国企业通常会花大量的钱从抢注人手中回购商标使用权，或者直接放弃在这些地区销售商品。这不仅会对品牌的国际化产生严重影响，甚至会使品牌直接失去市场。这些事件表明，我国一些品牌在进入国际市场时，对知识产权保护重视不够，忽视了品牌维护的重要方面。基于此，我国农产品区域公用品牌企业应提高警惕，增强品牌意识，避免重蹈覆辙。

二、法律对农产品区域公用品牌的维护

（一）商标权

商标权是以区别来源为目的，对民事主体所享有的商品或者服务使用专用商标的权利。如果想获得商标权，通常有两种方式：一种是通过使用取得商标权，另一种是通过注册取得商标权。在我国，商标注册是取得商标权的基本途径。

1. 商标的种类

根据不同的标准，商标可以分为以下几种。

（1）商品商标和服务商标。

商品商标是指商品生产者生产经营商品所使用的商标。商标在商品上使用时，是指商标附着在商品上或者在商品包装纸、容器等上。商标用于广告、展览等商业活动也属于商标使用。

服务商标是指经营者为区别自身和他人提供的服务而使用的商标。使用服务品牌的方法主要有：在服务中直接使用，例如，在服务介绍中，提供服务场所的小册子、照片；在广告中使用商标。

（2）联合商标和防御商标。

联合商标是指商标所有人在同一商品上注册多个相同商标，或者在同一商品的不同类别上注册多个相同或者相似商标。

防御商标是指同一民事主体在不同类别的若干商品上注册相同的商标。第一个注册的是主商标，其余的商标则是防御商标。

（3）注册商标和未注册商标。

注册商标是指依法经商标行政管理部门批准注册的商标。商标注册必须严格遵守法律规定和严格的法律程序。在有商标注册制度的国家，商标一经注册即享有对注册商标的专有使用权和排除他人使用的权利。

未注册商标是指未经国家有关部门注册的商标，使用者无权独占使用该商标。未注册商标虽然不享有商标专用权，但可以使用，可以享有使用效果和信誉，未注册商标仍受商标法和反不正当竞争法的保护。

2. 商标注册的原则

（1）先申请原则。在中国注册的商标，应当在投入生产前申请注册。该原则可以有效降低风险，避免不必要的纠纷。

（2）宽类别注册原则。企业在申请注册商标时，不仅要对部分产品进行注册，还要对多个产品进行注册。这可以防止竞争对手使用同一品牌生产和经营其他类型的商品，从而造成商业损失。

（3）防御注册原则，包括宽类别注册和联合注册。联合注册是指在同一商品上申请注册除正商标以外的多个近似商标的行为。防御商标的注册有着较为严格的条件，一般只有测名商标才可以完成注册。

（4）及时注册互联网域名。当今世界是一个信息化的世界，域名是企业与外界进行信息交流的身份证。它不仅是企业的网络品牌，也是企业与客户双向沟通的高速入口。良好的域名注册是企业进入互联网世界实施电子商务的第一步。良好的域名不仅可以帮助企业树立良好的形象，也能使企业在网络世界中获得更多的机会，能给企业带来更多的经济效益。

（二）专利权

专利权，简称"专利"，是发明创造人或其权利受让人对特定的发明创造在一定期限内依法享有的独占实施权，是知识产权的一种。

1. 专利权的含义及其特征

专利权是指专利权人在法律范围内对发明创造的使用、收益和处置进行垄断，排除他人干涉的权利。专利权具有时间性、地域性及排他性等特征。

2. 专利权的授予条件

授予专利必须满足一定条件。授予专利权的发明和实用新型必须具有新颖性、创造性和实用性。

新颖性是指在提出申请之日前，在国内外出版物上公开发表的同一发明或者实用新型，未在中国公开使用或者以其他方式公示的；其他人向国务院专利行政部门申请并在申请日后公布的专利申请文件中登记的发明或者实用新型，不得与该发明或者实用新型相同。创造性是指同申请日以前已有的技术相比，该发明有突出的实质性特点和显著的进步，该实用新型有实质性特点和进步。实用性是指该发明或者实用新型能够制造或者使用，并且能够产生积极效果。

（三）商业秘密

商业秘密是指公众不知道的、具有商业价值的、由权利人采取保密措施的商业信息，如技术信息、商业信息等。

1. 商业秘密的特征

商业秘密与一般知识产权相比，有其特殊性。一般知识产权具有独占性、专有性、排他性，具有对抗第三人的效力，不特定公众均负有不得实施的义务；商业秘密不具有对抗善意第三人的效力，第三人可以善意地实施通过正当手段获得的商业秘密，如自行研发和反向工程等，不特定公众并不负有不得实施的义务，只是因为并不知晓而无法实施。

2. 商业秘密的构成

（1）不为公众所知悉。

保密是商业秘密的基本特征，也是商业秘密认定的重点和难点。保密是商业秘密区别于专利技术和一般技术的显著特征，也是维护商业秘密经济价值和法律保护的前提。公众容易获取的信息无法得到法律的保护。泄露的秘密将剥夺所有者的竞争优势，从而消除法律保护的必要性。

（2）能为权利人带来经济利益。

《关于禁止侵犯商业秘密行为的若干规定》第2条规定："本规定所称能为权利人带来经济利益、具有实用性，是指该信息具有确定的可应用性，能为权利人带来现实的或者潜在的经济利益或者竞争优势。"该解释揭示了商业秘密的本质特征。能为权利人带来经济利益指的是商业秘密的价值性，是法律保护商业秘密的目的。

（3）实用性。

商业秘密的实用性是指商业秘密的客观效用，即商业秘密的使用能够为所有人创造经济价值，具有一定的实用性，是实现商业秘密价值的必然要求。一项商业秘密应当能够被用于制造或者使用，以给持有人带来经济利益。正是由于商业秘密的实用性，才使得只有掌握商业秘密的人才能在实践中运用商业秘密。

三、政府对农产品区域公用品牌的维护

在农产品区域公用品牌的建设中，政府是整个建设体系中的战略决策者，推动整个品牌的实施，对品牌进行顶层设计。在对品牌的维护过程中，政府起着至关重要的作用。

首先，做好规划，制定出有利于农产品区域公用品牌发展的方针和政策。政府的政策规划，对于品牌的发展发挥着重要的作用。一个良好的方针政策，可以提供一个公平规范的竞争环境，并通过合理的竞争使品牌得到提升和发展。

其次，为企业提供支持与帮助。政府应在一定范围内，为企业提供帮助以扶持本土品牌实现更好的发展，如政府可以提供技术指导、人才培训以及在农村地区修建基础设施等。此外，应强调技术和质量为主的核心竞争力，从而更好地对品牌进行维护。

最后，对市场加强监管，严厉打击侵权行为。假冒伪劣产品的出现和泛滥，将给企业的品牌带来危害，并给企业造成不可估量的损失。因此，政府应加强对市场的监管，对市场中存在的假冒伪劣行为进行严厉的打击，从而维护品牌的健康发展。

四、企业对农产品区域公用品牌的维护

当今世界，企业之间的竞争是品牌所覆盖的企业综合实力的竞争。从企业发展战略的角度来看，如何管理和维护品牌形象是企业发展的中长期战略。任何企业都必须做好一点一滴的小事以获取消费者的青睐。具体来讲，包括以下几个方面。

（一）随时维护品牌形象的核心价值

农产品区域公用品牌的核心价值是区域农产品公共品牌资产的重要组成

部分，它不仅可以使消费者对品牌个性的记忆印象深刻，也是消费者识别甚至热爱品牌的关键。企业要想保持农产品区域公用品牌形象，就必须努力了解目标消费者对品牌的信念，根据消费者不断变化的需求，维护农产品区域公用品牌的核心价值。维护品牌核心价值的目的是让消费者感受到品牌的独特形象。良好的品牌形象不仅在外形和包装上满足了消费者的需求，更重要的是能够体现出该品牌的良好形象。

（二）不断提升产品质量

质量是构成品牌形象的首要因素，也是决定品牌形象生命力的首要因素。进入 21 世纪以来，我国人民生活水平逐渐提高，食品需求从饱到好，消费观念从量到质，既要求食品的多样性，又强调质量。人们的日常生活始终离不开农产品，农产品的质量与人们的健康有着直接联系。因此，企业需要本着对顾客负责的态度，严格对农产品的质量把关。只有出色的质量才有更多赢得顾客、抢占市场的机会。若企业生产的产品没有一流的质量，不仅可能无法获得消费者的信任，维护其品牌形象更无从谈起。

（三）诚信度管理

诚信是一种无价的美德，诚信对任何一个品牌来讲都至关重要。对一个品牌、一家企业来讲，诚信是灵魂，是生命，是企业生存和发展的永恒的动力。良好的声誉是企业的重要财富，它能提升企业的竞争力，带来无穷的利润。诚信是企业的基础，没有诚信就没有市场。因此，诚信的价值给品牌形象带来了难以估量的影响。诚信形象关系到客户的信誉和忠诚度，事关企业未来的发展。因此，诚信不仅是任何企业管理所必需的，也是企业保持品牌形象的必要条件之一。

第二节　农产品区域公用品牌创新

当今世界，科学技术的发展日新月异，市场也在不断变化。如果品牌不能根据环境的变化进行创新，就可能面临被市场淘汰的风险。这也适用于农产品区域公用品牌。因为消费需求波动，如果品牌不能随着时代的步伐不断创新，那么消费者可能会失去对品牌的忠诚。因此，农产品区域公用品牌要想持续发展和保持活力，最有效的途径就是不断创新。

一、农产品区域公用品牌创新的含义

农产品区域公用品牌创新是指随着企业经营环境的变化和消费者需求的变化，在维护农产品区域公用品牌特性的基础上创造新的品牌、创造品牌新的应用，以实现品牌价值增值的管理过程。

二、农产品区域公用品牌创新的特征

（一）效益性

农产品区域公用品牌通过创新不仅能够拓宽市场，也能够扩大消费群体，从而为企业带来巨大的经济效益。

（二）市场性

市场是农产品区域公用品牌存在的基础，是农产品区域公用品牌实现其自身价值的场所。品牌如果脱离了市场，就仿佛大树离开了土壤，就像鸟儿离开了天空，就像运动员离开了赛场，无法实现其自身的价值。因此，农产品区域公用品牌应该严格坚持以市场为导向，只有这样创新才是有意义的，才能够达到想要的目标。

（三）竞争性

在农产品区域公用品牌创新完成后，就可以成为一种新的品牌。创新完成后的该品牌在市场中极具竞争力，有着其他品牌不可比拟的优势，可以使企业至少在短时间内，依靠其创新后的农产品区域公用品牌在市场中获得高额利润。

（四）整体性

农产品区域公用品牌创新并不是一蹴而就的，这是一个系统工程，需要社会以及企业等各个方面相互之间的积极合作才可以实现。这个创新过程追求的并不是某一个方面的效应，而是要实现整体的效应。农产品区域公用品牌是当地文化与经济有机结合的产物，规定在创新过程中要能够实现科学技术创新与经济效益的有效融合。一个企业的整体创新水平集中体现在其品牌创新能力上，品牌创新能力的强弱决定着企业在市场当中的整体竞争力。

（五）风险性

创新是一项极具风险的活动。由于外部环境处在不断变化中，创新者的理性也是有限的，使创新充满不确定性。若创新取得了成功，则可能使农产品区域公用品牌抢先占领市场；若创新失败，由于创新过程会投入大量的资金和人力，则会使企业遭受巨大的损失。

三、农产品区域公用品牌创新的一般动力

随着经济全球化的发展，消费者的需求越来越呈现复杂化、多样化的特点，因此往往对品牌的忠诚度越来越低。企业需要根据外部环境的变化不断对自身进行调整，与此同时也会对品牌进行创新，墨守成规、一成不变的品牌终究会停滞不前，无法给社会与企业带来利益。品牌创新的动力主要有以下几点。

（一）社会政治经济环境的变化

国家或者政府制定的方针政策有时会发生变动，农产品区域公用品牌也必须顺应社会政治经济环境的变化，积极调整，对品牌进行创新。

（二）社会科技水平的发展

"科学技术是第一生产力。"当今世界，新一轮科技革命正在孕育和兴起。全球范围内知识创造和技术创新速度明显加快，产业变革呈加速态势，国际创新要素流动空前活跃、重组不断加快，全球化、网络化的新型研发组织模式纷纷涌现。在这样一个伟大变革的时代，只有坚持科技创新，才能推进技术保持领先、产业不断升级、结构顺利转型。只有不断坚持科技创新，才能使农产品区域公用品牌保持旺盛的生命力，不断往前发展。

（三）市场竞争的压力

"物竞天择，适者生存"，既是自然规律，也是社会规律。当今时代是

经济全球化的时代，农产品品牌面临的竞争不仅来自国内市场，还有国外市场。任何企业，无论其现有技术基础多好、公司规模多大、现有品牌的知名度多高，都不能保证其现在竞争地位的稳定，都需要不断对企业进行创新。因此，企业为了在市场中保持农产品区域公用品牌的竞争力，必须不断对农产品区域公用品牌进行创新。

（四）市场需求的转变

市场需求是品牌创新活动的起点和归宿。任何创新活动都是源于市场需要，其最终目的也都是为了满足市场需求。需求能够推动品牌持续进行创新的基本原因在于品牌以及商品化形式，是满足消费者需求的基本手段。

新需求替代旧需求及需求规模的扩大都可以推动品牌进行创新，创新完成后满足了以前的需求，但同时又会产生新的需求，品牌又再次进行创新。以上过程便形成了一个循环，使得需求一直推动品牌进行创新。

（五）创新合作的需要

基于企业长期发展的需要，企业需要与其他企业进行合作以谋求共同发展。这种合作对农产品品牌进行创新的方式，相比于独自创新，对企业来讲所消耗的成本要小得多。若开发失败，企业将与其他企业一起承担各种损失。若开发成功，企业与其他协作伙伴都有权一起分享所得成果。

四、农产品区域公用品牌创新的原则

农产品区域公用品牌创新是拯救品牌的良方妙药，是品牌创建与发展过程中的必然要求和结果。农产品区域公用品牌的成长仿佛逆水行舟，不进则退，品牌在发展过程中必须进行创新。但是企业在进行品牌创新时，也要综合考虑各种因素，也就是说品牌创新是有原则的。

（一）控制成本原则

任何创新过程都是需要成本的。农产品区域公用品牌创新的成本包括前期调研决策费用、技术与农产品创新费用、广告费用以及包装费用等。创新后与以往形象的差别越大，则所需要的成本就越高。因此，在进行品牌创新时，需要对成本进行严格的核算，使企业的经济利益最大化。

（二）消费者原则

一个农产品品牌创新是否取得了成功，其标准就是消费者对该品牌的认同程度。品牌创新的成功与否与消费者的偏好和意愿紧密相关。因此，让消费者了解品牌、信赖品牌也是至关重要的。

（三）可操作性原则

品牌创新同样需要落实到行动上，不能只是停留在思考阶段，即一个品牌的创新理念必须最终可以实现推动执行。创新的产品、核心技术，还有品牌文化、品牌内涵、品牌价值等，都要具备传播的渠道。如果这些都无法实现，那么品牌创新也便仅仅是虚空的思想。

（四）务实原则

务实是一种可贵的品质，不光是对企业，其实对个人、家庭、社会都有很大作用。企业开展品牌创新是为了提升企业竞争力，获得持续发展，为人民谋取福利，是一项实实在在的战略、一种实实在在的行为。品牌创新是一种手段，并不是一种目的，不是单纯为了创新而创新，而是必须了企业持续发展而创新。因此，进行品牌创新要进行成本与收益分析，不能不惜一切代价。只有当品牌创新的收益大于品牌自主创新的成本时，品牌创新才是有意义的。

（五）坚持性原则

品牌创新绝不是一两天就可以完成的，也并不是一两次尝试就可以获得成功的。创新就是不断尝试、不断失败，在失败中不断学习，最后取得成功的过程。因此，企业在开始品牌创新之后，必须要懂得坚持。在取得最后的成功之前，可能会遭受无数次的失败，但都必须坚定不移地走下去，绝不能半途而废，否则，便会前功尽弃，使得前面的努力都化为泡影。

（六）对症下药原则

品牌产生问题是有各方面原因的，有的原因是企业内部的，也有的原因是企业外部的。总的来说主要有如下几种：品牌的产品已经步入衰退期、不适当定位、个性不突出、竞争对手的挑战、市场和消费者的需求发生了变化等等。企业进行品牌创新应该依据这些问题，对症下药，这样才可以取得最好的效果。但如果品牌已经不可挽救，品牌经营者应当立即决策，抛弃该品牌。

（七）遵守法律原则

农产品品牌创新的任何行为都必须在法律的框架内。法律是一切行为的规则。只有遵守法律，品牌创新活动和创新成果才能得到法律的保护，才能达到应有的效果。否则，企业不仅无法实现品牌创新的目的，还可能会受到法律的惩罚，严重时甚至会导致企业陷入危机，品牌走向灭亡。

【本章小结】

农产品区域公用品牌维护是指农产品区域公用品牌企业针对外部环境的变化给品牌带来的影响所进行的维护品牌形象、保持品牌的市场地位和品牌价值的一系列活动的统称，是一种维权行为。农产品区域公用品牌进行维护是农产品区域公用品牌运行的一个重要环节。品牌维护有利于巩固品牌的市场地位，有助于保持和增强品牌生命力，可以防止竞争对手仿冒。然而，我国企业品牌维护的现状不容乐观，国内企业加强品牌维护迫在眉睫。政府、企业和消费者应共同努力，维护中国企业的品牌。

法律对品牌的维护主要体现在商标权、专利权以及商业秘密。商标权是以区别来源为目的，对民事主体所享有的商品或者服务使用专用商标的权利。商标的种类有商品商标、服务商标、注册商标、未注册商标、联合商标以及防御商标等。专利权是发明创造人或其权利受让人对特定的发明创造在一定期限内依法享有的独占实施权，是知识产权的一种。授予专利必须满足一定条件。授予专利权的发明和实用新型必须具有新颖性、创造性和实用性。商业秘密是指公众不知道的、具有商业价值的、由权利人采取保密措施的商业信息，如技术信息、商业信息等。

政府对品牌的维护体现在：第一，做好规划，制定出有利于农产品区域公用品牌发展的方针和政策。第二，为企业提供支持与帮助。第三，对市场加强监管，严厉打击侵权行为。

企业对品牌的维护主要体现在：第一，随时维护品牌形象的核心价值。第二，不断提升产品质量，产品质量事关品牌的发展。第三，诚信度管理，良好的声誉是企业的重要财富。

农产品区域公用品牌创新是指随着企业经营环境的变化和消费者需求的变化，在维护农产品区域公用品牌特性的基础上创造新的品牌、创造品牌新的应用，以实现品牌价值增值的管理过程。

农产品区域公用品牌的特征表现为：效益性、市场性、竞争性、整体性、风险性；品牌创新的一般动力有社会政治经济环境的变化、社会科技水平的发展、市场竞争的压力、市场需求的转变和创新合作的需要；品牌创新的原则有控制成本原则、消费者原则、可操作性原则、务实原则、坚持性原则、对症下药原则、遵守法律原则。

【思考题】

1. 进行农产品区域公用品牌维护的必要性有哪些？应从哪些方面进行农产品区域公用品牌维护？

2. 为什么要进行农产品区域公用品牌创新？

3. 农产品区域公用品牌创新的动力有哪些？进行农产品区域公用品牌创新应遵守哪些原则？

【案例分析】

讨论题

1. 请结合案例分析，"麻阳冰糖橙"品牌从哪些方面进行了创新？效果如何？

2. 留心身边的农产品区域公用品牌，思考那些创新成功的农产品区域公用品牌，它们是如何做到的？

"麻阳冰糖橙"的品牌扩张之路

2016年11月，湖南省麻阳县电商协会年度会议上，300名创业青年与23家柑橘生产销售商济济一堂，共同商议冰糖橙线上促销活动，并决定以麻阳果果绿生态农业科技有限公司（以下简称果果绿）的标准确定检测分级、分拣包装、储藏运输等操作流程。另外，与会成员一致希望通过信息化、标准化、集约化的经营管理，提升"麻阳冰糖橙"整体竞争力，实现2017年电商销售收入翻番的目标。

麻阳苗族自治县，位于湖南省西部，是全国5个苗族自治县之一。因属亚热带季风气候区，相对独特的砂壤土及盆地构造形成的积温效应，为麻阳带来"中国冰糖橙之乡""中国长寿之乡""中国民间艺术之乡""中国最美养生栖居地""全国休闲农业与乡村旅游示范县"等美誉。麻阳于 20 世纪 60 年代引入种植冰糖橙，全县种植冰糖橙已久，以冰糖橙为主的柑橘产业在农业产业中优势突出，先后被评为"湖南省水果之乡""全国晒红烟生产基地县"。

冰糖橙因含糖量高，又称冰糖泡或冰糖柑。麻阳冰糖橙果实圆球形，果形端正整齐，果面光滑呈黄红色，均为无核或少核，且富含钙、硼、铁、锌等微量元素，11 月中下旬成熟，肉质细嫩、风味浓甜、清香爽口。截至 2014 年底，麻阳冰糖橙种植面积达到 18 万亩，年总产量达到 26 万吨，占全国总产量的 1/4 以上，冰糖橙已成为麻阳带动农民增收的支柱产业。在麻阳流行一种说法："娶新娘，上学堂，盖新房，全靠冰糖橙"。几乎每家每户一年收入的主要来源就是冰糖橙。但麻阳冰糖橙发展仍存在散户种植、个体经营、基础设施建设不足、没有形成统一品牌等问题，如何在农产品电商发展前景向好、市场化需求日益增多的市场环境下，帮助麻阳冰糖橙在电商行业走得更远？

2013 年，持续发酵的"褚橙热"让付文华想到了老家的冰糖橙。当时褚橙在网上一斤已经差不多卖到 16 ~ 17 元，而家里的冰糖橙却常年只卖 1 元钱一斤，随即他决定通过为家乡的冰糖橙引入电商模式，带动全县改变"捧着金饭碗讨饭吃"的局面。

2014 年 6 月，付文华在北京国贸繁华的地段租下昂贵的写字楼办公，召集一帮互联网热血青年组建团队，注册商标，设计产品包装，制作宣传物料，建立企业资源计划系统、客户关系管理系统，搭建电商平台，开设第三方平台网店。

在进行资本测算、风险分析和分析农产品本身特性之后，创业团队决定将"果果绿"定位成湘西第一家特色水果电商平台，采用"电商＋基地＋农户"的经营模式，让湘西原生态鲜果走向全国。品牌定位则总结出一个字——甜！因为冰糖橙属于甜橙类，识别度极高。虽然已有的农产品纷纷推出"原生态""绿色食品""有机无添加"等等理念，但是作为"中国冰糖橙之乡"的特产，麻阳冰糖橙除了天然和健康之外，其甜度比褚橙还高20%。"甜，你懂的"品牌口号就此诞生。

2014 年 7 月份，平台搭建完成之后，距离 11 月、12 月冰糖橙的收获季节还有几个月。付文华决定先用当地的另一款特色水果——黄桃试水电商。7 月 14 日，付文华刚注册完企业微信公众号，7 月 15 日就收到了麻阳全县被大雨淹没的消息。他急忙将朋友圈中的实时信息整合，在公众号上以图文的形式发布抗洪救灾的正能量文章，一天之内公众号涨粉 5000 多人。在官方消息都还没有发布之前，"果果绿"公众号的图文报道传遍了朋友圈，"果果绿"这个新鲜的名字也随之进入公众视野。

7 月 20 日，果果绿公司黄桃产品正式上线。设计包装别出心裁，手绘了湘西特色风土，礼盒外印制二维码溯源，盒内附上产品介绍，中间采取单个隔断模式，这种充满了互联网气息、有格调的产品立刻得到市场认可。5 斤一盒的黄桃售价是 135 元，短短十几天卖了六万多斤，在麻阳当地引起轰动。

付文华以黄桃试水电商，不仅启动传统农产品进军互联网市场的第一步，还引发了麻阳县领导的关注。2014 年 9 月，麻阳县领导带队到北京考察果果绿公司。利用这个机会，付文华介绍了果果绿公司的互联网优势基因，提出想推动麻阳冰糖橙电商产业发展，促进麻阳当即经济发展的想法。他们展示出来的每个细节，让县领导认为这个电商团队"既有想法也很专业"。当县领导聊到麻阳冰糖橙传统采摘节时，付文华突发灵感，提出开办第一届网上冰糖橙采摘节的建议，希望借助"互联网＋"模式，通过线上全网推送和线下碎片化营销方式，让更多人了解和购买冰糖橙。

这一想法得到了县领导的首肯，进一步沟通商议后，县领导决定把第一届网上冰糖橙采摘节交给果果绿公司承办。果果绿借此顺利进入了麻阳当地冰糖橙流通渠道，然后联动线下采摘节活动。在 2014 年 12 月 6 日，线上免费赠送活动启动，配合线下麻阳冰糖橙采摘节。天猫商城的果果绿专营店同时售卖，不到十分钟一万件冰糖橙全部售罄。线上采摘节推出的"四万件免费送活动"带来超乎预期的人气，之后每天都有几千订单增量。京东商城也发起了"积分兑换麻阳冰糖橙"活动，一天的兑换量超过一万件。

采摘节之后，"麻橙"品牌全面走红，果果绿电商平台订单量也随之猛增，与其合作的各个电商平台销售也异常火爆。麻阳县城种植冰糖橙的农户因为电商采购价格提高获得了实实在在收益。在对电商一知半解的同时，有人开始模仿果果绿，在网上售卖起自家的冰糖橙。可没想到，果果绿电商平台遇到了一些未曾想到的问题。

一是果果绿订单猛增但供应不足。节后每天几千单的持续订货增量，加上节日期间积压未交付的几万单，果果绿遭遇了供应的"瓶颈"。这样订单越多压货越多，付文华当初的那份"甜蜜"现在成了"重负"。农村地区又遇上断网、停电等各种问题，打不出快递单，最终导致果果绿无法如期交货。

二是标准不一，品质不可控。第一批收购的冰糖橙品相不好，表皮麻点太多、个头大小不一，客户投诉多。果果绿公司只好把已经设计好的包装盒重新设计，改成大小不一的三种形态，增加了不少的物料成本。

三是农民出现不诚信现象。果果绿刚开始在麻阳收购的时候，大多数人并不热情。因为很多农户都上了年纪，不愿接受新事物，他们在没有规模化种植的情况下，每年都卖给前来收购的合作社，基本是低价贱卖模式。麻橙火爆之后，虽然果果绿和果农签订了收购合同，但农民却往往不遵守合同。如果别的收购商价格高，这些农户就毁约卖给他们。

上述系列问题爆发后，付文华认识到它们反映出的不仅仅是公司管理问题，也暴露出这个行业需要规范。例如：一是农产品的标准化难题。冰糖橙果品品质低，是生鲜农产品行业的通病，加上运输中 20% ~ 30% 的损耗，成本巨大；二是电商平台和产地发货的管理难题。麻阳种植基地农户管理粗放，又因农村缺乏足够的劳动力，导致果农的生产效率和质量都不高，影响品质和消费者满意度；三是物流等农产品电商产业链没有形成。订单火爆随之出现的快递公司爆仓就是这个问题的集中体现。所以，在综合权衡之后，付文华决定暂时缩小北京电商平台规模，从源头上解决供货问题，重新建立一个新的麻阳冰糖橙电商行业。

针对上述问题，付文华认为果果绿所面临的困境并不是电商平台自身的局限，而是整个麻阳冰糖橙行业不规范所造成的。要想从根本上解决，必须提高行业品质，打造一体化的产业链。这是一件既能为农民谋福利也能为家乡做宣传的事，所以他必须出来"挑大梁"。

首先，付文华从果果绿着手打造行业标杆。他将公司定位调整为"标准化产品供应商"，不再是价值链最前端的销售商。他希望更多地为合作平台（如京东、天猫等）、微商代理、第三方垂直电商平台（如本来生活、一米鲜等）提供标准化高品质的产品。

其次，公开产品生产标准化流程，改善物流条件。2015 年 6 月，付文华决定扩大麻阳生产工厂，上线新生产设备和包装流水线，开始规模化供应。与此同时，改善物流条件，实现原产地直发。麻阳当地有 13 家物流公司，但是这些小型的物流商都不能承接果果绿的物流需求，付文华积极寻求与怀化中通、怀化圆通、怀化邮政合作，并找到当地网商一起发货，通过规模效应减少中间环节。

付文华通过一系列的措施将果果绿打造为"标准化农产品供应商"，并逐渐将果果绿的采购、包装标准作为行业标准进行推广，力求改变麻阳县城冰糖橙电商单打独斗、各自为政、标准不一的现状。

扎根麻阳后，付文华在调整果果绿平台的同时，发现麻阳县城陆续有一些网商、微商在个体经营，其中不乏效仿果果绿电商模式的。这些电商规模不大，采购和包装和果果绿相差较大，市场定价不统一，但都打上了"麻阳冰糖橙"的标签。于是付文华一边搭建果果绿自身的标准体系，一边着手牵头组建麻阳县电商协会，统一行业规范。

2015 年 6 月，麻阳电商协会正式成立，付文华被推选为会长。这样当地的微商电商们不再各自为政，而是通过分享果果绿公司的标准规范，形成标准化、高品质、全方位的麻阳冰糖橙产品和服务。这样，通过行业协会规范的形式，付文华推动了行业在外观、大小、口感、价格、包装、物流、服务方面统一标准建立。

2015 年 12 月，麻阳冰糖橙的采摘季再次来到。这一年栽培面积达 20.7 亩，产量 30 万吨，比上年增产 12%，但是由于各种因素的综合影响，冰糖橙采摘和销售的进度较慢，销售形势严峻，出现收购商明显减少、收购价格两极分化、销售进度缓慢等情况，造成当年丰产不丰收。截至 2016 年 2 月，麻阳还面临着 8 万吨冰糖橙滞销的压力。

政府商务、农业部门及时与付文华带头的电商协会联系，说明麻阳滞销难题，希望电商平台能够充分发挥作用。付文华当即决定果果绿带头帮助政府分担，第一，增加电商平台的采购量；第二，由电商协会出面联系苏宁易购等平台，与滞销农户直接对接，帮助桔农在线销售柑桔 40 余吨。短短几天，数十个平台在微信平台同步传播，触达用户数万人。第三，联系多家自媒体，线上线下积极联动，三天卖出三万斤冰糖橙。

2016 年麻阳全县冰糖橙收获 25 万吨。虽然单看冰糖橙产量算小产年，但对于麻阳冰糖橙电商而言是丰收年。2016 年 12 月 9 日，麻阳冰糖橙采摘节如期举办，与往年政府"挑大梁"不同，这次却是政府搭台，邀请果果绿为代表的电商来"唱大戏"。参会者包括麻阳县域电商、物流服务商、新农人水果商、传统经销等。电商平台的线上活动成了采摘节不可或缺的亮点。电商协会会员们积极出力，通过信息发布、广告投放、电商平台推广，开展极具互联网思维的直播微电商大会活动、线上爱心试吃活动、抢票活动、微电影拍摄活动等，覆盖上千万受众，当天带动 800 多人通过微商城参与全民开店，并产生 30 多万元的直接销售额。现场还有客商对接活动，带动淘宝平台上冰糖橙 100 多万元的销售。

付文华并不止步于电商行业的联合，他认为除了电商企业之间要建立联系、统一标准之外，还应该追求全产业链的发展，共同提高果品质量和消费者体验度，实现"极致"的互联网理念，因此付文华萌生了联动产区资源，进行标准化生产的想法，主要采取了如下几个步骤。

首先，优质果园公司化管理。2017 年初，付文华带领果果绿团队通过调研，选了 20 个地方合作社，计划建立 500 亩高标准生态冰糖橙示范园。按照"产业做大、品质做强、档次做高、效益做优"的发展方向，建立起品牌、销售、金融、技术和信息服务等五大服务体系。

其次，打造标准化产业园区。通过麻阳果园基地的建设，打造新型电商带动生产的特色农业科技示范园区。聚合麻阳及大湘西特色资源，通过标准化生产管理，大规模采购及二次加工，实现产品品质跨越式提升。通过市场和订单推动农业及企业整体转型，让电商终端直接与最终客户面对面，提升企业产品创新意识及服务意识。通过产业园标准化、高规格管理，实现优势资源共享，打造开放式平台，聚合电商企业，带动周边相关配套企业走电商之路。

整合麻阳冰糖橙电商产业链。通过果园电商众筹模式实现水果预售及新果园联合产业上下游，降低因自然灾害及价格波动带来的风险，减少因为供货不足和供货质量参差不齐对品牌和电商平台带来的损失。为进一步解决物流问题，果果绿联合电商协会与物流公司谈判，要求越过市级进行原产地直发，保证物流畅通，在他们的努力下，中国邮政麻阳分公司建立了"邮乐购"县级电商服务中心，并在乡镇建"邮乐购"电商服务站，使得市场信息及时传达，柑橘园里的果子下树就能直接邮寄卖出。此外，果果绿也在积极寻求一体化的仓储中心和冷链物流。

通过付文华的不懈努力，成功地将冰糖橙与电商相结合，使冰糖橙销量大大增加，带动麻阳成为"中国冰糖橙电商第一县"。

参见：戴鑫，周颖，龚婧媛，谢卓亭. 制度创业：付文华如何带动麻阳冰糖橙电商行业兴起［DB/OL］. 中国管理案例共享中心网站，2017－8.

参 考 文 献

[1] 曹长省. 国外农产品区域品牌的发展启示与中国创新 [J]. 世界农业, 2013 (05): 18 – 22 + 153 – 154.

[2] 曹艳爱. 农产品区域产业品牌伞策略探析 [J]. 商业研究, 2011 (06): 168 – 173.

[3] 崔剑峰. 发达国家农产品品牌建设的做法及对我国的启示 [J]. 经济纵横, 2019 (10): 123 – 128.

[4] 丛珩. 农产品品牌定位策略探索 [J]. 黑龙江粮食, 2011 (02): 22 – 26.

[5] 陈瑜. 农产品品牌个性化塑造与传播 [J]. 学习月刊, 2014 (04): 32 – 33.

[6] 陈爱平. 论企业发展中的品牌战略 [J]. 中国科技信息, 2005 (07): 58.

[7] 陈涛. "互联网 +" 时代农产品品牌塑造及传播研究: 以西江苗寨 "外婆的酒" 为例 [J]. 新闻研究导刊, 2021, 12 (16): 85 – 87.

[8] 陈通, 李志方. 区域品牌农产品质量维护合作机制的演化博弈分析 [J]. 系统工程, 2014, 32 (05): 133 – 137.

[9] 董会元, 赵娜, 李轩. 构建品牌与产品创新深度融合的逻辑框架 [J]. 价格理论与实践, 2021 (02): 123 – 126.

[10] 高山冰, 赵玥. 互联网视频中的电视品牌延伸: 基于芒果 TV 的考察 [J]. 电视研究, 2018 (05): 50 – 52.

[11] 高卉卉. 品牌全球化中品牌个性的一致性及其影响研究 [D]. 上海: 东华大学, 2015.

[12] 何涛. 基于创新力视角的江苏农产品出口竞争力思考 [J]. 农业经济, 2021 (05): 124 – 126.

[13] 郝雅丽. 北京市农业节庆活动整合营销传播研究 [D]. 天津: 天

津商业大学，2020.

[14] 侯红梅. 地方特色农产品品牌塑造模式创新研究：以四川省为例 [J]. 商业经济研究，2021（06）：138 – 141.

[15] 郭红生. 浅议区域农产品品牌延伸 [J]. 商业研究，2008（05）：164 – 167.

[16] 胡晓云. 中国农产品的品牌化：中国体征与中国方略 [M]. 北京：中国农业出版社，2007.

[17] 黄俪晔. 农产品区域品牌建设主体和机制分析 [J]. 科技管理研究，2008（05）：51 – 52 + 55.

[18] 洪文生. 产业集群区域品牌建设构想：以安溪铁观音为例 [J]. 华东经济管理，2005（09）：32 – 35.

[19] 韩馨娇. 中国农产品区域公用品牌建设研究 [D]. 青岛：青岛农业大学，2017.

[20] 韩逸美. 农产品品牌传播策略探究 [J]. 农产品加工，2020（09）：88 – 90.

[21] 韩国明，石晓东. 自主组织理论视角下地域农产品品牌的有效维护 [J]. 财会研究，2009（23）：78 – 80.

[22] 贺新峰，杨昌明. 产业集群的"柠檬市场"现象分析及对策 [J]. 当代经济管理，2005（12）：100 – 102.

[23] 剑星，史琰. 我市农产品公用品牌现状及推进发展对策 [N]. 湖州日报，2014 – 07 – 04（007）.

[24] 江宏飞，陈昕. 整合营销传播视角下农产品区域品牌传播策略研究：基于盱眙龙虾的案例分析 [J]. 科技传播，2020，12（20）：98 – 101.

[25] 亢晓昉，杜鑫. 农产品区域公共品牌创建与维护策略研究 [J]. 商业经济，2021（09）：3.

[26] 凯文·莱恩·凯勒. 战略品牌管理 [M]. 李乃和，等译. 北京：中国人民大学出版社，2003：19.

[27] 里克·莱兹伯斯，巴斯·齐斯特，格特·库茨特拉. 品牌管理 [M]. 李家强，译. 北京：机械工业出版社，2004：1 – 2.

[28] 娄向鹏. 广西横县：如何从茉莉花产业配角到世界花都 [J]. 农经，2019（08）：46 – 49.

[29] 林怡，周婧. 色彩在品牌设计中的应用探究 [J]. 大众文艺，

2021 (18): 42 –43.

[30] 梁瑞仙. 企业品牌延伸的风险管理 [J]. 现代企业, 2020 (11): 28 –29.

[31] 黎彩眉. 农产品区域公用品牌建设问题与完善路径研究 [J]. 绿色科技, 2021, 23 (06): 272 –273 +276.

[32] 刘淇. 湖北省农产品区域公共品牌传播问题及对策研究 [D]. 武汉: 华中师范大学, 2019.

[33] 刘丽, 钟静. 农产品区域品牌传播中的地方政府角色探讨 [J]. 商业经济研究, 2021 (07): 142 –144.

[34] 刘丽, 周静. 基于产业集群农产品区域品牌建设的几点思考 [J]. 农业经济, 2006 (11): 52 –53.

[35] 刘鑫淼, 韩志辉. 农业区域品牌价值战略 [M]. 北京: 中国农业出版社, 2017.

[36] 兰勇, 张婕妤. 农产品区域公用品牌研究回顾与展望 [J]. 农业经济, 2019 (09): 3.

[37] 李宏英. 农产品区域品牌建设研究: 以上虞红心猕猴桃为例 [J]. 现代经济信息, 2018 (16): 343 –344.

[38] 李道和, 叶丽红, 陈江华. 政府行为、内外部环境与农产品区域公用品牌整合绩效: 以江西省为例 [J]. 农业技术经济, 2020 (08): 130 – 142.

[39] 李亮. 基于品牌个性匹配理论的赞助营销评估研究 [D]. 长春: 吉林大学, 2006.

[40] 李昕. 温州市农产品区域公用品牌建设的研究 [D]. 咸阳: 西北农林科技大学, 2019.

[41] 李承华. 区域公用品牌如何进行视觉表达? [J]. 农产品市场周刊, 2017 (01): 16 –18.

[42] 李自琼, 彭馨馨, 陆玉梅. 品牌建设理论与实务 [M]. 北京: 人民邮电出版社, 2014.

[43] 李继承, 那燕. 品牌个性的结构性研究 [J]. 科技与管理, 2013, 15 (02): 87 –91.

[44] 李冰鑫. 基于扎根理论的农产品区域公用品牌培育模式研究: 以浙江 "丽水山耕" 区域公用品牌为例 [J]. 重庆文理学院学报 (社会科学

版），2021，40（03）：1－11.

［45］毛敏芝. 湖南省地理标志产品的品牌传播研究［D］. 长沙：湖南大学，2018.

［46］马永刚. 旅行社集团品牌竞争力研究［D］. 济南：山东大学，2007.

［47］牛旻，陈刚. 基于虚拟偶像符号的品牌形象设计与传播［J］. 包装工程，2021，42（18）：282－286.

［48］庞芳兰. 实施地理标志农产品品牌战略的思考［J］. 世界农业，2010（03）：33－36.

［49］钱杭园，杨小微. 杰克·特劳特：广告定位理论的最早提出者［J］. 新闻爱好者（理论版），2008（12）：104－105.

［50］钱杭园，杨小微，孙文清. 农产品品牌传播模式及其创新［J］. 河北农业科学，2010，14（10）：122－125.

［51］钱聪，李凤娥. "天赋河套" 农产品区域公用品牌传播对策研究［J］. 传媒论坛，2021，4（20）：165－166.

［52］瞿康洁，陆建飞. 吉林大米品牌创建及政府行为研究［J］. 中国稻米，2021，27（06）：1－5.

［53］孙丽辉，毕楠，李阳，孙领. 国外区域品牌化理论研究进展探析［J］. 外国经济与管理，2009（02）：40－49.

［54］孙卯宁. 渝北区农产品区域公用品牌传播策划案［D］. 杭州：浙江大学，2020.

［55］孙艺榛，郑军. 农产品区域公用品牌建设文献综述［J］. 农村经济与科技，2018，29（01）：6－8.

［56］宋志金. 我国农产品品牌塑造策略分析［J］. 山西农业科学，2011，39（12）：1316－1319.

［57］舒澍成，徐娜，廖翼. 湖南省农产品区域公用品牌建设研究［J］. 2021（2019－5）：116－117.

［58］施璐敏，王哲跃. "丽水山耕" 品牌建设过程中存在的问题和建议［J］. 当代旅游，2020，18（09）：85－86＋74.

［59］涂山峰，曹休宁. 基于产业集群的区域品牌与区域经济增长［J］. 中国软科学，2005（12）：111－115.

［60］王万柱，王虹蔺，姚佳. 基于产业集群视角下安徽省区域农产品

品牌建设问题研究 ［J］. 农村经济与科技，2016，27（21）：178－181.

［61］王静，李义敏，黄炜 . 不同形式企业创新活动的品牌效应研究 ［J］. 技术经济与管理研究，2021（08）：36－40.

［62］王路遥，陈明 . 农业品牌设计探究 ［J］. 中国市场，2018（21）：72－73.

［63］王呈芳，顾琳珠，殷勤 . 创立和维护农产品品牌的思考 ［J］. 上海农业学报，2008（02）：114－116.

［64］卫军英 . 整合营销传播观念及其理论构架 ［D］. 杭州：浙江大学，2005.

［65］王寅 . 辽宁省地理标志农产品品牌传播研究 ［D］. 大连：大连理工大学，2011.

［66］王勇 . 农民专业合作社品牌建设的经验、问题与应对策略 ［J］. 农机化研究，2013，35（11）：9－12.

［67］吴群 . 乡村振兴视域下农业创新发展的主要方向及对策研究 ［J］. 经济纵横，2018（10）：67－72.

［68］许衍凤，杜恒波 . 中华老字号品牌延伸风险识别与控制研究 ［J］. 山东社会科学，2019（08）：146－151.

［69］项文也 . 农产品品牌策动升级的全球运作模式及延伸战略取向研究 ［D］. 杭州：浙江大学，2010.

［70］辛岭 . 地方政府在农业产业集群中的作用：以广东省德庆县的调查为例 ［J］. 商业研究，2009（03）：71－75.

［71］肖雪锋 . 农产品区域品牌该如何建设、维护和发展 ［J］. 人民论坛，2017（18）：86－87.

［72］夏曾玉，谢健 . 区域品牌建设探讨：温州案例研究 ［J］. 中国工业经济，2003（10）：43－48.

［73］徐孟 . 地理标志农产品品牌个性塑造浅析 ［J］. 青岛农业大学学报（社会科学版），2016，28（04）：41－45.

［74］徐晓娜，翁钢民 . 旅行社品牌定位循环优化模型的构建及分析 ［J］. 北京第二外国语学院学报，2006（03）：55－57＋30.

［75］袁天翔 . 从品牌形象设计的角度解读设计管理及其作用 ［J］. 品位·经典，2021（20）：128－131.

［76］叶敏 . 农产品品牌定位策略思考 ［J］. 科技创业月刊，2012，25

（11）：36 – 37.

［77］杨波．商业地产企业品牌延伸有效性的影响因素分析［J］．商业经济研究，2019（08）：65 – 69.

［78］杨佐飞．基于产业集群的浙江区域品牌建设策略［J］．改革与战略，2011，27（06）：135 – 138.

［79］杨松．区域品牌伞策略中农产品品牌延伸机制与应用研究［D］．天津：天津大学，2012.

［80］杨佳利．农产品区域品牌对消费者感知质量的影响：以消费者产品知识、介入度和来源地为调节变量［J］．湖南农业大学学报（社会科学版），2017，18（01）：15 – 22.

［81］于晓燕，李峰．品牌强农战略下农产品区域公用品牌发展对策研究［J］．品牌研究，2020（04）：91 – 92.

［82］周小梅，范鸿飞．区域声誉可激励农产品质量安全水平提升吗?：基于浙江省丽水区域品牌案例的研究［J］．农业经济问题，2017，38（04）：85 – 92 + 112.

［83］周修亭，王明明．农产品品牌定位的基本程序［J］．蔬菜，2010（08）：42 – 45.

［84］周修亭．农产品品牌延伸策略［J］．蔬菜，2008（05）：36 – 39.

［85］郑思敏．"三衢味"农产品区域公用品牌传播研究［D］．上海：东华大学，2021.

［86］郑琼娥，许安心，范水生．福建农产品区域品牌发展的对策研究［J］．福建论坛（人文社会科学版），2018（10）：197 – 202.

［87］中国林业科学研究院．良好生态环境是最公平的公共产品和最普惠的民生福祉［N］．中国绿色时报，2014 – 10 – 09（A01）.

［88］赵淑云，王志蔚．强化旅游品牌建设提升旅游业的竞争力［J］．阜阳师范学院学报（社会科学版），2007（03）：104 – 106.

［89］赵巍．竞争新形势下互联网企业品牌延伸策略研究［J］．物流工程与管理，2020，42（09）：151 – 153.

［90］张有东．网络直播下地理标志农产品品牌传播研究［J］．合作经济与科技，2021（09）：76 – 77.

［91］张于婧，李玫瑰，王涵，盖宇姮．新媒体在农产品区域公用品牌推广中的应用［J］．农业展望，2021，17（02）：138 – 143.

［92］张君慧，邵景波．品牌延伸对母品牌顾客资产驱动要素的影响：基于构型理论的实证研究［J］．预测，2021，40（05）：25－32．

［93］张敏．区域农产品品牌延伸策略研究：以砀山梨为例［J］．江苏商论，2021（06）：10－14．

［94］张晓锋，鲍姝辰，李广修．创新扩散理论视角下新媒体时代农产品品牌传播策略：以阜宁生态猪肉品牌为例［J］．南京农业大学学报（社会科学版），2019，19（04）：138－146＋160．